DeMarco

Warum ist Software so teuer?

Tom DeMarco

Warum ist Software so teuer?

Und andere Rätsel des Informationszeitalters

Die deutsche Ausgabe besorgten
Doris und Christian Märtin

HANSER
Carl Hanser Verlag München Wien

Übersetzung: Dr. phil Doris Märtin und Prof. Dr.-Ing. Christian Märtin, Diedorf-Anhausen

Die Deutsche Bibliothek - CIP-Einheitsaufnahme

DeMarco, Tom:
Warum ist Software so teuer? Und andere Rätsel des
Informationszeitalters / Tom De Marco. Die dt. Ausg.
besorgten Doris und Christian Märtin. - München ; Wien :
Hanser; 1997
Einheitssacht.: Why does software cost so much? And other puzzles of
the information age <dt.>
ISBN 3-446-18902-5

Umschlaggestaltung: Susanne Kraus, München; die Abbildung stellt eine Münze mit dem Bild Alexanders des Großen dar.
Datenbelichtung: Wolframs Direkt Medienvertrieb GmbH, Attenkirchen
Gesamtherstellung: Joh. Walch GmbH & Co., Augsburg
Printed in Germany

Inhaltsverzeichnis

Vorwort
Abstraktion und Erkenntnis

Eine *Abstraktion* ist ein Muster, das einen Bezug zwischen scheinbar zusammenhanglosen Phänomenen herstellt und diese zumindest teilweise begründet. Eine *Erkenntnis* ist eine besonders nützliche Abstraktion, auf die Sie bisher noch nicht gekommen sind. Wenn Sie zu einer neuen Erkenntnis gelangen, löst irgendetwas in Ihnen eine zutiefst menschliche Reaktion aus: Sie sagen »Aha« und ein Gefühl der Zufriedenheit durchströmt Sie. Manchmal lachen Sie auch.

Dieses eingebaute Belohnungssystem gehört zu den grandiosen Strategien, mit der die Evolution die Entwicklung des Menschen fördert. Der Evolution ist daran gelegen, daß wir nach guten, neuen Abstraktionen suchen und gefundene Abstraktionen in Ehren halten. Sie will, daß wir lernen. Mit Hilfe von Aha-Erlebnissen versucht sie, uns zu Abstraktionsmaschinen zu erziehen. Auf Grund ihres genialen Erkenntnis-Belohnungs-Systems gelingt ihr das ziemlich gut.

Erkenntnis in diesem Sinn ist das, was einen guten Essay ausmacht. Mögen Ihnen die folgenden Essays deshalb dieses schöne und rare Gut vermitteln. Ich hoffe, sie bewirken den einen oder anderen Aha-Effekt in Ihnen und bringen Sie vielleicht sogar zum Lachen.

Camden, Maine, Juni 1995 *T.D.M.*

1
Warum ist Software so teuer?

Nach den vielen Anfragen, diesen ersten Essay nachzudrucken, und der Kontroverse, die er heraufbeschwor, zu schließen, ist »Warum ist Software so teuer?« der erfolgreichste Artikel, den ich je geschrieben habe. Allerdings hat mich der Aufruhr darüber etwas unvorbereitet getroffen, denn ich habe mein Interesse für dieses Thema immer für einen Tick von mir gehalten. Nun merke ich, daß ich diesen Tick anscheinend mit der ganzen Software-Gemeinde teile. Wenn wir uns Tiraden über die ungeheuerlichen Software-Kosten anhören müssen, kommen uns insgeheim die Wunder in den Sinn, die Software ermöglicht hat. Mal ehrlich. Hängen wir nicht alle hin und wieder dem politisch nicht korrekten Gedanken nach: Vielleicht sollte es nicht zu billig sein, die Welt zu verwandeln ... ?

Mangels sinnvoller Standards beruht eine neue Industrie wie die Software-Industrie zunächst auf *Mythen*. Sobald die Industrie erwachsen wird, müssen als erstes die Mythen identifiziert und auf den Prüfstand gestellt werden. Ich schlage vor, daß wir genau das tun, und uns mit der altbekannten Frage befassen: »Warum ist Software so teuer?« Die Formulierung und Beantwortung dieser Frage gibt Aufschluß über unsere Mythen.

Mythen und Märchen

Der Autor und Berater Jerry Weinberg behauptet, in seiner langen Karriere die Frage »Warum ist Software so teuer?« öfter als jede andere gehört zu haben [1]. Seiner Ansicht nach lautet die korrekte Antwort darauf: »Verglichen womit?« Das ist nicht ohne Logik: Die meisten Dinge, die wir mit Software anstellen, sind ohne Software kaum vorstellbar. Es gibt also keine solide Vergleichsgrundlage. Dennoch bringt uns Jerrys Antwort, so sympathisch sie auch sein mag, nicht weiter. Bestenfalls verärgert sie den Frager. Es gibt keine Antwort, die den Fragenden (meistens ist das Ihr Chef oder ein Anwender) zufriedenstellen könnte. Das liegt daran, daß ihr oder ihm an einer Antwort gar nichts liegt. Niemand stellt diese Frage, um eine Antwort zu bekommen.

»Warum ist Software so teuer?« ist nämlich in Wirklichkeit gar keine Frage, sondern eine Behauptung – die Behauptung, daß Software zu kostspielig ist. Möglich, daß die Person, die die rhetorische Frage stellt, vorgibt, von rein intellektueller Neugier getrieben zu sein: »Was ich schon immer wissen wollte – wie kommt es eigentlich, daß Software so teuer ist?« Dahinter steckt aber ein ganz anderes Motiv als Neugier. In Wahrheit geht es darum, Verhandlungspositionen abzustecken. Ihnen wird ohne Rücksicht auf Verluste klar gemacht, die Software-Entwicklungskosten seien unvertretbar hoch, und jeder Ihrer Budget- oder Terminvorschläge vermessen. Vielleicht akzeptiert Ihr Chef oder Kunde ja Ihr Budget, aber nur unter *äußerstem* Druck. Da Ihr Kostenrahmen ohnehin schon jedes, aber auch wirklich jedes Maß sprengt, kommt die kleinste Terminverzögerung oder Budgetüberschreitung einem Verbrechen gegen die Natur gleich.

In einem Interview wies der Begründer von Cadre Technologies, Lou Mazzucchelli, darauf hin, daß »Software-Kunden weder mit der Quantität noch der Qualität unseres Ouputs zufrieden sind« [2]. Stimmt genau. Scharenweise lassen uns die Software-Kunden wissen, daß unsere Anstrengungen ihren Erwartungen nicht im mindesten entsprechen. Software, zumindest die, die Unternehmen für ihren eigenen Bedarf entwickeln, sei viel zu teuer, erfordere zu lange Entwicklungszeiten, sei zuwenig robust und bedienerfreundlich und auch sonst in kaum einem Bereich zufriedenstellend.

Lassen Sie uns zur Abwechslung den Spieß einmal umdrehen. Fragen wir all die, die meinen, sich darüber beklagen zu müssen, daß die Software-Gemeinde ihre Erwartungen enttäuscht: Was zum Teufel berechtigt sie eigentlich zu diesen Erwartungen?

Zur Abwechslung etwas Polemik

Sie und ich und andere wie wir haben die Software-Industrie in den letzten dreißig Jahren aus dem Nichts aufgebaut. Wir haben mit dünner Luft begonnen und daraus ein Geschäft von 300 Milliarden Dollar pro Jahr gemacht [3]. Damit haben wir die beeindruckendste Wirtschaftsleistung in der Geschichte der Menschheit erbracht. Führen Sie sich das vor Augen. In der Zeit, in der Sie diesen Artikel lesen, setzt die Software-Industrie etwas mehr als zwölf Millionen Dollar um.

Wie konnte diese riesige neue Industrie so schnell entstehen? Sicherlich nicht, weil ein paar Programmierer gelernt haben, Code zu stricken. Sondern weil es einen Markt dafür gab. Jemand mußte riesige Geldmengen beschaffen, um die von uns entwickelte Software kaufen zu können. Und sie kauften ohne Ende. Zahllose Jemands rissen uns nicht nur alles, was wir produzieren konnten, zu dem Preis, den wir verlangten, aus den Händen – sie beklagten sich auch noch, wegen des sogenannten Software-Rückstands nicht noch mehr kaufen zu können.

Dieses ungeheure Wachstum konnte nicht das Ergebnis schlechter Qualität und schlechter Produktivität sein. Der phänomenale Erfolg der Software-Industrie läßt sich nur damit erklären, daß die Branche in schöner Regelmäßigkeit einen Qualitäts- und Produktivitätsstandard lieferte, der die kühnsten Erwartungen des Marktes weit übertraf. In der ganzen Zeit aber, in der unsere Käufer (unsere Manager und unsere Anwender) es kaum erwarten konnten, Kapital aus unseren Anstrengungen zu schlagen, bekamen wir nichts als Klagen zu hören. Ihre Worte und ihre Taten vermittelten eine völlig gegensätzliche Botschaft.

Bevor ich auf die möglichen Gründe dafür zu sprechen komme, sollten wir uns klarmachen, daß dieses Phänomen nicht neu ist. Es war ja nicht so, daß sie uns jahrelang auf die Schulter klopften und erst in den neunziger Jahren unruhig wurden. Nein, während das Marktvolumen von null auf 300 Milliarden Dollar pro Jahr expandierte, rieß das Gezeter nie ab.

Ich muß sagen, allmählich reicht es mir. (Vielleicht haben Sie das schon gemerkt.) Ich fühle mich, als hätten wir Wunder vollbracht und nichts als Undank geerntet.

Eine Analogie aus dem Jahr 1904

Wie hätten sich wohl die Gebrüder Wright bei einer solchen Reaktion gefühlt? Stellen Sie sich vor, Sie wären Orville. Es ist der 7. Dezember 1904 in Kitty Hawk, North Carolina, morgens um 7.30 Uhr, und Sie klettern in den Flyer One. »Drück' auf die Tube«, sagen Sie, oder so etwas ähnliches. In den Motor kommt keuchend Bewegung. Sie geben Gas, die Maschine nimmt Fahrt auf. Sie werden schneller und schneller, es rüttelt und schüttelt, der Wind ... ja, Sie sind oben! Der Boden bleibt hinter Ihnen zurück. Sie haben's geschafft. Die schwere Maschine schwebt in der Luft! Sie haben ein Wunder vollbracht, und die Welt wird nie mehr die gleiche sein. Vor Stolz und Begeisterung kommen sich nicht einmal dazu, Angst zu haben. Wie ein erfahrener Pilot bringen Sie die Maschine wieder nach unten.

Aber kaum haben Sie Ihr Fluggerät zum Halten gebracht, sehen Sie einen Typ im Business-Outfit mit Aktenkoffer, der säuerlich auf die Uhr schaut. Er kommt auf Sie zu und sagt: »Orville, ich bin wirklich enttäuscht von diesem Projekt. Ich habe große Erwartungen in Sie gesetzt und Sie lassen mich einfach hängen. Es ist jetzt fast acht, und ich habe heute abend noch eine Besprechung in L.A. Und ihr Jungs kommt einfach nicht voran! Wo bleiben das Düsenflugzeug, die Stewardeß, die Bordverpflegung und diese Drinks in Mini-Flaschen? So kommen wir nicht weiter. Ich werde meine Besprechung versäumen. Und das alles nur wegen euch.«

Der Typ im Business-Anzug ist der Software-Kunde, den Lou Mazzucchelli meinte – der Anwender oder Manager, der »weder mit der Quantität noch der Qualität unseres Ouputs zufrieden ist«.

Der Grund für die überhöhten Erwartungen

Niemand hat erwartet, daß die Software-Industrie das Erreichte jemals erreichen würde. Kein einziger Futurologe hat die ungewöhnliche Produktivität und Qualität vorhergesehen, die wir realisiert haben. Aber wie paßt es zusammen, daß die Industrie als Ganzes mit ihren Produkten die kühnsten Erwartungen übertrifft, während jedes Projekt für sich weit hinter den Projektzielen zurückzubleiben scheint? Ganz einfach: es paßt nicht zusammen. Die Projekte bleiben nicht hinter den Erwartungen zurück, und das wissen die Kunden auch ganz genau. Achten Sie auf das, was sie tun, nicht was sie sagen, und Sie werden ihre wahre Meinung kennen. Das Verhalten der Software-Kunden zeigt, daß sie unsere Software als das beste Geschäft ihres Lebens betrachten.

Wozu dann das ganze Geschrei? Die Leute klagen über uns, weil sie wissen, daß wir dann härter arbeiten. Wir haben ihnen beigebracht, sich so zu verhalten. Bis heute reagieren wir auf Beschwerden mit vermehrten Anstrengungen. Wir liefern ihnen mehr für das gleiche Geld (mehr noch als sie ohnehin bekommen hätten), weil sie Unzufriedenheit vortäuschen. Mensch, sind wir naiv.

Ein hilfreicher Hinweis aus der Wissenschaft

Die Professoren Lederer und Prasad haben in einem Artikel aus dem Jahr 1992 eine Reihe von Richtlinien für eine bessere Abschätzung von Software-Kosten vorgeschlagen und dabei – vielleicht unbeabsichtigt – einen Blick hinter die Kulissen der Manager-Klagen über die hohen Software-Kosten gewährt. Ihre Richtlinien sind das Ergebnis einer Studie über Methoden zur Kostenschätzung, an der gut vierhundert Software-Manager teilgenommen haben. Was mir wichtiger erschien als die Schlußfolgerungen der Autoren, war ein Fakten-Schnipsel, das sich in der Beschreibung der erhaltenen Antworten verbarg: Die große Mehrheit der Teilnehmer bezeichnete die Situation der Kostenschätzung im Software-Bereich als düster (»nur bei etwa einem von vier Projekten sei ein vernünftiger Zusammenhang zwischen geschätzten und tatsächlichen Kosten gegeben«), war aber im großen und ganzen mit dem Kalkulationsprozeß nicht unzufrieden. Lederer und Prasad schreiben, daß »dreiundvierzig Prozent der Befragten angaben, ihr aktuelles Kalkulationsverfahren sei sehr zufriedenstellend bzw. einigermaßen zufriedenstellend (die beiden höchsten Kategorien)«.

Moment mal. Die Kalkulation der Software-Kosten geht mehr oder weniger an der Realität vorbei, aber die Manager sind nicht unzufrieden? Wie ist das möglich? Ach so ... langsam verstehe ich. Vielleicht besteht der Sinn und Zweck einer Kalkulation ja gar nicht darin, realistische, sondern *unrealistische* Antworten zu finden. Vielleicht soll die Abschätzung nicht dazu dienen, die Erwartungen der Manager in die richtige Richtung zu lenken. Sondern ihnen einen Anhaltspunkt dafür liefern, welche Erwartungen sie *vorgeben* können. Ein derartiges Kostenschätzungsverfahren bringt nur eines: Ihr Chef kann sagen, der »richtige« Fertigstellungstermin für Ihr neues Projekt sei der September 1995 – eine Vorgabe, die zwar nicht machbar, aber auch nicht lächerlich ist. Das und nichts anderes ist der Zweck der Übung: dem Management eine Definition des angeblich »richtigen« Zeitplans zu liefern.

> Der »richtige« Zeitplan ist der, dessen Einhaltung *völlig* unmöglich ist, dem man dies aber nicht *auf den ersten Blick* ansieht.

Woher kennen Manager den »richtigen« Zeitplan?

Man muß es ihnen lassen: Gute Software-Manager sind mit einem untrüglichen Gespür für den »richtigen« Zeitplan ausgestattet. Das ist keine schlechte Leistung. Zumindest theoretisch ist es ebenso schwer, einen Termin festzusetzen, der die Grenze des Machbaren haarscharf überschreitet, wie einen sicheren und realistischen Termin. Beides erfordert die Fähigkeit, die Leistungsfähigkeit des Teams vorherzusagen, und das ist wirklich nicht einfach.

Wie lernen Manager, mit dieser Schwierigkeit fertigzuwerden? Wieder lautet die Antwort: Wir haben es ihnen beigebracht. Sie beobachten unsere Gesichter, wenn sie Termine vorgeben. Wenn sich darin Erleichterung spiegelt, wissen sie, daß sie die Daumenschrauben nicht stark genug angezogen haben. Wenn wir sie auslachen, ist ihnen klar, daß sie zu weit gegangen sind.

Erfolgreiches Kalkulieren ist nicht gleich Geschäftserfolg

»Warum ist Software so teuer?« ist eine als Frage verbrämte Behauptung. Die Behauptung, Software sei zu teuer, stammt aus der Trickkiste der Kostendämmung. Ebenso wie die zynische Idee, ein guter Terminplan zeichne sich dadurch aus, daß niemand eine Chance hat, ihn einzuhalten. Der gebetsmühlenartige Refrain, Software-Entwickler seien nicht produktiv genug, hat nur einen Zweck: Software-Entwickler zu bewegen, härter zu arbeiten. Er ist ein Druckmittel – ein Druckmittel, das zu funktionieren scheint, weil Software-Entwickler aufrichtig und professionell und ein bißchen blauäugig sind.

Nur leider wird unsere Branche zu sehr unter Druck gesetzt. Software-Entwicklung ist zeitlich nicht beliebig komprimierbar. Wenn Sie unter Druck stehen, besteht Ihre erste Reaktion darin, sich ganz auf Ihre Arbeit zu konzentrieren: Kaffeepausen und Flachsereien fallen flach. Das ist zwar ganz sinnvoll, aber wenn der Druck anhält, haben Sie keine Ausweichmöglichkeit mehr. Sie können nicht schneller arbeiten. Überstunden sind eine Alternative, wirken sich aber auf Dauer negativ auf Ihr Privatleben aus. OK, vielleicht helfen ein paar Überstunden in der nächsten Woche, den Termin am Freitag einzuhalten. Monatelange Mehrarbeit aber schafft nur vordergründig Luft. Burnout-Gefühle, Desillusionierung, Kraftverschwendung und Personalwechsel machen den scheinbaren Zeitgewinn wieder zunichte.

Mit zunehmendem Druck gibt es nur noch eine echte Alternative: Schnelligkeit tritt an die Stelle von Qualität. Manchmal denke ich erbittert, daß reduzierte Qualität ein bewußtes Ziel all derer ist, die Projekte vorantreiben. Ihre Devise: »Jetzt reißt euch mal los, Leute. Ihr müßt lernen, ein Produkt vom Tisch zu bringen, ohne euch an Qualität zu verzetteln.« Und das in einer Zeit, in der die Wirtschaft in ihren Sonntagsreden wie nie zuvor auf Qualität setzt.

Kurzfristig scheint es Sinn zu machen, Schnelligkeit durch verminderte Qualität zu erkaufen. Damit lassen sich ein paar Schlachten gewinnen, nicht aber der Krieg. Langfristig werden wir den gleichen Preis für den Kompromiß zahlen müssen, den die Automobilbranche in den achtziger Jahren zahlte: geringere Marktanteile und geringere internationale Wettbewerbsfähigkeit.

Die Moral von der Geschichte

Wer die falsche Frage stellt, bekommt niemals die richtige Antwort. Statt zu fragen: »Warum ist Software so teuer?«, müssen wir uns erst einmal fragen: »Wie haben wir es geschafft, daß Software heute so preiswert ist?« Die Antwort auf diese Frage wird uns helfen, das außergewöhnlich hohe Leistungsniveau zu halten, das die Software-Industrie von jeher ausgezeichnet hat.

(Erstmals veröffentlicht in *IEEE Software*, März 1993)

Literaturhinweise

[1] Gerald M. Weinberg: *Quality Software Management, Vol. 1: Systems Thinking.* New York: Dorset House Publishing, 1992. Deutsche Ausgabe: *Systemdenken und Softwarequalität.* Carl Hanser Verlag, 1994.

[2] »Lou Mazzucchelli on Software Engineering«. *Computer Design*, August 1991, 25-27.

[3] John E. Hopcroft; Dean B. Krafft: »Toward Better Computer Science«. *IEEE Spectrum,* Vol. 24, Nr. 12 (1987), 58-60.

[4] A. L. Lederer; J. Prasad: »Nine Management Guidelines for Better Cost Estimating«. *Communications of the ACM*, Vol. 35, No. 2 (1992), 51-59.

2
Software-Messungen: der reine Wahnsinn

Dieser Essay geht auf einen Gastvortrag zurück, den ich am 9. November 1994 bei der 5th International Conference on Application of Software Measurement in La Jolla, Kalifornien, gehalten habe. Das Publikum an diesem Tag war zahlreich und aufgeschlossen, und ein Großteil der Präsentation entstand während des Vortrags aus der Situation heraus – als Ergebnis jener Magie, wie sie vor einem phantastischen Publikum manchmal entsteht.

Nachdem ich einen Großteil der letzten fünfzehn Jahre im Bereich der Software-Messung tätig war, hege ich immer mehr Zweifel an der Rolle dieser neuen wichtigen Teildisziplin unserer Branche. Der Titel dieses Essays reflektiert meine ambivalente Haltung zu diesem Thema. Er erlaubt zwei Interpretationen: »Beurteilt der Autor den Erfolg von Software-Messung als wahnsinnig positiv?« oder »Macht ihn die Tatsache wahnsinnig, daß sich die ganze Messerei nicht wirklich ausgezahlt hat?« Die Antwort lautet: Ja. Auf beide Fragen.

Fast jedes Buch, das Sie zum Thema Software-Messung in die Hand nehmen (auch mein eigenes *Controlling Software Projects* [1]), steht dem Thema wahnsinnig positiv gegenüber. Ein Mantra durchzieht diese Bücher, das sich in etwa so anhört: »Und hier haben wir wieder eine wunderbare Metrik, die Ihnen aufschlußreiche Erkenntnisse über den Stand Ihrer Organisation oder Ihres Projekts liefern könnte.« Viele dieser Metriken sind in der Tat unwiderstehlich. Was mir aber allmählich zu denken gibt, ist die Gesamtbotschaft, die da lautet:

Metrik, Metrik, noch mehr Metrik.

Ohne je explizit ausgesprochen zu werden, bildet diese Botschaft den Kern von Büchern, Tagungen, Seminaren und Artikeln über Software-Messung. Es ist kaum möglich, sich mit den buchstäblich hunderten von Metriken von Basili, Boehm, DeMarco und Lister, Gilb, Grady und Caswell, Lones, Matsubara, McCabe, Putnam, Rubin und anderen zu befassen, ohne sich nervös zu fragen, ob man sie nicht eigentlich *alle* nutzen sollte. Großer Gott, nein.

Das mag auf der Hand liegen. Trotzdem muß es einmal laut und deutlich gesagt werden: Messungen kosten eine Stange Geld. Es kommt teuer, sie schlecht durchzuführen, und es kommt noch teurer, sie gut durchzuführen.

Wieviel ist genug?

Anfang 1984 führten mein Kollege Tim Lister und ich eine Woche lang Beratungen und Schulungen bei einem der damals bedeutendsten Computerhersteller durch. Zu den Dingen, die uns als erstes auffielen, gehörte eine »Unterbrechungskultur« im Software-Bereich. Das heißt, die Entwickler konnten selten länger als ein paar Minuten an einer Aufgabe bleiben. Um ein Bewußtsein dafür zu schaffen, schlugen wir folgendes vor: die Entwickler sollten die Länge der Phasen messen, in denen sie ohne Unterbrechungen voll konzentriert an einer Sache arbeiten konnten. Das erforderte zwar einen gewissen Aufwand, war aber dazu geeignet, die Aufmerksamkeit auf den Wert ungestörter, längerer Arbeitszeiten am Stück und die mit den Unterbrechungen verbundenen Frustrationen zu lenken. Das Unternehmen stimmte zu.

Jahre später rief ich wegen einer anderen Sache einen Ansprechpartner in diesem Unternehmen an. Bei dieser Gelegenheit erfuhr ich zu meinem Erstaunen, daß sie Störungen nach wie vor mitprotokollierten. Die Zahl der Unterbrechungen hatte sich innerhalb einiger Monate auf einem niedrigen Niveau eingependelt, und der Wert, Unterbrechungen bewußt wahrzunehmen, war seit langem erkannt. Trotzdem wurden Zeitdauer und Grund jeder Unterbrechung nach wie vor notiert.

Leider muß ich sagen, daß das einst große Unternehmen längst an Größe verloren hat. Ich hoffe, Tim Lister und ich waren nicht die unmittelbare Ursache für diesen Abstieg.

Da mich genauso viel Schuld am übertriebenen Einsatz von Software-Messungen trifft wie alle anderen, halte ich es für meine Pflicht, ein für allemal richtigzustellen, inwieweit die Erfassung von Meßdaten sinnvoll ist:

DeMarcos Sündenbekenntnis

Ich kenne nur eine Metrik, deren Erfassung sich für jetzt und alle Zeiten lohnt: Fehlerzählung. Jede Organisation, die es versäumt, Fehler zu verfolgen und zu klassifizieren, bleibt hinter ihrem optimalen Niveau zurück.

Es gibt viele andere Metriken, deren Erfassung sich eine Zeitlang lohnt. Jedes Mal, wenn Sie eine neue Metrik einführen und zu erfassen beginnen, müssen Sie einen Mechanismus installieren, der dafür sorgt, daß die Erfassung der Metrik zu einem späteren Zeitpunkt wieder eingestellt wird.

Viele der nützlichsten Metriken sollten nur stichprobenartig erfaßt werden.

Messungen: Wo sie nützen und wo sie schaden

Ganz klar, Messungen kosten Geld. Sie können uns aber potentiell dabei helfen, effizienter zu arbeiten. Im besten Fall können Software-Messungen die Entwickler informieren und leiten und ihren Organisationen Verbesserungsmöglichkeiten aufzeigen. Im schlimmsten Fall können sie ernsthaften Schaden anrichten. Zwischen diesen beiden Extremen gibt es unzählige Graustufen. Es ist vielleicht sinnvoll, die Spannweite zwischen Funktion und Dysfunktion von Messungen durch zwei Extrembeispiele zu veranschaulichen.

Fangen wir mit dem positiven Beispiel an: Messung kann als die Disziplin definiert werden, Dinge zu zählen und zu beobachten und aus den daraus abgeleiteten Mustern neue Erkenntnisse zu gewinnen. Das ist übrigens auch eine ziemlich gute Definition von *Wissenschaft*. Meine Vorstellungen davon, was Wissenschaft ist, wurden im letzten Jahr durch meine neue Freundschaft mit dem Biologen Uldis Roze beeinflußt, dem Autor von *The North American Porcupine* [2]. Ein Großteil dessen, was wir heute über Stachelschweine, ihre Gewohnheiten und ihren Lebensraum wissen, verdanken wir den peinlich genauen und (oft peinsamen) Forschungsarbeiten von Uldis Roze. Wenn Uldis Roze von seiner Arbeit erzählt, dauert es nicht lange, bis man merkt, welche zentrale Rolle Zählungen in der Stachelschwein-Forschung spielen. Er zählt Stacheln unter Bäumen, um Anhaltspunkte dafür zu gewinnen, wieviel Zeit die Tiere unter den einzelnen Baumarten verbringen. Er zählt Populationen, die Zahl der Jungen, die Sterberate bei unterschiedlichen Verletzungen und Krankheiten, Exkremente, Knochenbrüche, die Stacheldichte an unterschiedlichen Stellen des Körpers ... alles, was stillhält, wird gezählt.

Eines Tages beim Abendessen mit unseren Familien erzählte Uldis eine Geschichte, die es auf den Punkt brachte: Es war einmal ein kleines zehnjähriges Mädchen, das sich zaghaft für Wissenschaft zu interessieren begann. Ihr Vater, auch er Biologe, fragte sich, wie er dieses Interesse fördern könnte. Weil seine Tochter demnächst Geburtstag hatte, dachte er über ein passendes Geschenk nach: ein Mikroskop oder vielleicht ein Chemie-Baukasten? Beides erschien ihm als echtem Wissenschaftler als viel zu aufwendig. Schließlich kam er auf die Idee, ihr ein Handzählgerät zu schenken. Und ermutigte sie, durch Zählen so viel wie möglich über die Natur zu entdecken.

Dieses Bild ist für mich zu einem Symbol für die Ausübung von Wissenschaft (und Messung) in ihrer reinsten Form geworden. Ich möchte es auch Ihnen als Paradigma für das funktionale Ende des Funktions-Dysfunktions-Spektrums anbieten: ein kleines Mädchen, das mit Hilfe eines Handzählgeräts die Natur entdeckt.

Als Negativbeispiel für Metrik fällt mir der Fall der sowjetischen Nagelfabrik ein, in der Leistung auf der Basis der produzierten Nägel gemessen wurde. Die Betriebsleitung kam auf die Idee, die gesamte Produktion des Unternehmens auf die kleinsten Nägel – winzige Drahtstifte – umzustellen. Ein Politkommissar, der den Unsinn dahinter erkannte, schuf Abhilfe. Er ordnete an, die Nägel künftig nach *Gewicht,* nicht mehr nach Anzahl zu messen. Stehenden Fußes schwenkte die komplette Produktion auf die Herstellung von Gleisbolzen um. Das Bild, das vor meinem geistigen Auge das dysfunktionale Ende des Spektrums markiert, ist ein sowjetischer Schreiner, der kopfschüttelnd vor einem nutzlosen Drahtstift und einem ebenso nutzlosen Gleisbolzen steht.

Wo in diesem Spektrums würden Sie Ihre Organisation ansiedeln? Näher bei dem kleinen Mädchen mit dem Handzählgerät oder näher bei dem fassungslosen Schreiner mit den beiden sinnlosen Nägeln? Näher am Funktionsende oder näher am Dysfunktionsende? Antworten Sie nicht zu schnell. Dysfunktion ist viel weiter verbreitet, als Sie denken.

Um Ihre Organisation richtig einzuschätzen, müssen Sie wissen, warum Sie überhaupt Meßdaten erfassen. Nach meiner Beobachtung gibt es mindestens drei verschiedene Gründe für das Erfassen von Meßdaten:

- Erkenntnisse über unsere Welt zu gewinnen,
- Handeln zu steuern,
- Verhalten zu ändern.

Diese drei Motive lassen sich ebenfalls in einem Spektrum anordnen:

Verhaltensänderung – Steuerung – Erkenntnis

Der Begriff *Dysfunktion* wurde bisher noch nicht formal definiert. Wahrscheinlich spüren Sie aber, daß Dysfunktion am linken Ende des Spektrums am wahrscheinlichsten und am rechten Ende am unwahrscheinlichsten ist: selbst wenn unsere Suche nach Erkenntnis fehlschlägt, ist die Gefahr einer systemischen Dysfunktion gering. Der mittlere Bereich, Steuerung, liegt mit seiner Neigung zur Dysfunktion zwischen den beiden Extremen.

Wo in diesem Spektrum ist die Disziplin der Software-Messung angesiedelt? In den siebziger Jahren wurden Messungen in erster Linie mit dem Ziel unternommen, Erkentnisse zu gewinnen. Tatsächlich beginnen wir die meisten Präsentationen über Messung mit einem Lobgesang auf die Erkenntnisfindung. Beispielsweise findet sich im ersten oder zweiten Kapitel der meisten Bücher über Messung das folgende Zitat:

> Wenn Sie das, worüber Sie sprechen, messen und in Zahlen ausdrücken können, wissen Sie etwas darüber; wenn Sie es aber nicht messen und in Zahlen ausdrücken können, ist Ihr Wissen kärglich und unbefriedigend: Vielleicht stehen Sie ja am

> Anfang des Wissens, ganz sicher aber können Sie damit keine Wissenschaft betreiben. [Lord Kelvin, 1891]

In anderen Worten, Lord Kelvin sagt, daß wir messen, um zu wissen. Mein eigenes Zitat »Was sich nicht messen läßt, läßt sich auch nicht kontrollieren« impliziert, daß wir messen, um unser Handeln zu steuern. Aber allmählich kommen mir Bedenken.

Wenn wir zum Beispiel die Produktivität messen, so tun wir das weder, um Erkenntnisse über unsere Produktivität zu gewinnen noch um unser Handeln im Einklang mit unserer Produktionskapazität zu steuern. Tatsächlich bezwecken wir mit Produktivitätsmessungen nur eines: wir wollen, daß die Produktivität steigt. Unsere Messungen dienen als Druckmittel. Genauso ist es, wenn wir Fehler messen: wir wollen, daß die Ausschußquote sinkt. Beides ist an sich kein schlechtes Ziel. Aber die Messungen, die wir zu diesem Zweck vornehmen, dienen weder der Erkenntnis noch der Steuerung. Sie sind ganz klar dem Lager der Verhaltensänderung zuzuordnen, und das bringt mich auf den ersten von fünf Beunruhigenden-Gedanken-über-Software-Messungen.

1. Beunruhigender-Gedanke-über-Software-Messungen

Haben wir Software-Metrik-Jünger Erkenntnis und Steuerung allmählich zugunsten von Verhaltensänderung aufgegeben?

Wenn ja, so laufen wir zunehmend Gefahr, dysfunktional zu arbeiten; das heißt, wir produzieren ungewollt Ergebnisse, die unseren Zielen zuwiderlaufen.

Ein oder zwei Worte über den Verzicht auf Messungen

Alle Meßprogramme, gleichgültig, wie simpel oder ausgefeilt sie sind, verfolgen das gleiche Ziel: die Effizienz der Organisation zu steigern. Können wir aber nach all den Jahren, in denen Messung großgeschrieben wurde, wirklich sagen, daß Organisationen, die ihren Software-Prozeß messen, unter dem Strich effizienter arbeiten als Organisationen, die darauf verzichten? Es gibt einige beeindruckende Gegenbeispiele – Microsoft und Apple, um nur zwei Unternehmen zu nennen – die Software-Messungen nicht systematisch einsetzen. Erstaunlicherweise kamen diese beiden Unternehmen in den letzten zehn Jahren, in denen Software-Messung als Fachdisziplin einen triumphalen Aufstieg erlebte, sehr gut ohne sie aus. Und sie sind nicht die einzigen. Kleinbetriebe sind nicht gerade für ihre Meßpraktiken berühmt; die solide Vitalität der amerikanischen Wirtschaft seit 1980 ist aber fast ausschließlich auf diese kleinen Unternehmen zurückzuführen.

Sehen wir uns einmal zwei Organisationen an, die jeweils für ihre Messungen bzw. den Verzicht auf Messungen bekannt sind: IBM und Microsoft. Es fällt auf, daß die

Neigung zu umfangreichen Software-Messungen bei IBM in einem größeren Rahmen von Aktivitäten zu sehen ist, die bei IBM eine wichtige Rolle spielen und bei Microsoft kaum eine Entsprechung finden: IBM setzt große Stücke auf das Capability Maturity Model (CMM) des Software Engineering Institute, Microsoft nicht. IBM generiert im Verlauf des Software-Lebenszyklus riesige Mengen von Dokumentation, Microsoft fast keine. IBM hat sich der Einhaltung und Zertifizierung des ISO-9000-Standards verschrieben, während Microsoft dem ISO-9000-Standard die kalte Schulter zeigt.

Was haben das SEI-Modell, ausgefeilte Methoden, umfangreiche Dokumentation und die Einhaltung des ISO-9000-Standards gemeinsam? Zusammen könnte man sie als Zeichen für *Institutionalisierung* interpretieren. Wir bezeichnen Organisationen, die durch alle diese Faktoren charakterisiert sind, gerne als »Institutionen«. Organisationen, die all das nicht praktizieren, pflegen eine völlig andere Unternehmenskultur. IBM ist eine Institution und Microsoft ist ein sehr großer wirtschaftlicher Organismus, der nach Kräften versucht, keine Institution zu sein.

Die Betrachtung von Software-Metrik in diesem größeren Zusammenhang bringt mich auf meinen zweiten Beunruhigenden-Gedanken-über-Software-Messungen.

2. Beunruhigender-Gedanke-über-Software-Messungen

Sind unsere Meß-Bemühungen womöglich nur Teil eines Institutionalisierungstrends?

Ich fürchte, diese schlimme Theorie enthält zumindest ein Körnchen Wahrheit. Vermutlich sind die Firmen, die bei Tagungen und Tutorials zum Thema Software-Messung am stärksten vertreten sind, die am meisten institutionalisierten. Wenn das stimmt, so ist das eine schlechte Nachricht. Ich wollte nie Teil von irgend etwas Institutionalisiertem sein, und ich wette, Ihnen geht es nicht anders.

Meßstörungen

Dieser Abschnitt enthält drei kurze Beispiele für dysfunktionale Meßaktivitäten und eine Definition des Begriffes Dysfunktion. Mir kommt es hier erstens darauf an, Sie mit einigen Dysfunktionsmustern vertraut zu machen, und Ihnen zweitens vor Augen zu führen, daß Dysfunktion häuiger vorkommt, als wir zugeben wollen. Dysfunktion ist nicht die Ausnahme von der Regel, sondern die Regel selbst [3]. Zwei der Beispiele habe ich dem Bereich Software-Messungen entnommen, das dritte stammt aus einem anderen Bereich.

Hitachi

Das erste Beispiel hat sich bei Hitachi Software ereignet. Die Dysfunktion, die hier aufgedeckt wurde, ist besonders deprimierend, weil sie sich im Kontext einer bewundernswerten wissenschaftlichen Leistung des Chief Scientist Tomoo Matsubara ereignete, bei der Messung mit dem Ziel der Erkenntnis eingesetzt wurde. Matsubara stellte in den späten siebziger Jahren die Theorie auf, früh entdeckte Fehler seien ein Indiz für bisher noch unentdeckte Fehler. Das gelte vor allem für Fehler, die bei wohldefinierten Meilensteinen eines Projekts festgestellt werden, zum Beispiel nach Fertigstellung einer Komponente. Je mehr Fehler man bei einem Modultest gefunden habe, so Matsubaras These, desto mehr würden noch zu finden sein. Obwohl das paradox klingt, wissen wir heute, daß Matsubaras These im großen und ganzen stimmt und ein mächtiges Werkzeug für die Beurteilung der Qualität eines teilweise ausgetesteten Produkts liefert. Eine verläßliche Vorhersage der – wie Matsubara sie nennt – »latenten Fehler« wird möglich [4].

Hitachi beeilte sich, diesen Zusammenhang zu nutzen: Fehler, die bei frühen Tests entdeckt wurden, wurden verfolgt; daraus wurde auf latente, noch im Produkt vorhandene Fehler hochgerechnet; und schließlich gab es einen abschließenden Integrationstest, bei dem die gefundenen Fehler den noch im Produkt vermuteten, latenten Fehlern gegenübergestellt wurden. Dank dieser Technik war Hitachi in der Lage, ein »Qualitätsfortschritts-Diagramm« zu erstellen, das dazu diente, die Fort-

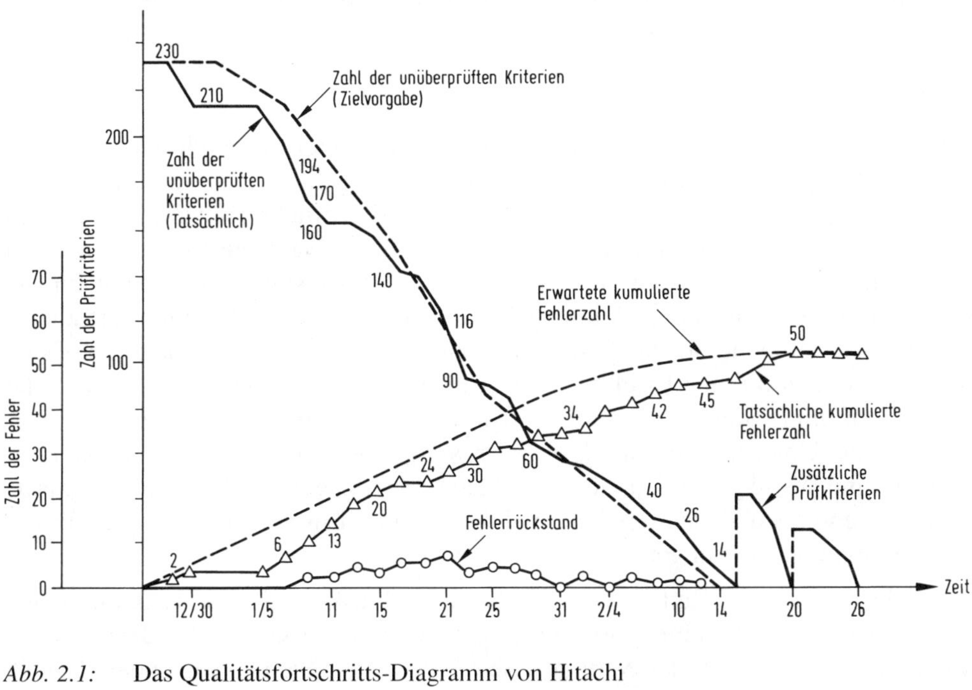

Abb. 2.1: Das Qualitätsfortschritts-Diagramm von Hitachi

schritte bis zum Erreichen einer akzeptablen Qualität vorherzusagen und auf dieser Basis die Abschlußaktivitäten des Projekts zu steuern (siehe Abbildung 2.1).

So weit, so gut. Die Vorgehensweise bewährte sich bei einer Reihe von Projekten und wurde schließlich als integraler Bestandteil in das Meßprogramm von Hitachi aufgenommen.

Im März 1989 erhielt ich einen erstaunlichen Brief von einem jungen Freund, der bei Hitachi unter Matsubara arbeitete. Er schrieb, sie hätten einen sehr merkwürdigen Mißbrauch des Latenten-Fehler-Mechanismus entdeckt. Den Programmierern war folgendes klar geworden: je mehr Fehler bei den Komponenten-Tests gefunden wurden, desto mehr Fehler mußten nach Rechnung des Managements in der Endphase aufgedeckt werden. Auf den Programmierern lastete also die Erwartenshaltung, gegen Ende des Projekts eine bestimmte Zahl latenter Fehler zu finden. Bewußt oder unbewußt gingen die Entwickler dazu über, mit Fehlern hinter dem Berg zu halten, die bei den Komponenten-Tests gefunden wurden. Das Verschweigen von Fehlern hat für die einzelnen Entwickler drei Vorteile: erstens stehen sie am Ende der Komponenten-Tests gut da, weil ihre Moduln relativ fehlerfrei zu sein scheinen; zweitens werden in ihrem Code weniger latente Fehler vermutet, so daß der Druck in der Endphase sinkt; und drittens zaubern sie bei den Integrationstests, wenn das Management gefundene Fehler sehen will, ein oder zwei Fehler aus dem Hut: »Hier haben wir noch einen Fehler gefunden, Chef«, sagen sie, ohne damit herauszurücken, woher der Fehler so plötzlich kommt. Das Verschweigen von Fehlern nützt dem Entwickler, aber keineswegs der Organisation. Wir haben es hier mit einem klaren Fall von Dysfunktion zu tun.

Sears

Mein zweites Beispiel für Dysfunktion stammt aus einem Bereich außerhalb der Software-Branche. Sie haben vielleicht schon davon gehört: 1992 räumte der Einzelhandelsriese Sears, Roebuck & Co. ein, das Unternehmen habe wegen des Verkaufs von unnötigen Wartungsverträgen »möglicherweise gegen die Interessen seiner Kunden verstoßen«. Was war passiert? Ein Provisionssystem hatte für die Verkaufsrepräsentanten einen Anreiz geliefert, möglichst viele Wartungsverträge zu verkaufen – viel mehr, als die Kunden benötigten. Im Juni 1992 wandte Sears sich deshalb in einem offenen Brief an seine Kunden, entschuldigte sich dafür, daß die Motivationsanreize dem Kundeninteresse zuwider gelaufen waren, und bot Entschädigungen an. Unter dem Eindruck ihres Provisionssystems hatten die Verkäufer in einer Art und Weise gehandelt, die – wie Sears später zugab – in krassem Gegensatz zu den eigentlichen Zielen des Unternehmens stand. Ein weiteres Beispiel für die Dysfunktion von Messungen.

Ungefähr zur gleichen Zeit, in der sich das Sears-Fiasko ereignete, reklamierte ich zufällig bei L.L. Bean in Freeport, Maine, ein Paar Skihandschuhe. Die Handschuhe waren an einer Stelle an der Naht gerissen. Ich vertrete die alte Ingenieursansicht, daß Nähte stärker sein müssen als das Material, das sie zusammenhalten, und war deshalb unzufrieden. Andererseits hatte ich aber auch Hemmungen. Immerhin hatten mir die Handschuhe zwei Skisaisonen lang gute Dienste geleistet. Ich schilderte der Dame beim Kundenservice mein Problem, einschließlich meiner Meinung zur Verarbeitung von Nähten. Und fragte sie, ob ich vielleicht überkritisch sei. »Was denken *Sie* denn,« fragte sie zurück. Auf meinen Kreditkartenbeleg las sie meinen Namen ab. »Mr. DeMarco, es kommt nicht darauf an, was ich denke. Es kommt nur darauf an, was Sie denken, und Sie denken, daß Nähte stärker als das Material sein sollten, das sie zusammenhalten. Deshalb nehmen wir die Handschuhe zurück, ich gebe Ihnen ein anderes Paar oder das Geld zurück, und wir teilen dem Hersteller mit, künftig stärkeres Garn für die Nähte zu verwenden.«

Wie schaffte L.L. Bean das, was bei Sears so gründlich daneben gegangen war? Irgendwie hatte L.L. Bean diese junge Angestellte dazu gebracht, sich in die Denke des Gründers L.L. Bean zu versetzen und sich zu fragen: »Wie würde L.L. Bean diesen Kunden behandeln? Was würde er von mir in dieser Situation erwarten?« Sears dagegen hatte seine Vertriebsleute dazu veranlaßt, sich zu fragen: »Wie muß ich mich verhalten, um eine möglichst hohe Provision zu bekommen?«

U.S. Army

Beim letzten Beispiel kann ich die Dysfunktion nur vermuten, aber nicht beweisen. Hintergrund ist eine Rede des Generals Peter A. Kind der United States Army bei der Software Technology Conference am 12. April 1994 in Salt Lake City, Utah [5]. In diesem Vortrag hob General Kind die Rekordgeschwindigkeit hervor, mit der die Army ein Programm für Software-Wiederverwendung eingeführt hatte. Die Implementierung des Programms war schwierig, aber – nach General Kind – im großen und ganzen ein durchschlagender Erfolg:

> »Senkt Wiederverwendung die Kosten? In unserem Advanced Field Artillery Tactical Data System bewirkte sie eine Kostenvermeidung von 40 Millionen Dollar. Mit dem Tactical Communications Interface konnten wir 5 Millionen Dollar und mit dem Army Command and Control System 480 Millionen Dollar vermeiden. Das ergibt für alle drei Programme zusammen eine Einsparung von insgesamt 525 Millionen Dollar.«

Wow. Das klingt beeindruckend und ist es vielleicht auch. Ich frage mich aber, wo diese Zahlen herkommen. Sie kommen nicht direkt von General Kind, der trotz all seiner Qualitäten als General wahrscheinlich nicht vorgibt, ein Whiz-Kid der Software-Messung zu sein. Ich vermute einmal, daß er die Zahlen von Mitarbeitern bekommen hat, die einige Hierarchiestufen unter ihm angesiedelt sind. Dann muß man sich die Frage stellen: Wirkten sich die genannten Zahlen positiv auf die Arbeitsplatzsicherheit, die Budgets oder den Verantwortungsbereich dieser Mitarbeiter aus? Das steht zu vermuten. Und jetzt versetzen Sie sich einmal in deren Lage. Stellen Sie sich vor, Sie werden beauftragt, eine Metrik zu entwickeln, die die

Ersparnisse durch Wiederverwendung aufzeigt – ach, und übrigens, es wäre ganz gut, wenn Sie wirklich *gigantische* Einsparungen nachweisen könnten. Was würden Sie tun? Eine Möglichkeit wäre die folgende: Sie messen die Kosten für die Herstellung eines Codestücks, zählen, wie oft es insgesamt eingesetzt wird, und rechnen:

$$\text{Nettoersparnis} = \text{Herstellungskosten} \times (\text{Einsatzhäufigkeit} - 1)$$

Wenn Sie mit dieser Formel ein Modul messen, das in der Herstellung 1 Million Dollar kostet und fünfzig Mal verwendet wird, kommen Sie auf eine Nettoersparnis von 49 Millionen Dollar.

Na schön. Aber was ist daran auszusetzen? Zwei Dinge. Erstens hat die Formel die gefährliche Eigenschaft, daß die Einsparung sich direkt proportional zu den ursprünglichen Entwicklungskosten verhält. So daß die Einsparung von 49 Millionen auf 98 Millionen Dollar steigt, wenn man für die Herstellung des gleichen Moduls nicht eine, sondern zwei Millionen Dollar veranschlagt. Je mehr man ausgibt, desto mehr spart man ein.

Das zweite Problem besteht darin, daß die Berechnung in keinster Weise den Nutzen ins Kalkül zieht. Das aber macht es möglich, das System durch ein mehr oder weniger sinnloses, völlig überteuertes Modul zu ergänzen und so eine gigantische »Einsparung« zu erzielen.

Mit Sparen hat das genausoviel zu tun wie die Logik von Blondie, wenn sie Dagwood erzählt: »Dagwood, ich habe heute 300 Dollar für uns gespart, weil ich drei Hüte zum halben Preis gekauft habe.« Wie Dagwood kann sich der düpierte amerikanische Steuerzahler nur noch fragen: »Warum geht es mir trotz all der Einsparungen so schlecht?«

Natürlich habe ich keine Beweise dafür, daß die Army mit genau dieser Rechnung zu den genannten Einsparungen gelangte. Ich vermute aber, daß es so und nicht anders war. Wenn das stimmt, so hat sie uns damit ein weiteres Beispiel für eine dysfunktionale Messung geliefert.

> **dys|funk|ti|ona|le Mes|sung,** *die*; buchstabengetreue Einhaltung eines Motivationsanreizes, die dazu führt, daß das genaue Gegenteil der Ziele und Absichten des Anreizes erreicht wird.

»Aber das war doch nicht professionell!«

In jedem der beschriebenen Fälle von Dysfunktion oder angenommener Dysfunktion (sogar bei der sowjetischen Nagelfabrik) könnte man argumentieren, die Mitarbeiter hätten unprofessionell gehandelt. Sie hätten sich durch das Meßsystem einfach nicht verführen lassen dürfen, zum Nachteil der eigentlichen Ziele und Pläne des Unternehmens zu handeln. Sie haben es aber getan. Und sie werden es immer wieder tun.

Sie können nicht beides haben: Sie können nicht erwarten, daß Ihre Mitarbeiter sich rundum professionell verhalten, und gleichzeitig erwarten, daß simple Meßindikatoren sie zu hohen Leistungen motivieren. Selbst der gern als Musterbeispiel für Professionalität angeführte Ärztestand wird nicht professionell handeln, wenn er gleichzeitig versuchen soll, Zahlenvorgaben einzuhalten – also die Zahl der pro Stunde verarzteten Patienten zu maximieren, ebenso die Zahl der ausgestellten Rezepte, der Überweisungen zum Facharzt, der eingesparten Einwegspritzen und Verbände, und unzählige andere numerische Erfolgsindikatoren.

Numerische Erfolgsindikatoren sind das, was W. Edwards Deming als »extrinsische Motivatoren« bezeichnet. Dinge wie Professionalität, Stolz auf das Geleistete, Identifikation mit echtem unternehmerischem Erfolg und Freude an der Arbeit sind »intrinsische Motivatoren«. Wie Deming herausstellt, lösen extrinsische Motivatoren oft die instrinsischen Motivatoren ab. Wenn Sie von Ihren Mitarbeitern verlangen, Zahlenvorgaben zu erfüllen, werden sie genau das tun. Die eigenen intrinsischen Motive des Mitarbeiters und die wirklichen Ziele und Erfordernisse Ihres Unternehmens bleiben auf der Strecke. Dysfunktion ist unweigerlich das Ergebnis.

Management by Objectives

In den sechziger Jahren entstand für das Arbeiten nach Zahlenvorgaben der Begriff Management by Objectives (oder MBO). MBO erlebte in den frühen siebziger Jahren eine kurze Blütezeit, um dann weitgehend aus der Wirtschaftspresse, wenn auch nicht aus allen Unternehmen, zu verschwinden. Das Problem bestand darin, daß MBO nicht richtig funktionierte. Unternehmen, die nach Zielvorgaben arbeiteten, wiesen keine gute Erfolgsbilanz auf; die meisten Leute, die die Methode einsetzten, erkannten ganz klar die daraus resultierende wachsende Dysfunktion.

Ich denke, Sie merken, worauf ich hinaus will: ich steuere zielsicher auf meinen dritten Beunruhigenden-Gedanken-über-Software-Messungen zu:

3. Beunruhigender-Gedanke-über-Software-Messungen

Haben wir durch den Einsatz unserer Software-Messungs-Programme in der Software-Branche durch die Hintertür Management by Objectives wieder eingeführt?

Ich fürchte, so ist es. Wir sind über ein marodes Konzept der Vergangenheit gestolpert und haben versucht, es wiederzubeleben, ohne jemals zu verstehen, warum es schon früher nicht funktionierte.

Ein allzu hartes Urteil, meinen Sie? Schauen Sie sich das folgende Beispiel an und bilden Sie sich Ihre eigene Meinung. Wenn etwas nach Management by Objectives aussieht und riecht und schmeckt, dann handelt es sich vielleicht auch um Management by Objectives.

Das 10×-Programm von John Young

1987 verkündete John Young, der damalige Chief Executive Officer von Hewlett-Packard, HP würde bei ausgewählten Software-Metriken – wie Produktivität, Fehlerdichte und anderen Leistungsindikatoren – eine zehnfache Verbesserung erzielen. Das Erreichen dieser tausendprozentigen Verbesserung bezeichnete er als die wichtigste Zielvorgabe für die Software-Organisationen des Unternehmens bis zum Jahr 1993.

1993 gab Young das Scheitern des Programms bekannt – es sei im Durchschnitt nur eine dreifache Verbesserung erzielt worden. Aber, räumte er ein, er wisse die erreichten Verbesserungen zu schätzen. Ein kleiner Scherz am Rande, der sich an der Wall Street auszahlte: Beinharter Manager motiviert Mitarbeiter zu einer erstaunlichen dreihundertprozentigen Verbesserung in allen entscheidenden Bereichen und gibt dann bescheiden zu, sein Programm sei »gescheitert«. Wie dem auch sei: Wie nahe an der Wahrheit Young mit seiner Einschätzung lag, wußte er wohl nicht einmal selbst.

Stellen Sie sich vor, Ihr Kind würde in der Schule mit einer ähnlichen Masche konfrontiert. Die Lehrerin kündigt an, die Lesegeschwindigkeit der Kinder würde in den nächsten Monaten um tausend Prozent »steigen«, und überläßt es den Schülern, dieses Ziel umzusetzen. Die Kinder sind zum Scheitern verurteilt. Natürlich werden sie versagen (und das dann auch zu hören bekommen). Nicht nur das: Sie wußten von Anfang an, daß sie keine Chance haben würden, eine schwachsinnige, weil völlig unrealistische Zielvorgabe zu erfüllen, zumal sie mit dem Versuch, das Wunder zu vollbringen, völlig allein gelassen wurden. Wie werden sie sich wohl fühlen, wenn das Ganze vorbei ist? Betrogen, benutzt und mißbraucht.

Genauso war es bei HP. Das einzige, was das 10×-Programm bewirkte, waren ungute Gefühle (und ein Abwandern fähiger Mitarbeiter); die genannte Verbesserung um 300 Prozent ist bloße Spiegelfechterei. Tatsächlich weist HP im angegebenen Zeitraum eine Verbesserung auf, wie sie in etwa auch ohne das 10×-Programm erreicht worden wäre. Managment by Objectives hatte einmal mehr zugeschlagen.

Management by Objectives ruft Dysfunktion hervor. Wenn der amerikanische Präsident ankündigt, »die USA werden bis zum Jahr 2000 weltweit führend in der mathematischen und naturwissenschaftlichen Ausbildung sein«, so werden die USA am Ende mit Sicherheit weder führend noch nennenswert besser geworden sein. Allenfalls wird irgendein vereinfachender und relativ bedeutungsloser »Indikator« angepaßt werden, um die Blamage in Grenzen zu halten. Die verrückten Ziele, die MBO-Anhänger bevorzugen, stellen nur sicher, daß sinnvolle Fortschritte –Verbesserungen von, sagen wir, realen 4 oder 6 Prozent – ignoriert werden.

Schlechte Metriken, schlechte Wissenschaft

Die bisher vorgestellte, dunkle Seite von Messungen zeigt, daß selbst gute Metriken Schaden anrichten können, wenn sie mißbraucht werden. Aber das ist noch lange nicht das Schlimmste. Für weitaus beunruhigender halte ich eine Tendenz zu schlechten Metriken und zu schlechter Wissenschaft, und die Auswirkungen, die daraus erwachsen. Wir haben eine lange Geschichte, uns von vereinfachten Indikatoren lenken zu lassen, die nicht einmal den oberflächlichsten empirischen Beweisen standhalten. Im folgenden stelle ich Ihnen ein Beispiel aus der Medizin und zwei aus dem Software-Bereich vor. Eine eingehende Auseinandersetzung mit dem medizinischen Beispiel lohnt sich, weil es paradigmatisch zeigt, wie sich schlechte Metriken einnisten und wie schwer es ist, sie wieder loszuwerden. Danach werden Sie sehen, daß die gleichen Effekte auch in der Software-Messung ihr Unwesen treiben.

Der internationale Cholesterin-Wahn

Die Metrik des 20. Jahrhunderts, die ich am meisten hasse, ist der Cholesterin-Spiegel als Indikator für die Wahrscheinlichkeit eines frühen Herzinfarkts. Die Beziehung scheint, wenn es sie überhaupt gibt, äußerst schwach zu sein und wurde niemals angemessen untermauert. Dennoch haben Millionen von Amerikanern ihre Eßgewohnheiten umgestellt, um ihre Cholesterinaufnahme zu senken. Weil der Glaube an cholesterinarme Diäten mittlerweile so tief in uns allen verankert ist, müssen wir die Zeit ein Stück zurückdrehen, um zu sehen, wie es dazu kam. Hier ist eine kurze Chronologie des Cholesterin-Wahns in den USA:

1953 Eine Stude an 5.127 Erwachsenen im amerikanischen Framingham, Mass., ergibt, daß Personen, die einen vorzeitigen Herztod erleiden, oft einen hohen Cholesterinspiegel im Blut aufweisen (Vorsicht: Das heißt nicht, daß Personen mit einem hohen Cholesterinspiegel im Blut oft einen vorzeitigen Herztod erleiden). Die Studie kommt auch zu dem Ergebnis, daß eine Veränderung der Aufnahme stark cholesterinhaltiger Nahrungsmittel sich nur wenig auf den Cholesterinspiegel auswirkt. Veröffentlichungen über die Studie unterschlagen diese Erkenntnis.

1972 Die Mr.-Fit-Studie (an 12.966 männlichen Probanden, die über zehn Jahre lief und mit 250 Forschungsmitarbeitern und einem 115-Millionen-Dollar-Budget ausgestattet war) will beweisen, daß eine niedrigere Aufnahme von stark cholesterinhaltigen Nahrungsmitteln das Risiko eines Herzinfarkts senken kann. Die Studie scheitert völlig: In der Gruppe mit niedrigerer Cholesterinzufuhr sterben mehr Personen als in der Vergleichsgruppe.

1982 Dennoch läuft das National Cholesterol Education Program an. Das Programm zielt auf eine strenge Begrenzung von stark cholesterinhaltigen Nahrungsmitteln ab.

1987 Eine Studie des National Cancer Institute (an 12.488 Männern und Frauen) bringt einen niedrigeren Cholesterinspiegel mit einem höheren Krebsrisiko in Verbindung. Andere Studien weisen bei Patienten mit abgesenktem Cholesterinspiegel eine höhere Todesrate durch Schlaganfall und Streßtrauma nach. Zahlreiche Studien zeigen, daß das über die Nahrung aufgenommene Cholesterin ungeachtet seiner Auswirkungen den Gesundheitszustand des Herzens weniger beeinflußt als der regelmäßige Genuß geringer Mengen Alkohol.

Wir wissen heute, daß sich eine Verringerung der Aufnahme stark cholesterinhaltiger Nahrungsmittel kaum auf den Cholesterinspiegel im Blut auswirkt, und daß eine Senkung des Cholesterinspiegels eine problematische Wirkung auf die Lebenserwartung hat. Je mehr Sie die Cholesterinzufuhr senken, desto wahrscheinlicher wird es, daß Sie an etwas anderem als einem Herzinfarkt sterben, ohne daß sich Ihre Lebenserwartung dadurch sehr verändern würde. Viele Studien zeigen (es ist zum Verrücktwerden), daß die rigorosesten Methoden zur Cholesterinsenkung sogar zu einer kürzeren Lebenserwartung führen.

Trotz dieser alles andere als schlagkräftigen Beweise haben viele Menschen ihre Eßgewohnheiten und ihr Eßverhalten drastisch verändert. Wenn Sie heutzutage in einem amerikanischen Restaurant Eier zum Frühstück bestellen, laufen Sie Gefahr, in die Cholesterin-Zone verbannt zu werden, um Ihre Tischgenossen vor einer passiven Aufnahme von Cholesterin zu bewahren. Wir nehmen uns vor Cholesterin weitaus bewußter in acht als vor Faktoren wie Streß, Bewegungsmangel und Alkoholgenuß, die die Lebenserwartung wesentlich stärker beeinflussen. Wie kommt das?

Hier ist etwas sehr viel Wichtigeres am Werk als Beweismittel: unsere puritanische Überzeugung, daß uns Nahrungsmittel wie Eis, Schokolade, Steaks, Eier, Käse und Sahne schlecht bekommen müssen, weil sie gut schmecken. Je verlockender Nahrungsmittel sind, desto verdächtiger werden sie uns. Die alltägliche Assoziation köstlicher Delikatessen mit Sünde und Tod demonstrieren Redewendungen und Werbeslogans wie »teuflisch gut«, »die Sünde selbst« oder »Ich geb' mir die Kugel«. Der ganze Cholesterin-Zirkus bestätigt unsere schlimmsten Ängste; falls etwas, was gut schmeckt, schon nicht wirklich schlecht für uns sind, dann sollte es das eigentlich sein.

Wenn unsere Ärzte raten, uns mehr zu bewegen und Streß abzubauen, bekommen wir glasige Augen und murmeln »Ja, das wäre gut«. Aber wenn sie auf eine Cholesterin-Diät und die damit verbundenen Kasteiungen zu sprechen kommen, schlucken wir und sagen: »Hm, haben Sie dazu noch mehr Informationen?« Auch Ärzte sind Menschen. Im Grunde genommen dressieren wir sie, weniger über Bewegung und Streßabbau zu reden und mehr über eine Umstellung unserer Eßgewohnheiten.

Hinter all dem steckt eine wichtige Moral: Unsere Neigung, das zu glauben, was wir fürchten, ist viel stärker als die Qualität aller Beweise. Es ist viel einfacher, etwas zu »beweisen«, was die Leute insgeheim schon immer gefürchtet haben. Dieser Faktor ist fast immer im Spiel, wenn schlechte Wissenschaft und schlechte Metriken eine unselige Allianz eingehen und zu schlechten Schlußfolgerungen führen.

Was hat all das nun mit Software-Metrik zu tun? Was ist das Gegenstück zu Cholesterin in der Software-Welt? Nun, wie wäre es mit ...

Halstead's Software Science

Die Software-Industrie ist mittlerweile seit mehr als zehn Jahren den Software-Maßen verfallen, die Maurice Halstead in seinem Buch *Elements of Software Science* eingeführt hat [6]. Bis heute wurden mehr als tausend Artikel veröffentlicht, die unterschiedliche Aspekte des Halsteadschen Kanons behandeln. Es gab sogar eine jährliche SCORE-Tagung, die ausschließlich dem Halsteadismus gewidmet war. Ein hervorstechendes Thema dieser Veröffentlichungen und Tagungen war die Erweiterung und Verfeinerung der ursprünglich von Halstead aufgestellten Lemmata und Theoreme. Durch Abwesenheit glänzte dagegen das Thema »Empirische Bestätigung«. Die meisten Artikel waren wie Halsteads Buch rein analytisch angelegt. Es gibt jedoch keinerlei empirische Beweise dafür, daß die Software-Maße von Halstead in irgendeiner Weise konkret untermauert sind. Halstead deutete zwar gelegentlich etwas von empirischer Arbeit an, aber Wissenschaftler, die sich eingehend mit seinen Daten befaßten, konnten keine der Relationen bestätigen, die Halstead selbst zu sehen meinte. Nicht einmal mit Halsteads eigenen Daten konnte man seine Erkenntnisse bestätigen.

Wie ist das möglich? Warum haben die Halsteadschen Maße trotz fehlender empirischer Validierung eine solche Prominenz erreicht? Der faule Zauber einer vermeintlichen Software-Wissenschaft mag dabei eine Rolle gespielt haben: *Elements* strotzt vor obskurer Mathematik, griechischen Buchstaben, unübersetzten russischen Zitaten und Logarithmen zur Basis 2. Wichtiger ist aber, daß Halstead beweisen wollte, was Manager in ihren schlimmsten Befürchtungen schon immer vermutet hatten: daß Software trotz der vorhandenen wissenschaftlichen Grundlagen als Kunst betrieben wurde. Viele Manager fragten sich verärgert: »Wenn Halstead *wissenschaftlich* arbeitet, wie er andauernd behauptet, was zum Teufel betreiben dann meine Programmierer?« Keine Wissenschaft.

Wenn ich schon dabei bin, die Halstead-Maße sind nicht die einzigen, die sich durch einen hohen Schlimmste-Befürchtungen-Wert und eine geringe empirische Bestätigung auszeichnen. Da gibt es zum Beispiel auch die ...

Zyklomatische Komplexität

Wenn man von der Zahl der Personen ausgeht, die behaupten, sie eingesetzt zu haben, ist die Zyklomatische Komplexität von Tom McCabe – die aus unerfindlichen Gründen mit V(G) abgekürzt wird – das erfolgreichste Software-Maß aller Zeiten [7]. Darüber hinaus muß der Artikel, in dem sie vorgestellt wurde, angesichts der Häufigkeit, mit der er zitiert wird, zu den erfolgreichsten Veröffentlichungen im Software-Bereich gehören. Dennoch ist die Metrik, obwohl sie intuitiv einleuchtet, weitgehend unbestätigt. (McCabes ursprüngliche Veröffentlichung ist fast ausschließlich analytischer Natur).

Die Attraktivität von V(G) besteht darin, einen Weg aufzuzeigen, Komplexität zu entdecken und auszurotten. Wenn Sie V(G) aber nutzen, um alternative Entwürfe mit niedrigeren Komplexitätswerten zu produzieren, so läuft das fast immer darauf hinaus, daß Sie die Moduln in kleinere unterteilen. Das ist zwar im allgemeinen eine vernünftige Vorgehensweise, aber eigentlich keine Methode zur Verringerung von Komplexität. Es ist eine Methode zur Verringerung der Länge. Sie könnten das Gleiche mit einem viel einfacheren Maß erreichen, zum Beispiel der Anzahl der Codezeilen: Wenn ein Modul zu viele Zeilen umfaßt, wird es geteilt. V(G) ist in erster Linie ein Längenmaß. Längere Moduln haben ein höheres V(G). Wenn Sie den verborgenen Längeneffekt erst einmal entlarvt haben, ist V(G) relativ bedeutungslos.

Welche schlimmste Befürchtung macht uns geneigt, an V(G) zu glauben? Versetzen Sie sich noch einmal in die Lage des Managers – diesmal in die eines Managers, der wenig Ahnung von Software-Technik hat. Jedesmal, wenn Ihre Leute Ihnen ihre Arbeit erklären, klingt das fürchterlich kompliziert. »Warum können die das nicht einfacher realisieren?« stöhnen Sie. Ja, warum wohl nicht, Schlaumeier? Ihre schlimmste Befürchtung besteht darin, daß diese ganze Komplexität künstlich herbeigeführt wurde. Wenn es gelänge, das, was Sie für künstliche Komplexität halten, abzubauen, wäre das Ergebnis so einfach, daß selbst Sie es verstehen könnten. V(G) wird so zum Rettungsanker.

Wir neigen dazu, Maße, die uns intuitiv einleuchten, ohne empirische Bestätigung zu akzeptieren. Wir sollten uns schämen. Nicht zu schämen brauchen sich dagegen die Leute, die solche Maße ins Gespräch gebracht haben. Ich kenne Tom McCabe, um nur ein Beispiel zu nennen, als nachdenklich, kompetent und absolut aufrichtig. Sein ursprünglicher Artikel über zyklomatische Komplexität war eine ausgezeichnete, richtungsweisende Arbeit. Es wirft kein schlechtes Licht auf ihn, daß unsere Industrie den Artikel unbesehen schluckte, ohne erst die dort vorgeschlagenen Hausaufgaben zu machen. Die Integrität von Tom McCabe ist unbestritten.

Unbestrittene Integrität ist im Bereich Software-Messung aber nicht die Regel. Das bringt uns zum Thema ...

Lügen

In unserem Privatleben ist eine Lüge mit einer einfachen und ehrlich klingenden Behauptung des genauen Gegenteils der Wahrheit verbunden: »Ehrlich, Mami, bei diesen Feten gibt es nie Drogen oder Alkohol.« Möglich, daß dieser Lügen-Typus auch bei Software-Messungen vorkommt. Das dürfte aber eher selten der Fall sein.

Mehr Sorgen müssen wir uns über den Lügen-Typus machen, der uns vor allem in der Politik begegnet. Dazu gehört es, riesige Datenmengen zu sichten und dann die Zahlen zu präsentieren, die eine vorgefaßte Meinung bestätigen, und alle anderen zu unterschlagen. Diese alltägliche Form des Lügens hat noch nicht einmal einen Namen, obwohl sie dringend einen bräuchte. Ich schlage deshalb vor, es als Limbaughen von Daten zu bezeichnen.

> **Lim|baugh|en** *verb*: aus einer Datenmenge selektiv diejenigen auswählen, die ein gewünschtes Ergebnis bestätigen, während Daten, die das Gegenteil beweisen könnten, außer acht gelassen werden.

Auch ich habe mich des Limbaughens schuldig gemacht. Um mich dieser Schuld zu entledigen, hören Sie hier meine Beichte:

DDT-360

Die Geschichte nahm ihren Anfang im Jahre 1966, als mein Kollege Gene Levy und ich im Auftrag der IBM-Niederlassung in San José ein kleines Online-Debugging-System entwickelten. Das Produkt, das DDT-360 hieß, war Teil des CALL-360-Projekts von IBM. Als das Projekt abgeschlossen war, verkündete IBM, daß kein Interesse an dem Debugging-System bestände, und überließ uns das System für 1 Dollar. Ich begann damit, DDT-360 einer Welt zu verkaufen, die – ohne es zu wissen – verzweifelt auf dieses System gewartet hatte. Natürlich brauchten wir für den erfolgreichen Verkaufsabschluß ein paar beeindruckende Daten, die bewiesen, daß

Leute, die Online-Debugging einsetzten, sehr viel hochwertigeren Code entwickelten. Und so begann ich mit der Datenerhebung.

Beachten Sie, daß das Ergebnis vor den Daten kam. Wenn Sie Daten für sich sprechen lassen, so ist das Wissenschaft. Wenn Sie Daten eigens erheben, um zu beweisen, was Sie bereits beschlossen haben zu beweisen, so ist das nicht Wissenschaft, sondern Marketing. Egal. Mit dem Handzählgerät bewaffnet machte ich mich auf die Suche nach meinem Beweis.

Zu meinem Leidwesen stellte ich fest, daß die Daten unweigerlich das Gegenteil dessen ergaben, was ich wollte. Die Daten zeigten, daß Online-Debugging zu qualitativ schlechteren Produkten führte. Ich war davon ungefähr so begeistert wie die Kardiologen von den Daten, die auf eine frühere Sterblichkeit bei Leuten mit cholesterinarmer Ernährung hindeuten. Beherzt legte ich die Ergebnisse unter »Verlorene Daten« zu den Akten.

Dagegen konnte ich beweisen, daß es billiger war, einen gegebenen Fehler mit Hilfe eines Online-Debuggers zu beheben als ohne. Das war zwar etwas völlig anderes, mußte aber genügen. Ich limbaughte eine Studie zugunsten des DDT-360-Debuggers, die sich auf die Kosten je Fehlerkorrektur konzentrierte und unerwähnt ließ, daß Online-Methoden in qualitativ schlechterem Code resultierten.

Glücklicherweise zahlte sich das Verbrechen in diesem Fall nicht aus. Niemand kaufte das System. So lasten zumindest keine unrechtmäßig erworbenen Reichtümer auf meinem Gewissen.

Das Limbaughen von Daten ist nicht die einzige Form des Lügens in unserer Branche. Es gibt eine weitere Variante – das Hochschaukeln von Quellenangaben.

Schulprobleme

Vielleicht sind Sie schon auf diese erschreckende Analyse gestoßen, die die Probleme der Schulen in den vierziger Jahren mit den Problemen der Schulen in den achtziger Jahren vergleicht. Danach waren die Hauptprobleme in den vierziger Jahren erstens Schwätzen, zweitens Kaugummi kauen, drittens Lärmen, viertens Rennen in den Gängen, fünftens Ausscheren aus der Zweier-Reihe, sechstens das Tragen unangebrachter Kleidung und siebtens das achtlose Wegwerfen von Abfällen.

In den achtziger Jahren sah die Bilanz anders aus: erstens Drogenmißbrauch, zweitens Alkoholmißbrauch, drittens Schwangerschaft, viertens Selbstmord, fünftens Vergewaltigung, sechstens Raub und siebtens Körperverletzung.

Damit ist der eindeutige Beweis für den Fall und Untergang unserer Zivilisation erbracht. Das Problem ist nur, daß das Ganze nichts als Schwindel ist.

Barry O'Neill von der Yale University unternahm es herauszufinden, wie die Listen entstanden waren. Dabei stieß er auf hunderte von veröffentlichten Versionen. Bei jeder neuen Version wandte er sich an den Autor mit der Bitte um die Quellenangabe. Schritt für Schritt kam er der Quelle näher. Ursprünglich stammten die beiden Listen von einem alten Fundamentalisten und Kämpfer gegen die öffentlichen Schulen namens T. Cullen Davis aus Fort Worth, Texas. O'Neill frage Davis, wie er auf die Listen gekommen war.

»Sie gehen nicht auf eine wissenschaftliche Studie zurück«, antwortete Davis. »Woher ich die Probleme der Schulen in den vierziger Jahren kenne? Ich habe sie besucht. Woher ich die von heute kenne? Ich lese die Zeitungen. «

Am beunruhigendsten von alledem ist das, was geschah, nachdem Davis die Listen in Umlauf gebracht hatte. Der fundamentalistische Autor Tim LaHaye griff sie auf, und danach die Aktivistin Phyllis Schlafly, Derek Bok von der Harvard University, der frühere Drogenpapst William Bennett, die frühere Generalstabsärztin Jocelyn Elders, Senator John Glenn, die Kolumnisten Ann Landers, George Will, Rush Limbaugh, Anna Quindlen, Herb Caen und Carl Rowan, das *Wall Street Journal* und der Fernsehsender CBS. Bei jeder Nennung der Liste war es wahrscheinlich, daß die Quelle angegeben wurde, in der sie gefunden wurde. Leute, die sie durch Phyllis Schlafly kannten, zitierten Phyllis Schlafly und nicht die Quelle, die sie zitiert hatte. Leute, die sie bei George Will entnahmen, zitierten George Will. Jedesmal, wenn der Verbreiter einen besseren Ruf genoß als die von ihm oder ihr genannte Quelle, nannten neue Autoren die größere Kapazität als Quelle der Liste. Schritt für Schritt gewannen die Listen der Schulprobleme an Ansehen. Solche hochgeschaukelten Quellenangaben sind faustdicke Lügen.

Unehrlichkeit und Fälschung aber erklären nur zum Teil, warum sich die Listen solange halten konnten. Hinzu kam, daß sie die schlimmsten Befürchtungen ihrer Leserschaft zu bestätigen schienen. Jemand, der im Grunde seines Herzens weiß, daß es mit den Schulen rapide abwärts geht, braucht keine weiteren Beweise.

Software, denken Sie wahrscheinlich, ist etwas weniger emotional besetzt als Schule. Existiert das Problem hochgeschaukelter Quellen in unserer Welt überhaupt? Schauen Sie sich dazu das folgende Beispiel an:

Neun Entwicklungsprojekte des U.S. Verteidungsministeriums: Wo das Geld blieb

Ein Bericht des Rechnungshofs des amerikanischen Kongresses aus dem Jahr 1979 untersuchte 113 Software-Entwicklungs-Aufträge des Verteidigungsministeriums. Auf Seite 11 des Berichts fand sich die in Abbildung 2.2 gezeigte Grafik.

Kurz nach der Veröffentlichung des Berichts schickte mir mein Kollege, der Autor Barry Boehm, eine Kopie mit der handschriftlichen Anmerkung: »Amüsant, aber trügerisch.« Ohne weiter darüber nachzudenken, legte ich die Kopie weg.

Seither bin ich bei Präsentationen und in Artikeln ungefähr dreißigmal auf die Grafik gestoßen. Klar, mit den Jahren änderte sich die zitierte Quelle und klang jedes Mal

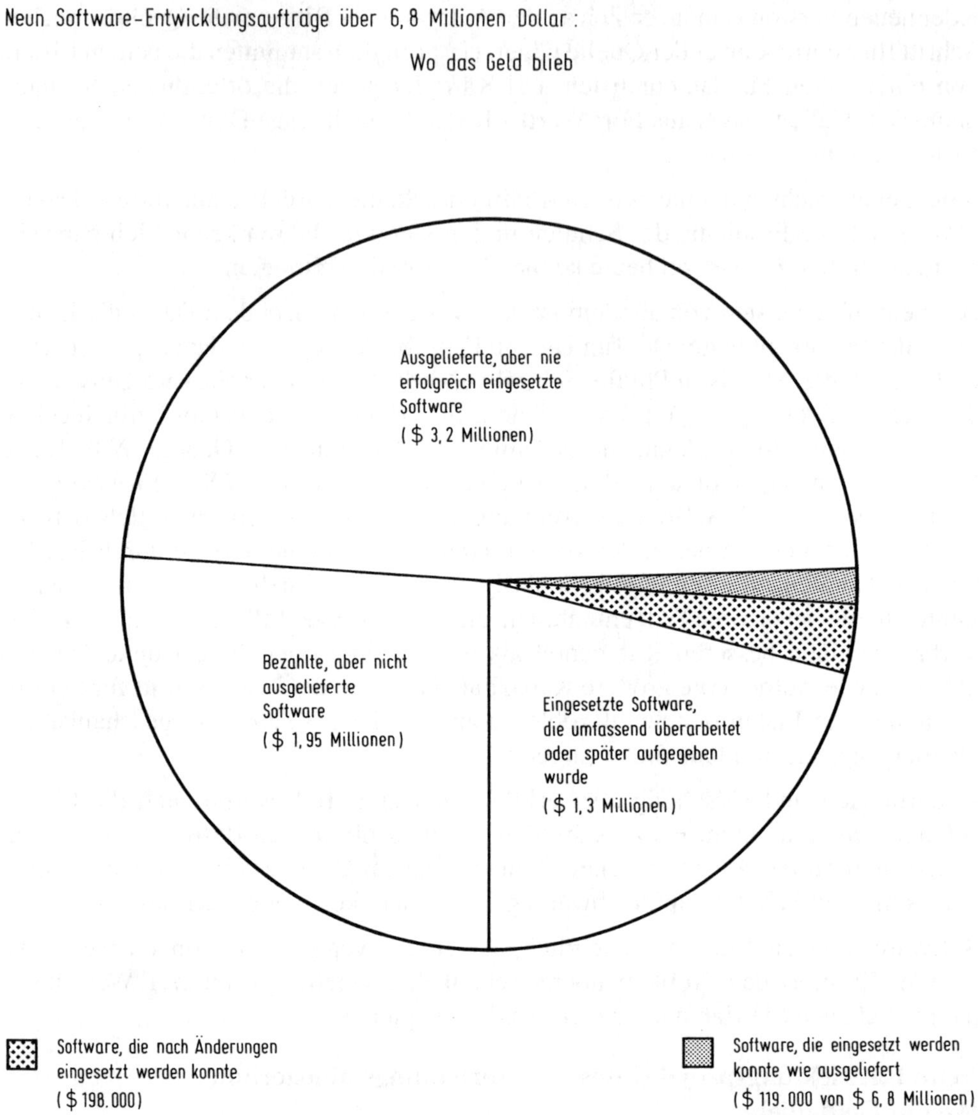

Abb. 2.2: Grafik aus einem Rechnungshof-Bericht von 1979

ein bißchen prominenter. Vor kurzem ist die Grafik unter dem Banner des angesehenen Software Engineering Institute erschienen. (Ich habe absichtlich die Namen der schuldigen Parteien weggelassen, die durch ihre Zitierweise das Ansehen der Grafik förderten; die Welt der Software-Messung ist klein, und ich bin mit vielen der Übeltäter persönlich befreundet.)

Als ich Barry Boehm vor kurzem wegen der Grafik ansprach, wies er darauf hin, daß die Grafik ein neues Publikum nicht nur durch die hochgeschaukelten Quellenangaben täuscht. Sie scheint zu implizieren, daß drei Viertel aller Aufträge des Verteidigungsministeriums zu Software führen, die bezahlt, aber nie eingesetzt wird. Auf Seite 10 des Berichts sehen wir aber, daß weniger als vier Prozent der untersuchten Software-Projekte des Verteidigungsministeriums dieser Kategorie angehörten. Wenn die Grafik als erschreckendes Anzeichen für die »bedauerlichen Zustände bei der Vergabe von Software-Aufträgen« präsentiert wird, vergißt der Vortragende oder Autor unweigerlich, den Kontext zu erwähnen. Der Kontext sah so aus: 113 Entwicklungsaufträge wurden geprüft. Von diesen wurden aber nur 9 völlig schief gelaufene Aufträge in das Tortendiagramm aufgenommen. Das Diagramm zeigt also nur die Eigenschaften solcher Aufträge, bei denen erhebliche Schwierigkeiten aufgetreten waren. Es sagt ausdrücklich nichts über die allgemeine Qualität der vom Verteidigungsministerium vergebenen Verträge aus. Präsentationen, die das Diagramm mit den neun schlechtesten Projekten vorstellen und nicht die viel vernünftigere Zahl von vier Prozent, sind ein weiteres ungeheuerliches Beispiel für das Limbaughen von Daten. Leute, die so arbeiten, gehören geprügelt.

Und schließlich war auch in diesem Beispiel wieder der mittlerweile bekannte Faktor »Bestätigung unserer schlimmsten Befürchtungen« am Werk. Viele von uns hören nur allzu gerne, daß die Regierung unfähig ist, Software-Entwicklungsaufträge zu vergeben, und verlangen dafür keine großartigen Beweise.

Alle diese Beispiele für den Mißbrauch von Maßen, Dysfunktion, schlechte Wissenschaft und Lügen führen mich zum vierten Beunruhigenden-Gedanken-über-Software-Messungen:

4. Beunruhigender-Gedanke-über-Software-Messungen

Ist es möglich, daß schlechte Maße und Daten guten Maßen und Daten den Garaus machen?

Ich befürchte seit langem, daß dieses Gesetz der Sofware-Messung leider wahr ist. Gute Maße und Daten weisen oft unerwünschte Eigenschaften auf:

- ☐ Sie unterliegen zu vielen Störeinflüssen und lassen keinen klaren Trend erkennen.
- ☐ Sie erregen zu wenig Aufsehen. (Der Beweis, daß objektorientierte Methoden die Produktivität um sechs Prozent erhöhen, ist zu deprimierend, um Gehör zu finden.)
- ☐ Sie beweisen oft das Gegenteil dessen, was sie beweisen sollen.

Schlechte Maße und Daten haben nicht mit diesen Eigenschaften zu kämpfen. Sie liefern oft klar abgegrenzte Gruppierungen von Datenpunkten, die genau das beweisen, was Sie beweisen wollen, zum Beispiel, daß objektorientierte Methoden die Produktivität um 600 Prozent erhöhen. Sie sehen, wie verführerisch es sein kann, vernünftige und seriöse Daten wegzuwerfen und statt dessen die viel zweckdienlicheren schlechten Daten heranzuziehen.

Der Basili-Standard

Jedesmal, wenn Sie Daten aus zweiter Hand verwenden, um ein eigenes Argument zu untermauern, laufen Sie Gefahr, die Daten aus ihrem Kontext herauszureißen und so die wirkliche Aussage falsch wiederzugeben. Sie laufen Gefahr zu limbaughen, ohne es zu wissen. Ich vermute, die meisten Leute zeigen das Neun-Projekte-Diagramm aus Seite 11 des Rechnungshof-Berichts, ohne die Seite 10 des Berichts jemals gesehen zu haben.

Auch meine eigene Historie ist in dieser Beziehung alles andere als untadelig. Ich habe oft Daten präsentiert, die von anderen zusammengetragen wurden, um meine eigenen Thesen zu untermauern. Eines Tages unterbrach mich ein Zuhörer mit einer Frage nach einer Grafik mit Daten der Firma TRW, die ich am Overhead-Projektor aufgelegt hatte: »Können Sie uns etwas über das dritte Projekt von links sagen, Tom? Das, das sich dem Trend zu widersetzen scheint. Was war damit?« Ich mußte zugeben, daß ich nichts über das dritte Projekt von links sagen konnte, überhaupt nichts. Und dort vor diesem Publikum dämmerte es mir: Wenn ich diese Art von Frage nicht beantworten konnte, hätte ich die Daten eigentlich überhaupt nicht zeigen sollen.

Natürlich bin ich nicht der einzige, der die Daten anderer Leute verwendet. Alle tun es. Na ja, fast alle. Unter den Koryphäen unseres Bereichs fällt mir nur einer ein, der es nicht tut: Victor Basili. Wenn Ihnen Basili ein Diagramm zeigt, können Sie sicher sein, daß er jede vernünftige Frage dazu beantworten kann, weil er die Daten selbst erhoben hat. Basili kann das, weil er Unmengen von Daten erhebt. Für uns gewöhnliche Sterbliche ist es schwieriger, dem Basili-Standard zu entsprechen.

Ich schlage deshalb einen modifizierten Basili-Standard für Durchschnittsmenschen vor: Verwenden Sie die Daten anderer Leute nur, wenn sie nicht Ihre eigenen schlimmsten Befürchtungen bestätigen. Das hilft Ihnen, Schwierigkeiten aus dem Weg zu gehen.

Mehr zur Bestätigung unserer schlimmsten Befürchtungen

Daten, die unsere schlimmsten Befürchtungen bestätigen, sind mit großer Sicherheit falsch. Das Problem besteht darin, daß unsere Bereitschaft, sie zu glauben, unsere natürliche Abwehr schlechter Daten außer Kraft setzt. Wenn wir im Innersten schon glauben, daß das moderne Fernsehen, um nur ein Beispiel zu nennen, die amerikanische Jugend zerstört, können »Daten« wie die folgenden Wasser auf unsere Mühlen sein:

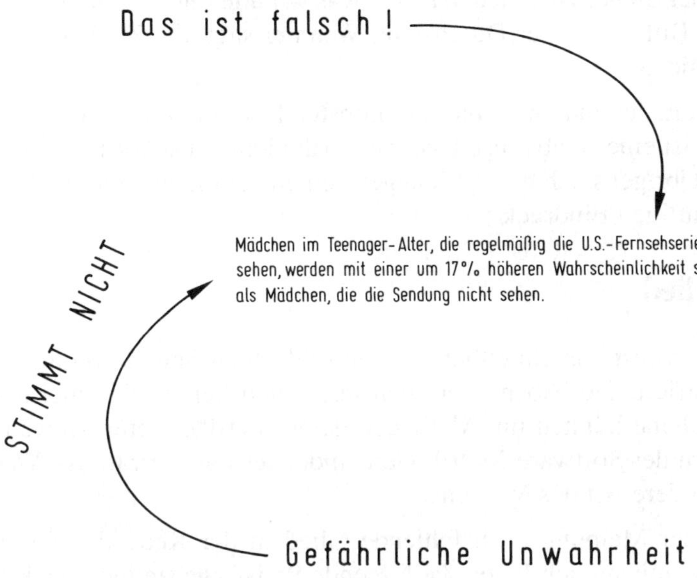

Abb. 2.3: Ein typisches Beispiel für schlechte Daten

(Ich habe diesen gefährlichen Nicht-Fakt vorsichtshalber mit Dementis umgeben, damit er nicht von *USA Today* aufgegriffen wird.)

Aber auch Ihre eigenen Daten sollten Sie mit Vorsicht genießen. Das gilt vor allem dann, wenn die Meßergebnisse so recht nach Ihrem Geschmack sind. Ich selbst geriet in diese Situation im Rahmen der Coding-War-Games-Studie, die Tim Lister und ich von 1984 bis 1990 durchführten. Wir trugen einen Berg von Daten zusammen, die zeigten, daß Menschen, die in einer lauten, störungsintensiven Umgebung arbeiten, weniger effizient arbeiten und mehr Fehler machen [9]. Als ich den Trend erkannte, war mir bewußt, daß ich das schon immer vermutet hatte. Mehr noch, das Thema ging mir wirklich nahe. Der Frust von Jahren über Lärm und Unterbrechungen stieg in mir hoch. Ich sah rot und hatte jetzt endlich den unwiderlegbaren Beweis, der es mir erlauben würde, etwas gegen das Problem zu unternehmen. »Genau!« schrie ich, als ich die Daten zum erstenmal sah. Das war ein Warnsignal.

Einige Wochen später traf ich zufällig Victor Basili bei einer Tagung. Ich erzählte ihm, daß meine Daten auf fast erschreckende Weise etwas stützten, was mir wirklich am Herzen lag. Ich fragte ihn um Rat: Wie sollte ich die Daten analysieren, um sicherzugehen, daß ich nicht mehr aus den Zahlen herauslas, als sie hergaben? Wie konnte ich sicherstellen, mich nicht mit einer falschen Statistik lächerlich zu machen? Hilfsbereit wie stets ging Vic einige seiner eigenen Verfahren zur statistischen Analyse mit mir durch. »Und dann solltest du noch«, sagte er am Schluß, »um wirklich auf Nummer Sicher zu gehen, das tun, was wir alle tun.« »Und das wäre?« fragte ich. »Gib es Bill Curtis zur Durchsicht. Wenn er sagt, die Zahlen stimmen, dann stimmen sie auch.«

Das war ein guter Rat, der zudem meine schlimmsten Befürchtungen über Statistik bestätigte: Statistik ist eine so abstruse Disziplin, daß niemand außer Bill Curtis sie wirklich versteht. (Übrigens, ich habe Bill angerufen und er meinte, unsere Analyse mache einen vernünftigen Eindruck.)

Das fehlende Glied

Bisher habe ich mich fast ausschließlich auf die schlechten Seiten von Software-Messungen konzentriert. Sie haben aber auch ihre guten Seiten: Die meisten der beschriebenen Probleme können mit Methoden gelöst werden, deren Anwendung uns, den Mitgliedern der Software-Metrik-Gemeinde, bestens vertraut ist. Was wir brauchen, ist eine andere Art des Messens.

Bevor ich das meiner Meinung nach fehlende Glied in der Kette der Software-Messungen enthülle, möchte ich Ihnen die folgende Preisfrage stellen: Denken Sie an die jüngste Kosten-Nutzen-Analyse, die in Ihrer Organisation durchgeführt wurde. Wie lief sie ab? Wetten, daß die Analysten die Kosten aus früheren Kostendaten extrapolierten und die Personalkosten, die Kosten für die Qualitätssicherung, Material- und Reisekosten, Versicherungskosten und die Kosten für mögliche Pannen dazurechneten. Am Ende veröffentlichten sie die erwarteten Bruttokosten, ausgedrückt in Dollar, Kalendermonaten, Personen-Monaten und sämtlichen anderen denkbaren Möglichkeiten. Was fehlt hier? Sind diese Kosten die einzigen Angaben, die für eine Kosten-Nutzen-Analyse benötigt werden?

In den meisten Organisationen lautet die Antwort ja. Bei der Kosten-Nutzen-Analyse geht es ausschließlich um die Kosten und in keinster Weise um den Nutzen. Falls der Nutzen überhaupt erwähnt wird, dann in sehr vager Form: »Der Nutzen des Systems liegt darin, daß wir es einfach haben müssen« oder »Der Nutzen liegt in der besseren Verkaufs-Berichterstattung« oder »Der Nutzen liegt in einem Wettbewerbsvorteil«.

Wenn der Nutzen nicht quantifiziert wird, scheint es mir jedoch wenig Sinn zu machen, die Kosten zu quantifizieren. Wenn der Nutzen darin besteht, daß »wir es einfach haben müssen«, dann reicht es auch, die erwarteten Kosten mit »Es kostet, was es kostet« zu beziffern.

Indem wir die Kostenaspekte eines Projekts – Zeitbedarf, Aufwand, Produktivität usw. – in den Mittelpunkt stellen und gleichzeitig den Nutzen außer acht lassen, senden wir den Mitarbeitern das falsche Signal. Wir motivieren sie, immer weniger nützliche Aufgaben immer besser zu erledigen. Eine Organisation, die sich mitten in einem 10×-Programm vom Typ des HP-Programms befindet, ist ausschließlich auf Kostenfaktoren fixiert, vor allem auf Kostensenkung durch Produktivitätssteigerung. Wenn ein wirklich schwieriges Projekt ansteht, das zwangsläufig zu niedrigerer Produktivität führen muß, findet die Organisation wahrscheinlich keine Zeit dafür. Dabei würde sich vermutlich gerade dieses schwierige Projekt wirklich lohnen.

Das Paradoxe an der Sache ist, daß Produktivität und Nutzen oft im Widerstreit miteinander liegen. Nutzenmaximierung erfordert Risikobereitschaft und das Beschreiten neuer Wege. Produktivitätssteigerungen setzen Vertrautheit und Wiederholung voraus. Wenn wir Software-Entwicklung zur Produktionsaktivität machen, indem wir die Art und Weise »systematisieren«, eine bestimmte Art von Produkt herzustellen, werden wir diesen Produkttyp immer besser fertigen können. (Die Systematisierung von Software-Aufgaben ist das Kernstück des Capability Maturity Model des Software Engineering Institute.) Aber ist das Fortschritt? Warum brauchen wir so viele Produkte, die einander so ähnlich sind? Haben wir es versäumt, ein Meta-Produkt zu entwickeln, aus dem sich beliebig viele Instantiierungen generieren lassen? Um statt dessen unzählige Clones in unzähligen Einzelprojekten zu bauen? In den meisten Fällen ist genau das passiert, und es ist leicht zu sehen, warum. Die Entwicklung hunderter geclonter Produkte minimiert das Risiko und erhöht die »Produktivität« für jedes der Einzelprojekte. Die Entwicklung eines Meta-Produkts dagegen ist mit einem hohen Risiko behaftet und senkt wahrscheinlich die Produktivität deutlich ab. Unter dem Strich betrachtet aber zahlt sich ein einziges risikoreiches Projekt oft weit mehr aus.

Die schlechte Presse, die das Gepäckbeförderungssystem des Denver International Airport erhalten hat, ist symptomatisch für die Situation im Software-Bereich. Klar, man kann an der Art und Weise, wie das Projekt gemanagt wurde, herumkritteln.

Aber zumindest war das Projekt den Aufwand wert. Das Projekt betrat völliges Neuland und ging damit monumentale Risiken ein. Die Zeit wird zeigen, daß softwaregesteuerte Robotersysteme hohen Nutzen bringen werden. Aber da solche Projekte immer ein Element des Experimentierens in sich tragen, erreichen sie in der Einführungsphase in aller Regel keine hohe Produktivität.

Unsere Konzentration auf Produktivität ohne Rücksicht auf den Nutzen bringt mich zum fünften Beunruhigenden-Gedanken-über-Software-Messungen:

5. Beunruhigender-Gedanke-über-Software-Messungen

Kommen wir allmählich dahin, das optimal zu tun, was wir eigentlich überhaupt nicht tun sollten?

Software-Herstellung ist keine Produktions-, sondern eine Forschungs- und Entwicklungsaktivität. Nur Forschung und Entwicklung bieten letztlich die Chance, einen echten Nutzen zu erreichen.

Alle Versuche, Software fabrikmäßig herzustellen, sind zum Scheitern verurteilt. Unternehmen, denen dies »gelingt«, bieten lediglich den Mike Hammers dieser Welt eine Gelegenheit, vorzuschlagen: »Statt Ihre Software-Factory von CMM Level 3 auf CMM Level 4 zu pushen – warum machen Sie sie eigentlich nicht ganz zu? Sie stellt sowieso nichts besonders Nützliches her.« Hammer würde das als Business Process Reengineering bezeichnen. Ich bezeichne es als Wiedereinschalten des Gehirns.

So wie wir im letzten Jahrzehnt gelernt haben, mit Kostenbewußtsein und Kostenverantwortung an Software-Projekte heranzugehen, müssen wir jetzt wieder lernen, mit Nutzenbewußtsein und Nutzenverantwortung an sie heranzugehen. Wenn der Projektmanager dafür zuständig ist, die Kosten abzuschätzen, und dann die Verantwortung dafür trägt, das Projekt innerhalb dieses Kostenrahmens zu realisieren, dann muß eine andere Person (vielleicht der Produktmanager) dafür zuständig sein, den Nutzen abzuschätzen, und dann die Verantwortung dafür tragen, nach der Fertigstellung des Produkts zu beweisen, daß das Produkt den angestrebten Nutzen tatsächlich bringt.

Die dynamische Spannung zwischen Kosten- und Nutzenverantwortung wird den Organisationen helfen, besser zu werden. Statt die Stufen eines künstlichen Capability Maturity Model (das den Produktnutzen völlig ignoriert) hochzuklettern, können wir eine wirklich sinnvolle Produktivität erreichen:

$$\text{Sinnvolle Produktivität} = \frac{\text{Produktnutzen}}{\text{Herstellungskosten}}$$

Auf ein Neues – diesmal mit mehr Gefühl

Ich habe Ihnen in diesem Essay einige der Gründe genannt, die mich vom überschwenglichen Software-Messungs-Fan zum Skeptiker werden ließen. Auf dem Weg dahin bin ich auf einige bedeutsame Wahrheiten gestoßen:

- □ Dysfunktion lauert überall; sie ist eher die Regel als die Ausnahme.
- □ Maße können Institutionalisierung bewirken und sind oft Teil eines Versuchs, Software in eine Produktionsrolle zu drängen.
- □ Maße werden oft dazu benutzt, Management By Objectives durch die Hintertür wieder einzuführen.
- □ Wir, die Spezialisten der Software-Metrik, zielen mit unseren Messungen immer mehr auf Verhaltensänderung und immer weniger auf Erkenntnis und Steuerung ab.
- □ Wir, die Spezialisten der Software-Metrik, neigen dazu, *mit Ausnahme des* Nutzens alles zu messen, was still hält.

All das bestätigt nur, daß Software-Messung schwieriger ist als wir dachten. Aber nicht zu schwierig. Ein Blick in einige unserer besten Organisationen läßt mich hoffen, daß Software-Messung nach wie vor eine vielversprechende Disziplin ist. Am Beginn des zweiten Jahrzehnts der Software-Messung schlage ich vor, zurück zu den Wurzeln zu gehen und uns auf drei Prinzipien zu konzentrieren:

- □ Messen Sie den Nutzen oder gar nichts.
- □ Messen Sie, um zu erkennen. Die vielversprechendsten Erkenntnisse lassen sich bei den Menschen gewinnen, aus denen sich unsere Software-Teams zusammensetzen. Um Menschen zu messen, ohne in Management by Objectives oder Verhaltensänderung abzugleiten, müssen wir dahin kommen, die persönliche Selbsteinschätzung und Selbstbeurteilung zu unterstützen. Bei einem System dieser Art gewinnt das Individuum die Erkenntnisse, nicht die Organisation. Diese Konsequenzen aber, die das Individuum aufgrund der gewonnenen Erkenntnis wahrscheinlich ziehen wird, kommen mit Sicherheit der Organisation ebenso wie dem Individuum zugute.
- □ Seien Sie mißtrauisch gegenüber allen Feststellungen, die Ihre schlimmsten Befürchtungen bestätigen.

Literaturhinweise

[1] T. DeMarco: *Controlling Software Projects.* Englewood Cliffs, N.J.: Prentice Hall, 1982.

[2] U. Roze: *The North American Porcupine.* Washington, D.C.: Smithsonian Institution Press, 1989.

[3] Ein Großteil der Ausführungen über Dysfunktion wurden angeregt von Robert Austin: »Theories of Measurement and Dysfunction in Organizations«, Ph.D. Thesis, Carnegie Mellon University, 1994. Siehe auch das zweibändige Werk meiner Kollegen James und Suzanne Robertson: *Complete Systems Analysis: The Workbook, the*

Textbook, the Answers. New York: Dorset House Publishing, 1994. Deutsche Ausgabe: *Vollständige Systemanalyse*. Carl Hanser Verlag, 1996.

[4] Diese Idee wurde im Kern erstmals 1981 in einem brillianten Artikel von D. Tajima und T. Matsubara: »The Computer Software Industry in Japan«, *IEEE Computer*, Vol. 14, Nr. 5 (1981), 89-96 veröffentlicht. Nachdruck in *Software State-of-the-Art: Selected Papers*, eds. T. DeMarco und T. Lister. New York: Dorset House Publishing, 1990, 76-86.

[5] Nachdruck als P. Kind: »Software as a Force Multiplier«. *Cross Talk, the Journal of Defense Software Engineering*, Vol. 7, Nr. 7 (1994), 2-11.

[6] M. H. Halstead: *Elements of Software Science*. New York: American Elsevier, 1977.

[7] T. J. McCabe: »A Complexity Measure«. *IEEE Transactions on Software Engineering*, Vol. SE-2, Nr. 12 (1976), 308-20.

[8] *Contracting for Computer Software Development – Serious Problems Require Management Attention to Avoid Wasting Additional Millions*, U.S. General Accounting Office, FGMSD-80-4, 9. November 1979.

[9] Siehe zum Beispiel T. DeMarco; T. Lister: »Programmer Performance and the Effects of the Workplace«. *Proceedings of the 8th International Conference on Software Engineering*. London: 1985, 268-72.

3
Management-unterstütztes Software-Engineering

mit Sheila Brady

Ich habe diesen Essay zusammen mit Sheila Brady von Apple Computer für eine Sonderausgabe von »IEEE Software« zum Thema »Globale Visionen« geschrieben. Ich weiß nicht, ob wir beim Schreiben des Essays auch nur eine einzige globale Vision hatten. Auf jeden Fall hatten wir eine Menge Spaß und hoffen, daß man dem Text das anmerkt. Wir haben den Artikel per Telefon und Internet geschrieben, ohne uns dabei einmal gesehen zu haben.

Wenn ich könnte, würde ich Sheila Brady als »Beste Projektmanagerin der Welt« nominieren. Wenn mein Leben vom Erfolg eines Software-Projekts abhängen würde, wollte ich, daß Sheila das Projekt leitet. Apple scheint genauso zu denken und beauftragt sie regelmäßig mit den größten und riskantesten Software-Projekten. Wenn ein Projekt dem Unternehmen Kopf und Kragen kosten könnte und mehr als dreihundert Leute erfordert, ist es Zeit für Sheila Brady, das Projektmanagement zu übernehmen.

Für Unternehmen auf dem Weg nach oben gibt es eine ganz einfache Faustregel: Man identifiziere die besten Verfahren, die bereits irgendwo im Unternehmen erfolgreich eingesetzt werden, und sorge für ihre Verbreitung. Dazu sind weder der ganz große Durchbruch noch eine neue Theorie notwendig, sondern lediglich grundlegende Hygienemaßnahmen. Unternehmen, die nach dieser Faustregel handeln, überleben und florieren, die anderen bleiben auf der Strecke.

Komplizierter ist es, ein gutes Verfahren von einer Organisation in eine andere zu tragen. Das liegt an unserer Engstirnigkeit. Wir sind so damit beschäftigt, uns nicht in die Karten blicken zu lassen, daß es uns schwerfällt, voneinander zu lernen.

Auf den folgenden Seiten stellen wir einige vorbildliche Management-Verfahren vor. Sie stammen alle aus einer kleinen Gruppe gesunder Organisationen. Darüber hinaus haben wir versucht, uns vorzustellen, wie sich das Software-Management in den nächsten Jahrzehnten entwickeln muß, um eine neue Generation vorbildlicher Verfahren hervorzubringen.

Wir haben für den Artikel die Form des Dialogs gewählt, damit unsere individuellen Meinungen gewahrt bleiben. (Gleichzeitig haben wir es auf diese Weise elegant vermieden, die abwegigeren Ideen des jeweils anderen mit unterschreiben zu müssen.)

Die Bestandsaufnahme: Aus vergangenen Fehlern lernen

Man sollte meinen, daß eine Bestandsaufnahme, die die Erfolge und Fehler eines Projekts analysiert, ein Standardverfahren darstellt. Das sollte so sein, ist es aber nicht. Selbst bei optimal oder katastrophal gelaufenen Projekten (bei denen man aus einer Bestandsaufnahme am meisten lernen könnte), verzichtet man häufig auf diesen wertvollen letzten Schritt.

SB: Eine der gängigen Ausreden für den Verzicht auf eine Bestandsaufnahme lautet, daß sich kein Mensch für ihre Ergebnisse interessiert oder – das ist noch wichtiger – sein Verhalten aufgrund des daraus resultierenden Abschlußberichts in irgendeiner Weise ändert. Bei dem Projekt Apple System 7 haben wir allerdings ganz andere Erfahrungen gemacht. Wir haben einen ziemlich gründlichen Abschlußbericht erstellt und ungefähr 150 Exemplare davon an das Team verteilt. Außerdem haben wir seither nochmals 350 Exemplare auf Anfrage weitergeleitet. Die Leute verschlangen den Bericht. Sie waren begeistert. »Wow, schau dir bloß die dummen Fehler an, die diese Typen gemacht haben!« Wir hatten bei der Bestandsaufnahme sehr darauf geachtet, die zugrundeliegenden Probleme ans Tageslicht zu fördern, mit denen das Projekt zu kämpfen hatte, und nicht nur die Symptome zu beschreiben.

TDM: Als einer von 500 Lesern weiß ich, daß ihr euch kein Blatt vor den Mund genommen habt.

SB: Nein, wirklich nicht, und das war es, was unter anderem den Reiz des Berichts ausmachte. Wir strebten Ehrlichkeit an, und das ist uns auch gelungen. Die Leute gingen mit dem Bericht zu ihren Managern und sagten: »Schauen Sie sich das an. Das und das ist bei System 7 falsch gelaufen, und wir machen genau die gleichen Fehler.« Der Bericht, in dem die Probleme schwarz auf weiß nachzulesen waren, gab ihnen den Mut, auf ähnliche Probleme in ihren Projekten hinzuweisen. Selbst solche Manager, die nicht besonders empfänglich für Kritik waren.

TDM: Es werden eine Menge Gründe genannt, warum die Erfolge und Fehler nach Abschluß eines Projekts nicht analysiert werden: kein Interesse, keine Zeit, Streß usw. Ich habe aber das Gefühl, daß der eigentliche Grund meistens Angst ist. Es spricht für das Management, wenn eine Bestandsaufnahme stattfindet, denn das heißt, daß sich die Leute, die unter diesem Management arbeiten, relativ sicher fühlen. Der Verzicht auf eine Bestandsaufnahme heißt, daß die Mitarbeiter sich nicht sicher genug fühlen, ihre Fehler bei Tageslicht zu analysieren.

SB: Fehlendes Vertrauen hat natürlich noch ganz andere Auswirkungen. In Organisationen, in denen die Leute sich nicht sicher fühlen, lassen sich Veränderungen aller Art nur schwer umsetzen. Sie werden dort nie aussagefähige Abschlußberichte bekommen. Genauso wenig ist es möglich, etwas Neues und Anderes zu versuchen.

Eine Bestandsaufnahme muß in keinster Weise bedrohlich wirken. Der System-7-Abschlußbericht zum Beispiel war wie das Projekt selbst eine Teamleistung. Der Bericht kam zustande, indem das Team seine eigene Leistung analysierte. Als Managerin hatte ich die Rolle der Protokollführerin, nicht die der Richterin. Nach meiner Erfahrung ist es nützlich, wenn jeweils ein anderer Mitarbeiter die verschiedenen Schlußbesprechungen leitet, und jeweils andere Teilmengen des Teams daran teilnehmen. Es ist oft erstaunlich und immer lehrreich, wie die unterschiedlichen Besetzungen zu unterschiedlichen Vorgehensweisen und Ergebnissen führen. Wenn Sie wirklich etwas über die Führungsqualität innerhalb eines Projekts erfahren wollen (zum Beispiel Ihre eigene), dann lohnt es sich, einige Besprechungen ohne die Projektleiter anzusetzen. Ich habe das meiste aus ein paar Besprechungen gelernt, an denen ich nicht teilgenommen habe – ich mußte dort einiges einstecken.

TDM: Es ist wichtig, daß jeder die Regeln kennt und einhält:

- ☐ Involvieren Sie alle Beteiligten.
- ☐ Lassen Sie alle Beteiligten zu Wort kommen.
- ☐ Geben Sie den Mitarbeitern Gelegenheit, ihrem Frust Luft zu machen.
- ☐ Stellen Sie sicher, daß die Mitarbeiter wissen, daß sie gehört werden.
- ☐ Und schließlich: Setzen Sie das Gelernte um. Machen Sie es sich zur Pflicht, die wichtigsten Lektionen in die Unternehmenskultur zu integrieren.

SB: Apple verfügt mittlerweile über einen definierten Prozeß für Bestandsaufnahmen bzw. einen entsprechenden Vorschlag dazu, dessen Schritte Bonnie Collier und Peter Fearey zusammengestellt haben [1]. Auch das trägt zum Abbau von Bedrohungen bei. Wir werden in Kürze die Bestandsaufnahme für das PowerPC-Projekt durchführen und dabei nach dem definierten Prozeß vorgehen.

TDM: Meiner Erfahrung nach setzt sich das immer mehr durch. AT&T zum Beispiel hat einen Prozeß für »Retrospektiven« definiert, wie es in der dortigen Unternehmenskultur heißt [2].

SB: Die große Herausforderung für die Zukunft besteht darin, das Denken in den Köpfen zu verändern und eine Akzeptanz dafür zu finden, Probleme zu diskutieren, Fehler zu erörtern und Verbesserungen zu messen.

TDM: Ja, und warum sollten wir langfristig mit der Bestandsaufnahme überhaupt bis zum Ende eines Projekts warten? Welchen Sinn hat es zu warten, bis die Mitarbeiter ausgepowert und verärgert sind, ehe wir sie fragen, was wir anders hätten machen sollen? Ich denke, der aufgeklärte Manager der Zukunft wird Mechanismen vorsehen, die es erlauben, regelmäßig zu prüfen, was funktioniert und was nicht.

Besseres Quantitätsmanagement

Wenn unsere Termin- und Budgetplanung ein Maßstab für die Güte unserer sonstigen Aktivitäten wären, wäre die Software-Industrie immer noch dabei, das erste Programm zum Laufen zu bringen. Was können wir gegen diese fehlende Disziplin tun?

TDM: Praktiker aller Ingenieurdisziplinen wissen, daß Planung und Messung nicht getrennt voneinander betrachtet werden können. Messungen aus früheren Projekten erlauben es, das nächste Projekt zu kalkulieren. Nur im Software-Bereich klammern sich die Leute an die Idee, daß es o.k. ist, Planungen für die Zukunft zu erstellen, ohne jemals Messungen in der Vergangenheit durchgeführt zu haben.

SB: Messung ist tatsächlich der Schlüssel. Aber was und wie messen wir? Klassischerweise doch, ob der Termin und das Budget eingehalten wurden. Aber sind solche Messungen oft nicht nur ein Gradmesser für das Geschick des Projektleiters, Termine und Budgetanforderungen abzufedern? Sind sie wirklich geeignete Erfolgsmaße? Es kommt immer wieder vor, daß das Produkt dem Marketing zur Markteinführung übergeben wird, und die Ingenieure mit einer Sonderzahlung verabschiedet werden. Erst sehr viel später entdeckt der Vertrieb, daß das Produkt am Markt vorbeizielt, daß notwendige Kundenanforderungen für eine spätere Version zurückgestellt wurden, und daß wir mit der ganzen Sache kaum die Investitionskosten hereinholen. Ist die termin- und budgetgerechte Fertigstellung eines wertlosen, unverkäuflichen Software-Programms etwa ein Erfolg?

TDM: Genausowenig wie bestimmte Fehler wirklich »Fehler« sind. Typischerweise scheitern in unserer Branche vor allem solche Projekte, die von Anfang an mit hoffnungslosen Vorgaben (meistens einem unmöglichen Zeitplan oder einem unzureichenden Budget) belastet waren und dann auf die eine oder andere Weise den Bach hinuntergehen: Die Fertigstellung verzögert sich, das ausgelieferte Produkt entspricht nicht den Qualitätsstandards, oder das Projekt scheitert auf der ganzen Linie. Ganz klar, irgendetwas ist bei einem solchen Projekt schiefgelaufen. Aber was?

Bei Software-Projekten erklären wir eine verspätete Auslieferung oft unbesehen mit mangelnder *Leistung*. Wir denken: »Mensch, wir haben den Termin nicht eingehalten«, und meinen, die Produktivität erhöhen zu müssen. Falsch. Aus der Tatsache, daß wir den Termin nicht eingehalten haben, müssen wir die Konsequenz ziehen, vernünftigere Zeitpläne aufzustellen. Für Zeitverzögerungen bei der Fertigstellung sind praktisch nie Können oder Engagement der Software-Entwickler verantwortlich. Es wurde schlicht und einfach ein falscher Liefertermin festgesetzt. Wenn wir aus einem Fehlschlag die falsche Lektion lernen, verschlimmert das die Sache nur. Bessere Abschätzungen sind nur möglich, wenn wir einsehen, daß das Unvermögen, den Zeitplan einzuhalten, ein Abschätzungs- und kein Produktionsfehler ist.

SB: Vernünftige Abschätzungen leiten sich aus Beobachtungen und Messungen in der Vergangenheit ab. Die aktuellen Messungen dienen dann dazu, die Einhaltung der Planung zu verfolgen. Messungen müssen ein Projekt von Anfang an begleiten und dürfen nicht erst am Ende erfolgen. Wichtiger als alles andere ist es dabei, die Ausbrennrate unserer wertvollsten Ressource – Zeit – zu messen. Geschieht das nicht, leidet das Projekt unter dem sorglosen Umgang mit Zeit in den frühen Phasen. Der Zeitdruck, der am Ende alles beherrscht, wird am Anfang oft kaum wahrgenommen. Die Kosten von Zeitverlusten sind ungewiß und unbekannt. Die Projektmitarbeiter und das Management finden nichts dabei, Probleme über Tage oder sogar Wochen hinweg auf die lange Bank zu schieben. Dabei ist eine Woche, die in der Anfangsphase des Projekts eingespart wird, genauso wichtig wie eine Woche, die in der gehetzten und aufgeheizten Atmosphäre der Fertigstellung eingespart wird. (Dieser Gedanke wird ausführlich in dem Buch *Developing Products in Half the Time* behandelt [3].)

Welchen Stellenwert räumen wir Manager dem Zeitfaktor ein? Wie sehr drängen wir darauf, daß Probleme gelöst und Maßnahmen ergriffen werden? Natürlich gibt es die altmodische Vorgehensweise: Wir schieben und drängeln, bis die Mitarbeiter sich widerwillig ans Werk machen, einfach um Ruhe zu haben. Dabei lassen sich die Mitarbeiter viel leichter motivieren, wenn sie merken, daß es lohnender ist, frühzeitig aktiv zu werden, statt zunächst einmal eine ruhige Kugel zu schieben.

TDM: Dazu ist es notwendig, daß die tickende Uhr für jedermann sichtbar ist. »Seht her, wir haben heute ein Prozent unserer Zeit verbraucht; sind wir auch der Produktauslieferung ein Prozent näher gekommen?«

Am zweitwichtigsten ist es, die Produktaufblähung zu messen. Selbst ein Projekt, das aufgrund empirischer Beobachtungen korrekt geplant ist, kann schieflaufen, wenn das zugrundeliegende Produkt während des Projekts immer umfangreicher wird. Wir müssen dieser Möglichkeit ins Auge sehen und uns ehrlich eingestehen, daß die Produktgröße unsere große Unbekannte ist. Deshalb stellen wir ein halbes Dutzend Projektpläne auf, die die verschiedenen Möglichkeiten durchspielen. Auf diese Weise befassen wir uns mit den Anzeichen, die auf eine wachsende Produktgröße hindeuten können – welche Anzeichen das sind, und zu welchem Zeitpunkt sie sich vermutlich zeigen werden. Wir können also rechtzeitig entscheiden, wie wir uns verhalten wollen, wenn das Projekt umfangreicher wird als erwartet.

SB: Dabei sollte man daran denken, daß auch das Anwachsen eines Produkts über die ursprünglich vorgesehene Größe hinaus keine Fehlleistung darstellt. Es bedeutet nur, daß wir den notwendigen Produktumfang nicht von vornherein kannten. Wenn wir das nicht mehr als Fehlleistung betrachten, können wir nüchtern überlegen, was geschehen soll.

Allzu oft werden am Schluß die Teammitglieder als Helden gefeiert, die in dem vergeblichen Versuch, völlig unmögliche Zeitpläne einzuhalten, viele Überstunden geleistet haben. Diejenigen dagegen, die sorgfältig kalkuliert und ihren Zeitplan eingehalten haben, werden oft als durchschnittliche Mitarbeiter ignoriert. Eine Herausforderung der Zukunft liegt darin, auch eine gute Planung anzuerkennen, nicht nur die Einhaltung von Terminen unter Aufbietung der letzten Kräfte.

Ein Wort zum Thema Lügen

Wir alle haben im Kindergarten gelernt, daß es nicht nett ist, Leute zu belügen. Das tut man nicht. Man sollte meinen, damit sei das Problem erledigt, zumindest aber sichergestellt, daß Lügen beim Management von Software-Projekten keine Rolle spielen. Weit gefehlt.

TDM: Statt zu glauben, es ist nicht nett zu lügen, das tut man einfach nicht, scheint sich eine andere Regel mehr und mehr durchzusetzen: Erzähle niemandem eine Lüge, die du dir selbst nicht erzählen würdest.

SB: Leute lügen, weil sie ihre eigenen Fehler nicht vor sich selbst zugeben können. Lügen ist eine Art Fluchtreaktion, bei der es weniger um Vorspiegelung als um Verdrängung geht. Leider ist Verdrängung noch schlimmer als die Vorspiegelung falscher Tatsachen, denn es ist schwerer, ihr beizukommen. Wenn man sich selbst anlügt, ist man sich der Wahrheit noch irgendwie bewußt. Wenn man etwas verdrängt, fehlt dieses Wissen: Man hat nicht die Schranktür geöffnet und der Wahrheit ins Auge geblickt. Wir Menschen sind ungeheuer geschickt darin, sehr lange in diesem Zustand des Verdrängens zu verharren. Objektive Daten sind eine unverzichtbare Voraussetzung dafür, Verdrängung zu bekämpfen. Wenn bis zum Liefertermin nur zwei Wochen und 850 unbeseitigte Fehler bleiben ...

TDM: So ist es. Messungen sind zwar teuer, zahlen sich aber letztlich aus, weil sie der Vogel-Strauß-Politik schon im Vorfeld entgegenwirken. Die Frage, was passiert, wenn wir im März noch 400 oder 500 unbeseitigte Fehler haben, muß bereits in der Anfangsphase des Projekts auf den Tisch kommen. Wie reagieren wir, wenn drei Monate vor dem Liefertermin die Zahl der ungelösten Fehler so und so hoch ist? Das sind harte Fragen, die offen behandelt werden müssen.

Je weiter nach oben (im Organisationsdiagramm) sich die Vogel-Strauß-Politik fortsetzt, desto schlimmer sind ihre Folgen. Projektmanager müssen als erstes ihren eigenen Hang zur Verdrängung bekämpfen. Stellen Sie sicher, daß es nicht an Ihnen als Projektmanager liegt, wenn schlechte Nachrichten die höheren Hierarchiestufen nicht erreichen. Sie müssen für schlechte Nachrichten genauso offen sein wie für gute.

SB: Unehrlichkeit darf weder bei den Mitarbeitern noch bei der Projektleiterin toleriert oder belohnt werden. Als unverbesserliche Optimistin hilft es mir sehr, mit einem pessimistischeren ersten Offizier zusammenzuarbeiten, der mich zur Ehrlichkeit zwingt. Vielleicht brauchen wir ein Schwarzes Brett der »Unausgesprochenen Wahrheiten«, an dem jeder alles aushängen und jeder alles lesen kann. Genauso wie wir in Besprechungen jemanden beauftragen, »Zeit!« zu rufen, wenn eine Diskussion aus dem Ruder läuft, sollten wir vielleicht einen »Wahrheitshüter« ernennen, der einschreitet, wenn Leute sich etwas vorzumachen beginnen, kritische Punkte verdrängen oder nicht bereit sind, zuzuhören, wenn jemand das Unaussprechliche zu sagen versucht.

TDM: Das ist die Rolle des Teufelsadvokaten, eine Rolle, die zum Beispiel bei der Challenger-Mission und den meisten anderen katastrophal verlaufenen Projekten gefehlt hat.

SB: Es reicht nicht, wenn der Manager das Problem mit sich allein ausmacht. Was mir die meisten Sorgen macht, ist Verdrängung auf Gruppenleiter-Ebene: Eines meiner Teams steckt in Schwierigkeiten; die Leute, die dort arbeiten, wissen das; aber die Kanäle sind nicht offen genug, um zu mir zu kommen und mit mir zu sprechen. Meine Aufgabe ist es dann, der Sache nachzugehen und Vertrauen aufzubauen.

Die meisten Leute weichen unangenehmen Gesprächen aus. Es ist ja auch viel einfacher, das Problem irgendwie zu verdrängen. Der Manager muß dafür sorgen, daß es normal ist, über Probleme zu sprechen. Unmutsäußerungen, die den Gesprächsfluß stoppen würden, verbieten sich dabei von selbst. Wut kostet Energie, die uns an anderer Stelle fehlt.

Das Optimum aus einem Tag herausholen

Je stärker der Streß wird, schnell zu liefern, desto wichtiger ist es, daß wir unsere wichtigste Ressource – Zeit – vernünftig managen. Merkwürdigerweise scheint ein sinnvolles Zeitmanagement der erste »Luxus« zu sein, den wir bei steigendem Druck abschaffen [4].

TDM: Wenn Sie einen Manager fragen, wie man mehr aus einem Tag herausholt, ist fast immer von Mehrarbeit die Rede. Ich frage mich aber immer öfter, ob so etwas wie »Mehr-Arbeit« tatsächlich existiert. Ja, okay, es macht vielleicht Sinn, die Leute an einem Samstag ins Büro kommen zu lassen, um ein Konzept zu entwickeln oder nach einem bestimmten Fehler zu suchen. Längere Phasen der Mehrarbeit aber sind in aller Regel kontraproduktiv.

SB: Projekte ohne Überstunden. Überzeugen Sie mich. Bitte.

TDM: Überstunden sind wie Sprinten: Sie lösen anaeroben Streß aus. Sprinten ist vielleicht beim Kurzstreckenlauf, aber keinesfalls beim Marathon sinnvoll. Unsere typischen Projekte dauern viel zu lang, als daß häufige Zwischenspurts – Überstunden – viel bringen könnten. Langfristig kosten sie ihren Preis: Burnout und möglicherweise das Abwandern der besten Leute. Kurzfristig gesehen sind Überstunden natürlich ein Gewinn – das erklärt die Verführung, einen so fragwürdigen Handel einzugehen. Darüber hinaus gibt es einen zweiten Kostenfaktor, der sich praktisch ohne

Zeitverzögerung bemerkbar macht: Wenn wir Überstunden machen, konzentrieren wir uns wie die Besessenen auf das Produkt, nicht auf den Prozeß und übersehen dabei selbst die offensichtlichsten Prozeßmängel, die offensichtlichsten Ursachen für Zeitverschwendung. Zeigen Sie mir ein Projekt, in dem über lange Zeit hinweg Überstunden geleistet werden, und ich zeige Ihnen ein Projekt, in dem ein viel zu großer Teil des normalen Arbeitstages verschwendet wird.

SB: Viele Mitarbeiter sagen, daß sie Überstunden machen, weil sie nach Büroschluß ohne die Hektik des Tages besser arbeiten können.

TDM: Manager, die Überstunden fördern, drücken sich vor ihrer Verantwortung, die Hektik abzubauen und dafür zu sorgen, daß die Mitarbeiter während der normalen Arbeitszeit effizient arbeiten können. Als junger Manager war ich hocherfreut, wenn meine Mitarbeiter bis spätabends am Rechner saßen. Es beruhigte mich, daß sie alles für das Projekt gaben: Das Projekt würde auf diese Weise sicherlich ein Erfolg werden. Heute bin ich nicht mehr so optimistisch. Ich vermute, daß der typische Software-Spezialist nicht Überstunden macht, um den Terminplan einzuhalten, sondern um weniger Schuldgefühle zu haben, wenn er ihn nicht einhält.

SB: Ein Teil der Tageshektik, die die Mitarbeiter durch Überstunden kompensieren, wird durch Besprechungen verursacht. Wir setzen zuviele Besprechungen an und laden zu viele Leute dazu ein. Wenn jemand fehlt, beklagen sich oft die anderen: »Warum ist Frau So-und-So nicht da?« Auf den ersten Blick scheint diese Klage berechtigt zu sein; möglicherweise verschwenden wir alle unsere Zeit, wenn einer der Entscheidungsträger fehlt. Aber die Frage wird auch oft gestellt, wenn die abwesenden Mitarbeiter keine Schlüselfunktion haben. Allmählich habe ich das Gefühl, daß dahinter eher das Motto steht: *Mitgehangen, mitgefangen.* Mann, wenn wir schon diese Besprechung über uns ergehen lassen müssen, wieso braucht dann Frau So-und-So nicht da zu sein?

TDM: Für Manager sind Besprechungen ein Informationsaustausch. Gleichzeitig dienen sie aber auch als unternehmerisches Ritual [5]. Eine Mitarbeiterbesprechung, in der die Mitarbeiter nacheinander mit dem Chef sprechen, ohne daß die anderen sich dafür interessieren oder einander zuhören, ist eine rein rituelle Veranstaltung. Je mehr solcher Rituale Sie als Manager brauchen, desto mehr Zeit müssen Ihre Mitarbeiter aufwenden, nichts zu tun, als Ihre Hand zu halten.

SB: Es ist schon etwas gewonnen, wenn wir es schaffen, eine Besprechung mit nur einem wertvollen Mitarbeiter weniger durchzuführen. Wir alle müssen uns das vor Augen führen. Je weniger Leute, desto besser. Am besten ist es, Besprechungen, die nur einem rituellen Zweck dienen, ganz ausfallen zu lassen. Allerdings setzen kleine Besprechungen eine Tagesordnung voraus. Wenn Sie keine Tagesordnung haben, *muß* letztendlich jeder teilnehmen [6].

TDM: Und wenn Sie dafür bekannt sind, Tagesordnungen nicht einzuhalten, bleibt den Mitarbeitern ebenfalls nichts anderes übrig als zu kommen, einfach für den Fall, daß Sie plötzlich ein Thema ansprechen, das sie betrifft.

SB: Der größte Kostenfaktor bei der Software-Entwicklung wird immer das Gehalt sein. Es fallen keine Bestückungskosten an, der Produktions-Overhead ist praktisch gleich null und Ihre größte Investition sind oft 4.000 Dollar für den neuesten PC und ein paar hundert Dollar, um den Kühlschrank mit Mountain Dew® zu füllen. Was wirklich Geld kostet, ist die Zeit des Software-Spezialisten. Jede gesparte Minute kommt uns deshalb direkt zugute.

Was macht Software-Spezialisten so einzigartig, so besonders, so wertvoll? Letztlich sind Entwerfen, Schreiben, Testen, Dokumentieren und Debuggen von Software ein schöpferischer Akt. Im Klartext: Alles, was nicht als schöpferischer Akt bezeichnet werden kann, ist – überspitzt ausgedrückt – verschwendete Zeit und damit hinausgeworfenes Geld. Das macht für mich auch den Wert von Software-Entwicklungswerkzeugen aus. Wenn ein Software-Spezialist über Routinearbeiten stöhnt, so sollte das ein Anlaß dafür sein, einen cleveren Programmierer ein Werkzeug entwickeln zu lassen, das diese Arbeit anstelle des teuren Spezialisten erledigt. Das gilt für alle Phasen der Software-Entwicklung, vom Entwurf über die Codegenerierung, das Testen, die Dokumentation und das Debuggen bis hin zur Archivierung.

Vor allem große Projekte profitieren vom Luxus eines »fahrenden Werkzeugmachers«, dessen Aufgabe es ist, zeitsparende Tools für die Spezialisten zu entwickeln. Jede Entwicklungsumgebung läßt sich durch zusätzliche Werkzeuge verbessern, die dem Spezialisten Routinearbeit abnehmen und ihm mehr Zeit für die schöpferische Arbeit geben. Einfallsreiche und effektive Werkzeugprogrammierer lassen sich wie ausgezeichnete Qualitätssicherungsingenieure nicht in Gold aufwiegen. Ein gutes Debugging-Werkzeug oder selbst ein banales Formatierungswerkzeug kann enorm viel Zeit sparen. Hinzu kommt, daß Projektspezialisten besser arbeiten, wenn sie wissen, daß ihre Zeit so hoch geschätzt wird.

Investieren oder nicht?

Preisfrage: Angenommen, die wachsende Globalisierung der Wirtschaft führt in Ihrem Unternehmen zu Kundenverlusten, was tun Sie: Investieren Sie? Oder bauen Sie Investitionen ab?

TDM: Das Thema »Gute Managementverfahren« läßt sich nur sinnvoll behandeln, wenn man eine Lösung auf die Frage findet: Investieren oder nicht? Ein Herumreden um den heißen Brei führt zu richtigen, aber irrelevanten Aussagen; es besteht die Gefahr, daß die Leute alle erteilten Ratschläge befolgen und dennoch scheitern (ohne zu verstehen, warum).

Die amerikanische Wirtschaft erlebt in den neunziger Jahren eine Orgie des Investitionsabbaus. Das gilt besonders für die großen Unternehmen (und erklärt zum Teil, daß unser gesamtes Wirtschaftswachstum auf den kleinen und mittelständischen Bereich zurückzuführen ist).

Vom Investitionsabbau sind weniger LKWs und Maschinen als vielmehr Menschen betroffen. Unternehmen, die heute Investitionen abbauen, plündern die Personalinvestitionen der Vergangenheit, um im nächsten Quartal einen scheinbaren Gewinn ausweisen zu können. Verständlicherweise fühlt sich das Personal davon bedroht. Die Mitarbeiter verlieren das Vertrauen, wenn Investitionsabbau in der Luft liegt.

Dieser Punkt ist so wichtig, weil gutes Management sich durch die Fähigkeit auszeichnet, Veränderungen zu bewirken. Mitarbeiter aber, die sich nicht sicher fühlen, lassen keine Veränderungen zu. Sie fühlen sich bedroht und wehren Veränderungen verbissen ab. Wer würde es wagen, mit Tiger-Teams oder Reinraum-Entwicklung oder Frame-basierter Entwicklung oder irgendeiner anderen neuen Idee zu experimentieren, wenn Verrückte durch die Flure streichen auf der Ausschau nach einem Opfer, dem man die Schuld zuschieben oder den Stuhl vor die Tür stellen könnte.

SB: Wohin ich auch komme, immer ist von Investitionsabbau die Rede: »Wir müssen mehr Leistung für weniger Geld bekommen!« oder »Laßt das externe Dienstleister machen, das spart Sozialabgaben«. Und was ist nach sechs Monaten? Die externen Dienstleister verschwinden auf Nimmerwiedersehen, nehmen sechs Monate Schulung und neue Erfahrungen mit und bekommen einen besseren Job bei einem Wettbewerber. In der Zwischenzeit bleibt Ihnen nichts anderes übrig, als einen neuen Lieferanten einzuarbeiten. Ist das sinnvoll? Oder ich höre: »Wir brauchen eine Umorganisation in selbständige Geschäftsbereiche. Jeder muß im nächsten Quartal Gewinn machen.« Sechs Monate später entdecken Sie, daß alle Projekte Schnellschüsse sind, die ein paar Hacker mit abgebrochenem Informatikstudium ohne weiteres in einer Garagenfirma nachbauen könnten.

Beliebt ist auch der Spruch: »Wir müssen diesen ganzen bürokratischen Overhead loswerden!« Im Klartext heißt das, daß die Software-Spezialisten niemanden mehr haben, der ihre Software-Werkzeuge entwickelt, ihre Spesenabrechnung ausfüllt, ihre Reisen bucht oder bei der Fehlersuche hilft, mit dem Projektabwicklungsprogramm kämpft, ihre Dokumentationen editiert oder ihre Hardware repariert, ihre Rechner bestellt, eine Weißwandtafel besorgt oder den Pizza-Service anruft, wenn es spät geworden ist. Statt dessen verbringen die Software-Spezialisten ihre Zeit damit, all diese Dinge selbst zu erledigen. Mit der Folge, daß sie viel weniger Zeit dafür haben, sich kühn einen Weg durch den Code-Dschungel zu bahnen.

Die Antwort heißt, darauf zu verzichten, so lange zu kratzen und zu schaben, bis ein Projekt vor lauter Auszehrung kaum mehr alleine stehen kann. Oder anders ausgedrückt: »Wir dürfen nicht alle Gelegenheiten auch beim Schopf packen.«

TDM: Vor allem im Bereich Investitionsabbau.

SB: Das heißt nicht, daß wir das Geld leichtfertig zum Fenster hinauswerfen sollten. Wer braucht schon ein Mahagoni-getäfeltes Kasino! Oder Tina Turner beim Betriebsfest?

TDM: Wie gehen wir also mit Investitionsabbau um? Zumindest können wir das Ding beim Namen nennen. Darüber reden. Uns klar machen, was Investitionsabbau eigentlich bedeutet.

SB: Noch besser ist es vielleicht, unsere Aufmerksamkeit der schwierigen Frage zuzuwenden, wofür sich Investitionen lohnen, solange dieses problematische Wirtschaftsklima anhält. Setzen wir unser Geld auf ein paar ausgewählte Projekte: Vier wirklich verblüffende Erfolgsprojekte bringen mehr als dreißig Projekte, die sich mühsam dahinschleppen, während die Beteiligten murmeln: »Irgendwann werden wir bestimmt groß damit rauskommen.«

Wir müssen weniger, aber größere Risiken eingehen und diese so finanzieren, daß alle Erfolgsvoraussetzungen gegeben sind.

Die Verantwortlichkeit des Managements

Wenn die Entwickler auf der untersten Ebene feststellen, daß jede Terminverzögerung und jedes qualitativ minderwertige Produkt als *ihre* Schuld angesehen wird, werden sie sich fragen: Was muß eigentlich schieflaufen, damit zur Abwechslung einmal der Chef schuld ist?

SB: Was heißt es, Verantwortung zu tragen, wenn man nie zur Verantwortung *gezogen* wird? Die klassischen Management-Sünden – Schlamperei, mangelnde Effizienz, Verschwendung von Ressourcen und fehlende Empathie oder zu wenig Verständnis für die Mitarbeiter – werden nicht von Managern begangen, die nicht bereit sind, Verantwortung zu tragen, sondern die nicht bereit sind, jemanden (in diesem Fall sich selbst) zur Verantwortung zu ziehen. »Verantwortung tragen« heißt zunächst einmal nur »Verantwortung innehaben«. Wenn dagegen jemand »zur Verantwortung gezogen wird«, wird es ernst: Er steht auf dem Prüfstand und muß Rechenschaft ablegen. Viele Manager sehen sich zwar als Verantwortungsträger, versäumen es aber, das Endergebnis zu messen und das Endprodukt einer gründlichen Prüfung zu unterziehen.

TDM: Da fällt mir eine Anekdote über Niklaus Wirth ein. Als er das Lilith-Projekt managte und es Zeit wurde, eine Terminzusage zu geben, packte er seine jungen Projektleiter bei ihrer Ehre: »Ich will keine Zeitabschätzung, ich will ein Versprechen von euch.« Das rückte die Sache in ein völlig anderes Licht. Ein Versprechen, das man Niklaus Wirth gegeben hat, nimmt man nicht auf die leichte Schulter. Ein solches Versprechen stärkt das Verantwortungsgefühl.

SB: Fehlende Verantwortung zieht sich von oben nach unten. Wenn der Chef nicht bereit ist, sich und seine Mitarbeiter zur Verantwortung für ihr Handeln zu ziehen, wie kann er dann erwarten, daß sie sich ihrerseits die Mühe machen, sich mit den aufgestellten Zielen und der Definition von Erfolg auseinanderzusetzen. Durch seine Aktionen definiert der Chef, nach welchen Kriterien er seine Mitarbeiter bewertet. Wenn er oder sie keine Messungen für die Zielerfüllung entwickelt, ist den Mitarbeitern klar, daß sie das Ziel ignorieren können. Wenn dagegen ein Maß in Stein gemeißelt wird und dieser Stein auf dem Besprechungstisch steht, wo ihm alle bei der wöchentlichen Arbeitsbesprechung Reverenz erweisen müssen, so können Sie darauf wetten, daß keiner das Ziel aus den Augen verliert.

TDM: All das hat mit Gewinnen zu tun, wir müssen aber auch über das Verlieren sprechen. Viele Projekte scheitern; bis zu 25 Prozent aller großen Projekte gehen völlig daneben [7]. Dennoch neigen die Organisationen dazu, sich danach zu beurteilen, wie gut sie die erfolgreichen Projekte managen. Sie begreifen nicht, worauf es ankommt. Die besten Organisationen und die besten Manager zeichnen sich nicht nur dadurch aus, wie gut sie erfolgreiche Projekte bewältigen, sondern wie gut sie Fehlschläge begrenzen. Das aber ist nur möglich, wenn man die Möglichkeit des Scheiterns ins Kalkül zieht.

Unsere Das-schaffen-wir-Mentalität (die im allgemeinen eine gute Sache ist) macht es uns schwer, uns mit der realen Möglichkeit zu scheitern (immer schlecht) auseinanderzusetzen. Zupackende Manager sind begierig darauf zu erfahren, was in ihren Projekten falsch läuft, *sofern sich die Probleme beheben lassen*. Dagegen ersticken sie jede Diskussion unlösbarer Probleme im Keim. Sobald aber eine Demarkationslinie gezogen wird (zum Beispiel: termingerechte Fertigstellung, kein Thema), bricht jeder Dialog über die Möglichkeit zu scheitern zusammen. Die Mitarbeiter werden entmutigt, Fehlschläge auch nur in Betracht zu ziehen; über Fehlschläge nachzudenken, gilt als defätistisch. An diesem Punkt kommt Verantwortlichkeit ins Spiel: Wenn Sie an der Spitze eines Projekts stehen, das im Scheitern begriffen ist, und jeder weiß das, nur Sie nicht, so ist das Ihr eigener Fehler. Sie haben es unmöglich gemacht, daß schlechte Nachrichten bis zu Ihnen vordringen.

SB: Ich möchte auf keinen Fall, daß die Das-schaffen-wir-Mentalität in eine Das-schaffen-wir-nicht-Mentalität umschlägt. Aber zu verhindern, daß die Möglichkeit des Scheiterns auch nur diskutiert wird, ist eine andere Form von Verdrängung. Verdrängung hilft im Job genauso wenig wie im Privatleben.

Führungsstile

Aus jenen aufschlußreichen »Führungsweisheiten«, die Manager bei den Zeitschriften der Fluglinien bestellen können, wissen wir, daß Führung etwas Gutes sein muß. Ist Führung wirklich nicht mehr als das?

TDM: Nein.

SB: Oh, wie zynisch. Bei uns im Büro kursiert ein Buch mit solchen Führungssprüchen. Immerhin ist es ganz lustig. Wenn wir feststellen, daß wir wochenlang an irgendeine dumme Sache verschwendet haben und jeder total deprimiert ist, liest jemand einen idiotischen Spruch aus diesem Buch vor.

TDM: »Nur wenn du die Flügel spreizt, kannst du zu großen Höhen aufsteigen.«

SB: Sie haben es gelesen! Das ist immer ein Lacherfolg. Danach arbeitet man besser. Führung erfordert Humor. Einer der Manager, den ich am meisten schätzte, wußte Humor wunderbar zu nutzen. Er hatte seine Fehler – zum Beispiel war er ziemlich träge – aber er ließ seinen Humor für sich arbeiten, vor allem in schwierigen Situationen. Und dann denke ich an jemand anderen, der knallhart war, und eine Nase für [Kraftausdruck gestrichen] hatte. Er nahm Unterlagen, die er nie zuvor gesehen hatte, in die Hand und konnte innerhalb von fünf Minuten genau die Fragen stellen, die einen zum Schlottern brachten. Er erkannte auf einen Blick das schwächste Element einer Präsentation. Er war eine großartige Führungskraft in dieser Hinsicht, hatte dafür aber andere Schwächen.

TDM: Ihr Rollenmodell für Führung ist, wenn ich Sie richtig verstehe, also ein Konglomerat aus den Qualitäten vieler Manager.

SB: So ist es. Keiner der Manager, unter denen ich arbeitete, vereinte in sich alle Qualitäten, die ich bei einer Führungskraft schätze. Ich mußte lernen, Manager mit offensichtlichen Mängeln nicht in Bausch und Bogen zu verurteilen, sondern ihre guten Eigenschaften herauszufinden und daraus zu lernen. Nach und nach findet man so seinen eigenen Stil.

Das A und O meines eigenen Führungsstils ist es, zuzuhören. Ich kann nicht von mir behaupten, daß ich in schwierigen Situationen immer weiß, was zu tun ist, aber ich kann in der Regel jemanden finden, der eine gute Idee hat, was wir tun könnten. Zuhören ist der wichtigste Teil meiner Arbeit. Es ist wichtig, daß ein Manager handelt und nicht nur zuhört, aber das Zuhören steht an erster Stelle.

TDM: Zuhören ist ein Mechanismus, Kontrolle nach unten abzugeben, so daß Entscheidungen auf der richtigen Ebene getroffen werden.

SB: Die Hauptaufgabe des Projektleiters besteht darin, sicherzustellen, daß die richtigen Mitarbeiter die richtige Entscheidung zur richtigen Zeit treffen. Der Manager kann nicht derjenige sein, der alle Entscheidungen trifft.

TDM: Eine Führungskraft ist kein Aufpasser. Wenn ein Manager scheitert, so liegt das oft daran, daß er meint, alle Entscheidungen selbst treffen zu müssen. Wir arbeiten in Hierarchien – nichts anderes stellt ein Organisationsdiagramm dar: eine Autoritätshierarchie. Aber wenn wir eine höhere Stufe auf dem Organisationsdiagramm erreichen, dürfen wir nicht glauben, auch eine höhere Stufe moralischer Überlegenheit erreicht zu haben. Eine solche Einstellung würde zu dem Glauben führen, alle Entscheidungen selbst treffen zu können oder sogar zu müssen.

SB: Für mich basiert Führung auf ganz grundlegenden menschlichen Werten: Ehrgefühl, Integrität, der Glaube, daß Macht nicht gleich Recht ist, die Weigerung, Wertekompromisse einzugehen. Nehmen Sie zum Beispiel Integrität: Ich kann mir selbst als Führungskraft nur vertrauen, wenn ich an meine Integrität glaube. Es läuft alles auf eine merkwürdige Art von Selbstschutz hinaus: Das Letzte, was ich wollte, ist daß ein Programmierer zu mir sagen könnte: »Sie haben uns belogen.« Ich möchte, daß mir das nie passiert. Jeder weiß, wie wichtig mir das ist.

TDM: Indem Sie solche Gefühle zeigen, öffnen Sie sich den Menschen, die Führung von Ihnen erwarten. Sie geben ihnen Macht. Ihre Mitarbeiter wissen, daß Sie sich Ihren Werten, dem allgemeinen Wertekanon, verpflichtet fühlen. Darauf können sie sich verlassen. Dieser Verzicht auf Macht klingt gefährlich. Andererseits ist Führung ohne Machtteilhabe nicht möglich.

SB: Die Aufteilung von Macht und die Verlagerung von Entscheidungen nach unten setzen voraus, daß man das richtige Team zusammenstellt. Führung heißt auch, nicht nur die besten Talente zu bekommen, sondern die stärkste *Mischung* aus Talenten: Einsteiger, die sich erst beweisen müssen, Leute mit einem Hang zum Marketing, integrative und qualitätsbewußte Mitarbeiter, Querdenker. Auf die Mischung kommt es an.

TDM: Auch das klingt gefährlich. Vielfalt kann für einen Manager bedrohlich sein. Sollten wir nicht besser auf ein homogenes Team achten, wenn wir wollen, daß jeder das gleiche Ziel anstrebt? Aber auch das kann fatale Folgen haben.

Das Problem eines bunt gemischten Teams besteht darin, daß manche dieser ungleichen Typen Ihre, des Managers, Absichten in Frage stellen.

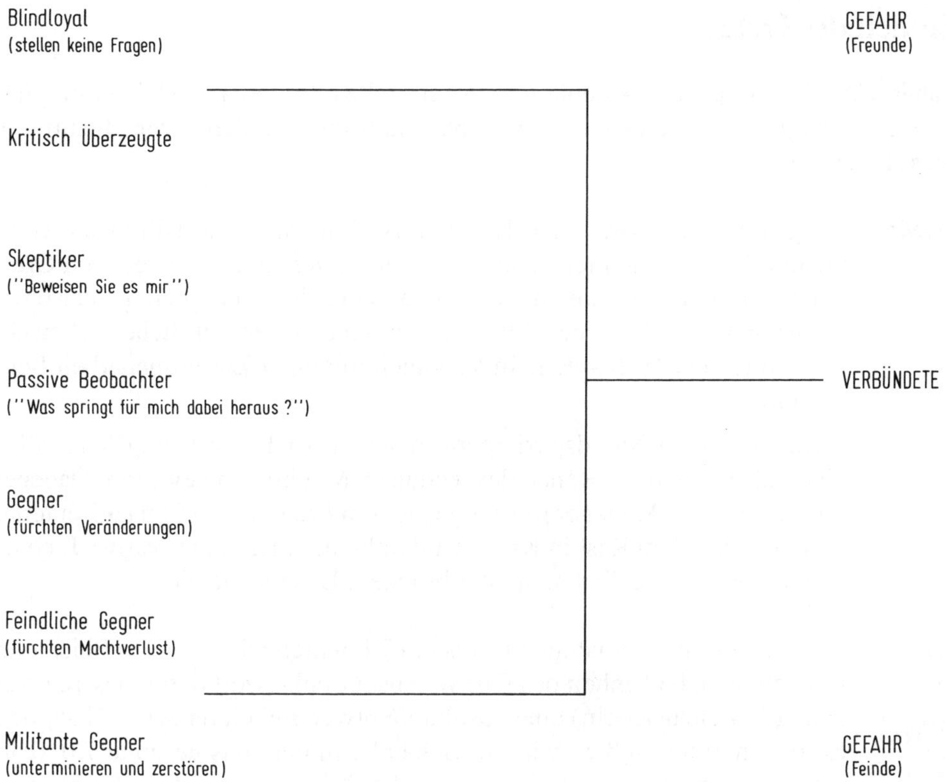

Abb. 3.1: Übersicht über die sieben Formen des Widerstands

Was soll daran denn gut sein? Als guter Manager müssen Sie sich darüber im klaren sein, daß ein gewisser Widerstand gegenüber Ihren Ideen geradezu lebenswichtig ist. Jerry Johnson vom Menninger Business Institute stellt das in seiner »Übersicht über die sieben Formen des Widerstands« (Abbildung 3.1) eindrucksvoll dar [8].

Am fatalsten ist es, wenn Sie dazu neigen, die erste Ebene – die blindlings Loyalen – als Ihre einzigen Freunde anzusehen und alle anderen als Ihre Feinde zu betrachten. Ihre wahren Verbündeten finden Sie auf den Ebenen zwei bis sechs. Für Ihren Ideenfluß sind Sie auf Mitarbeiter angewiesen, die eher gegen Sie eingestellt, skeptisch oder sogar ängstlich sind. Dagegen sind Extreme – Mitarbeiter, die blindlings für oder gegen Sie sind – gefährlich. Geschickte Führung heißt, die mittleren Ebenen als Verbündete zu gewinnen.

Einheit des Ortes

Haben CASE, Groupware, Videokonferenzen und Multimedia-E-Mail es möglich gemacht, komplexe Systeme von einem physikalisch verteilten Projektteam entwickeln zu lassen?

TDM: Ich glaube, nein. Breitband-Kommunikation kann eine Hilfe sein, wenn Sie und Ihre Teamkollegen an weit entfernt voneinander liegenden Orten arbeiten müssen. Sie sind in diesem Fall eine Notwendigkeit, genauso wie ein Raumanzug für einen Mondspaziergang. Aber sämtliche technische Spielereien der Welt sind kein Vergleich mit einer Zusammenarbeit Seite an Seite.

Wenn Sie einen Mondspaziergang machen, ist Ihnen wenigstens völlig klar, daß Sie sich am Rande des technisch Machbaren bewegen. Dagegen erfüllt mich der Manager mit Sorge, der ein Projekt mit ein paar Leuten in Modesto und dem Rest in Krakau aufzieht und meint, innovative Technologien könnten die Trennung überbrücken. Das tun sie nicht.

SB: Bei der Bestandsaufnahme für System 7 konnten wir an vielen Beispielen feststellen, daß »Einheit des Ortes« (unser Schlagwort dafür, das Team an einem Ort anzusiedeln) eine absolute Notwendigkeit darstellt. Nach dem Erdbeben 1989 mußten wir das Gebäude, in dem das gesamte 7.0-Team untergebracht war, evakuieren und die Mitarbeiter auf sechs kleinere Standorte verteilen. Viele der Bande, die die verschiedenen Gruppen gerade zu knüpfen begonnen hatten, zerbrachen. Wir unternahmen große Anstrengungen, die Gruppen wieder zusammenzubringen. Ich bin überzeugt, daß wir wegen simpler Mißverständnisse, die wegen der fehlenden täglichen Interaktion nicht geklärt werden konnten, mehrere Monate in unserem Zeitplan verloren.

TDM: Interaktion auf Distanz ist keine richtige Interaktion, so wie Telefonsex kein richtiger Sex ist. Wenn Software-Entwicklung nur aus Codieren und Debuggen bestände, könnte eine Form von Groupware möglicherweise klappen. Aber der Alltag eines Software-Spezialisten besteht darin, mit anderen Leuten zu reden. Damit verbringen wir fast die Hälfte unserer Zeit [9]. Über eine Entfernung hinweg zu kommunizieren, verdoppelt sowohl die Kosten als auch das Risiko.

SB: Ein wichtiger Faktor ist auch die »Einheit der Zeit«. Wenn die Projektmitarbeiter zu unterschiedlichen Zeiten arbeiten, so ist das genauso, als würden sie an unterschiedlichen Orten arbeiten. Was dabei herauskommt, sehen Sie an ihrer E-Mail:

A (Montags, 10 Uhr): Hast du dir diesen Fehler angesehen.

B (Gleicher Tag, 17 Uhr): Welchen Fehler?

A (Dienstags, 10 Uhr): Den Fehler, den ich dir mit meiner letzten Nachricht gesendet habe!

B (Gleicher Tag, 17 Uhr): Ach, *der* Fehler. Nein, der ist im Gizmo-Manager. Am besten wendest du dich an die Gizmo-Leute.

Endspiel: Der Fertigstellungstermin rückt näher

Wie verändert sich die Rolle des Managers, wenn der Fertigstellungstermin näher rückt?

SB: Ganz egal, wie aufgeklärt Ihre Überstundenpolitik ist, in der Endphase wird Ihnen das Ganze unweigerlich entgleiten. Die Leute fangen an, hektisch zu werden. Sie schlafen viel weniger, die Anspannung ist hoch und das Team verhält sich wie eine Familie, die zu lange zusammen Urlaub gemacht hat. Ihre Aufgabe an diesem Punkt ist es, die Wogen zu glätten, als der Erwachsene zu handeln.

Wenn der Fertigstellungstermin näherrückt, sollte die Arbeitsbelastung einiger Leute eigentlich abgenommen haben. Wenn das nicht der Fall ist, wenn jeder vor der Fertigstellung noch eine Million Dinge zu erledigen hat, so heißt das, daß Ihr Zeitplan völlig danebenlag.

TDM: Wie von Anfang an schon. Wenn am Ende *niemand* langsamer treten kann, wissen Sie, daß selbst Ihre besten Leute nicht genug Zeit hatten, termingerecht fertig zu werden. In diesen Fällen müssen Sie die Suppe auslöffeln und Farbe bekennen.

SB: Sofern der Zeitplan nicht von Anfang an völlig falsch angelegt war, sollten einige Leute ein gutes Stück vor der Zeit fertig werden. Damit werden die Mitarbeiter bis zu einem gewissen Grad frei verwendbar und mit etwas diplomatischem Geschick können Sie Aufgaben neu verteilen: »Der Kollege X ist frei, kann er Ihnen helfen? Ich weiß, er ist nicht *der* Experte, aber er gehört Ihnen, wenn Sie ihn brauchen können.« Wenn der Fertigstellungstermin näher rückt, sind die Mitarbeiter gern bereit zu helfen und sogar, sich helfen zu lassen.

TDM: Die Leute wissen am Ende eines Projekts so viel mehr, daß sie auch außerhalb ihrer Spezialgebiete gut einsetzbar sind.

SB: Die Endphase ist auch eine Zeit, in der Sie prüfen müssen, ob Ihre Schlüsselstrategien noch funktionieren. Sie dürfen sich nicht scheuen zu fragen: Wie gehe ich *jetzt* am erfolgreichsten vor? Ist die Strategie, die ich vor neun Monaten aufgestellt habe, noch immer die richtige Strategie? Wahrscheinlich nicht.

TDM: Wir neigen in der Endphase zu dem Trugschluß, daß es jetzt zu spät ist, strategisch vorzugehen, und daß wir nicht mehr als Manager, sondern als Cheerleaders fungieren müssen.

SB: Dabei kommt es gerade in dieser Phase auf kreative Problemlösungen an. Wir haben die Mitarbeiter im Lauf des Projekts gut kennengelernt. Wir wissen, wer das Projekt immer wieder vorangebracht hat. Das sollte man vernünftigerweise anerkennen und ein paar Umbesetzungen vornehmen. Die Personalentscheidungen, die Sie am Schluß treffen, sind oft die besten: Sie spielen Ihre Stärken aus.

TDM: Es klingt wie eine Binsenweisheit, ist aber keine: Das wichtigste, was ein Manager am Ende tun kann, ist weiter zu managen.

(Erstmals veröffentlicht in *IEEE Software*, November 1994)

Literaturhinweise

[1] B. Collier; P. Fearey; L. Johnson; M. Warner: *AppleSoft Postmortem Process, Version 1.1.* Apple Computer, Cupertino, Calif., April 1994.

[2] P. Sciacca: *Retrospective: A Time for Reflection on Process Effectiveness at the Conclusion of Product Production and Delivery.* AT&T, Columbus, Ohio, 1994.

[3] P.G. Smith; D.G. Reinertsen: *Developing Products in Half the Time.* New York: Van Nostrand Reinhold, 1991. Siehe vor allem Kapitel 3.

[4] Das Buch von Tracy Kidder: *The Soul of a New Machine* (Boston: Atlantic-Little, Brown Books, 1981) enthält eine faszinierende Beschreibung der Belastungen, denen Mitarbeiter in einem Projekt unter enormem Zeitdruck ausgesetzt sein können.

[5] R.R. Ritti; G.R. Funkhouser: *The Ropes to Skip and the Ropes to Know.* New York: John Wiley & Sons, 1987.

[6] D. C. Gause; G. M. Weinberg: *Exploring Requirements: Quality Before Design.* New York: Dorset House Publishing, 1989. Siehe vor allem Kapitel 8. Deutsche

Ausgabe: *Software Requirements: Anforderungen erkennen, verstehen und erfüllen*. Carl Hanser Verlag, 1996.

[7] C. Jones: *Assessment and Control of Software Risks*. Englewood Cliffs, N.J.: Prentice-Hall, 1994.

[8] J. W. Johnson; G. Swogger: »Resistance Continuum,« Menninger Business Insitute, persönliche Korrespondenz, 1992.

[9] G.M. McCue: »IBM's Santa Teresa Laboratory – Architectural Design for Program Development«. *IBM Systems Journal*, Vol. 17, Nr.1 (1978), 4-25. Nachdruck in *Software State-of-the-Art: Selected Papers*, Eds. T. DeMarco und T. Lister (New York: Dorset House Publishing, 1990), 389-406.

Sheila Brady leitet als Programm-Managerin für Software und Entwicklungswerkzeuge das PowerPC-Projekt von Apple Computer. Vorher war sie als Projektleiterin für mehrere Macintosh-Systemsoftware-Versionen zuständig: das Release 3.2, das Release für den Mac SE, den Mac II, das MultiFinder-Release und das Release für System 7.0. Sie lebt seit jeher in Kalifornien, ist Absolventin der University of California in Berkeley und schwankt heftig zwischen den Extremen, alles zu ernst und nichts ernst genug zu nehmen.

4
Straff und taff

Anscheinend ist es in den neunziger Jahren angesagt, »straff und taff« zu werden. Bin ich der einzige, der das für Blödsinn hält?

Es reizt mich unweigerlich zum Lachen, wenn mir Leute erzählen, ihre Organisationen seien »straff und taff«. Sie legen ihre Stirn in Falten und ihre Augen leuchten: »Wir sind hier straff und taff«, sagen sie mit gewichtiger Stimme. Sie sagen das sogar, wenn sie selbst übergewichtig sind und eigentlich sehr sympathisch wirken. Aber das ist nur einer von vielen Widersprüchen.

Warum will eine Organisation unbedingt »taff« sein? Das Wort beschreibt eine Auswahl von Eigenschaften, die mir im großen und ganzen nicht besonders wünschenswert zu sein scheinen. Das *Langenscheidts Großwörterbuch Englisch–Deutsch* gibt für das englische »tough« unter anderem die folgenden Bedeutungen an:

> **tough [tf]** *adj.* 1. zäh, robust, stark 2. hartnäckig 3. schwierig, unangenehm 4. *colloq.* 'eklig', grob 5. rowdyhaft, brutal, übel, Schläger..., Verbrecher...

Wenn Ihre Organisation diese Eigenschaften bereits aufweist, schlage ich vor, daß Sie sich nach einem neuen Job umsehen. Wenn sie noch nicht taff ist, sollten dann nicht Sie und Ihre Getreuen den Trend in diese Richtung mit allen Ihnen zur Verfügung stehenden Mitteln bekämpfen? Wenn Sie das nicht tun, laufen Sie Gefahr, für eine Firma zu arbeiten, in der es unangenehm, grob und brutal zugeht.

Wenn Manager »taff« als wünschenswerte unternehmerische Eigenschaft nennen, sprechen sie in Wirklichkeit vermutlich von Wettbewerbsfähigkeit. Wettbewerbsfähigkeit aber ist auch ohne die zum Teil unangenehmen Eigenschaften möglich, die der Wörterbucheintrag anführt. Als Kinder haben wir alle die Grundregel sportlichen Verhaltens gelernt: Tue alles, um zu gewinnen, aber opfere dabei nicht ein einziges Prinzip zivilisierten Benehmens. Diese Regel gilt für Erwachsene ebenso wie für Kinder.

Organisationen, die auf eine taffe Unternehmenskultur setzen, sind nicht nur und nicht einmal in erster Linie taff zu ihren Wettbewerbern. Vor allem sind sie taff zu ihren Mitarbeitern. Wundersamerweise liefert das Ziel, straff und taff zu werden, Managern eine Entschuldigung dafür, loyale und kompetente Mitarbeiter zu entlassen, sie wegen unvermeidlicher Fehler zu degradieren und sie zu zwingen, auf Kosten ihrer Familien mehr oder weniger rund um die Uhr zu arbeiten. Es liefert ihnen eine Entschuldigung, eine Kultur der Angst aufzubauen. Ein derartiges Vorgehen ist aber nicht entschuldbar, und Organisationen, die sich dafür entscheiden, werden davon nicht gesünder, sondern schlechter und immer schlechter.

In meinen ersten Berufsjahren habe ich bei einer Bank gearbeitet, die den Erfolg des Konkurrenzunternehmens Citybank mit Argusaugen beobachtete. Unser President kam zu dem Schluß: »Die sind dort drüben hart wie Kruppstahl. Sie entlassen die Leute beim kleinsten Anlaß und schinden sie Tag und Nacht. Diese Bank wird von einer herzlosen Gestapo geführt. Wir müssen lernen, auch so zu werden.« Und das taten sie.

Zu lernen, ein herzloser Gestapo-Manager zu werden, ist einfach. Schwierig ist es, die Folgen zu überleben. Bei dieser Bank schaffte das niemand, und die Bank selbst hat seither nie floriert.

Wenn Taffheit ein dummes Ziel ist, so ist Straffheit nicht viel besser. Straffung bedeutet, Gehälter zu kürzen, Overhead abzubauen und mehr Leute in schlechter ausgestattete, unbequemere Büros zu pferchen. Kurz gesagt, Straffung heißt, den Mitarbeitern die Freude an ihrem Job auf jede erdenkliche Weise zu verderben. Wenn Sie bei Kunstlicht an einem schäbigen Schreibtisch in einem zu lauten Büro sitzen und sich um jeden Kleinkram selbst kümmern müssen, läuft etwas falsch. Ihr Arbeitszimmer zu Hause, in dem Sie ein paar Stunden im Monat sitzen, um ihre Überweisungen zu erledigen, ist weniger unwirtlich. Warum kommt eine Organisation dazu, schlechter für ihre Mitarbeiter zu sorgen, als diese selbst für sich sorgen? Es gibt einen sehr guten Grund: Die Organisation versagt. Straffung und Verschlankung sind kein Zeichen für zukünftige Gesundheit, sondern gegenwärtiges Versagen.

Die ultimative Lösung, Straffheit zu erreichen, heißt Downsizing oder, weniger euphemistisch, Entlassung möglichst vieler Mitarbeiter. Mein Kollege Ken Orr bezeichnet das als »unternehmerische Bulimie«. Downsizing ist das pure Gegenteil dessen, was Management eigentlich bewirken sollte. Das natürliche Ziel für fast jedes Unternehmen heißt Upsizing. Downsizing-Programme sind eine klares Eingeständnis, daß das höhere Management gescheitert ist. (Seltsamerweise ist es trotzdem nie das höhere Management, das von Downsizing betroffen ist.)

Straff und taff heißt krank und wütend. Vielleicht ist es mit vielen Organisationen tatsächlich soweit gekommen. Auf jeden Fall aber ist es an der Zeit aufzuhören, uns vorzumachen, das sei jemals ein erstrebenswertes Ziel gewesen.

5
Der Manager, der nackt im Regen steht

Ich bin Tsuneo Yamaura zum ersten Mal 1988 in Boston begegnet. Er gehörte einem Übersetzerteam an, das Tomoo Matsubara zusammengestellt hatte, um um die Übertragung von Tim Listers und meinem Buch »Peopleware« ins Japanische zu ringen [1]. Sie können sich vorstellen, daß die Übersetzung eines so idiomatischen Buches besonders schwierig war. Wie gibt man »Furniture Police« oder »Hornblower Factor« oder »Umbrella Steps« in einer fremden Sprache wider? Ich weiß nicht, ob all diese Finessen den Weg ins Japanische fanden, aber ich bin sicher, daß sie in Yamauras Kopf ankamen. Er brauchte niemals eine Erklärung für einen Gag oder eine Anspielung. Falls uns doch einmal Zweifel kamen, ob er eine Passage verstanden hatte, wußte er dies immer mit einer eigenen wunderbaren Geschichte zu kontern.

Vielleicht schreibt dieser junge Mann eines Tages selbst ein Buch. Und vielleicht finden wir darin die Gedanken wieder, die er während des Übersetzungsprojekts mit uns teilte. Im Moment allerdings gibt es von Yamaura nur einen kurzen Essay in englischer Sprache, seinen phantastischen Aufsatz »Der Manager, der nackt im Regen steht«, der 1992 in der Januar-Ausgabe des »American Programmer« erschien [2]. Der folgende Essay ist meine Antwort auf Yamauras Artikel.

Vor ein paar Jahren schrieb mein Freund und Kollege Tsuneo Yamaura von Hitachi Software, Ltd., einen wunderbaren Artikel mit dem Titel »Der Manager, der nackt im Regen steht«. Yamaura ist ein junger Mann, von dem ich Großes erwarte. Er verbindet neue, frische Erkenntnisse und Humor mit einer Eleganz des Ausdrucks, die Sprachgrenzen überschreitet. In seinem Artikel aus dem Jahr 1992 beschrieb er die Welt eines angehenden Managers bei einem großen japanischen Software-Hersteller. Es war seine eigene Welt, über die er schrieb, und er zeichnete ein glaubhaftes Bild davon. Was er beschrieb, war faszinierend – wegen der Ähnlichkeiten zu vergleichbaren westlichen Unternehmen ebenso wie wegen der Unterschiede. Yamaura zeichnete ein Bild der Feuerprobe, die man bestehen muß, um seine erste Management-Position zu erhalten. Er erzählte, wie er lernte, mit den jungen Leuten umzugehen, die an ihn berichteten, sie zu fordern und sie wieder aufzufangen, wenn sie ins Schleudern gerieten.

Ungeachtet aller nützlichen Erkenntnisse, die der Artikel enthält, ist es der Titel, der sich mir am nachhaltigsten eingeprägt hat: das Bild des frischgebackenen Managers, der »nackt im Regen steht«. Es ist ein Bild, das mich seither nie mehr losgelassen hat, heute ebensowenig wie als ich Yamauras Artikel zum ersten Mal las. Auch ich war einmal dieser frischgebackene Manager. Auch ich stand nackt im Regen.

Kein Wunder, daß neu berufene Manager sich so exponiert fühlen. Sie werden ins Management hineinkatapultiert, weil sie herausragende Codierer und Debugger und Programmdesigner und Optimierer sind und damit Fertigkeiten besitzen, die nach ihrer Beförderung von heute auf morgen nicht mehr gefragt sind. Von den Fertigkeiten, die für die neue Position notwendig sind, haben sie nur eine dunkle Ahnung. Ich persönlich hätte nicht einmal eine vernünftige Liste dieser Fertigkeiten aufstellen können. Ich wußte nicht einmal, wie sie heißen. Ich war immer noch Code-gesteuert.

Wie verbringen Sie (oder wie verbrachten Sie) Ihren ersten Tag als Manager? Wahrscheinlich mehr oder weniger genauso wie all die Tage davor. Sie schreiben ein paar Zeilen Code, suchen nach Fehlern, verändern die Spezifikation. Aber jetzt tun Sie das weniger, um die Arbeit vom Tisch zu bekommen, als um vorzuführen, daß Sie – der große Boß, der Sie jetzt schließlich sind – wirklich arbeiten können. Sie zeigen Ihren Leuten, was Arbeit ist, indem Sie die Ärmel hochkrempeln und kräftig mit anpacken. Sie zeigen Ihnen, wie sie sich einsetzen sollten, indem Sie selbst sich extrem (und für jedermann sichtbar) engagieren. Sie demonstrieren den Wert von Qualität, indem Sie hochwertige Moduln und Testpläne und Testumgebungen produzieren. Sie bringen Ihre Leute dazu, Überstunden zu machen, indem Sie selbst als letzter das Büro verlassen. Ein neuer Führung-durch-Vorbild-Manager ist geboren.

Wenn Sie wie ich sind, werden Sie schnell zu der Überzeugung gelangen, daß darin das Wesen des Managements liegen muß. Aber das ist nicht der Fall. Wenn ich Sie mit diesem Artikel nur von einer einzigen Sache überzeugen könnte, so wäre es dies: Führung-durch-Vorbild-Management hat mit Management nicht das geringste zu tun.

Die Geschichte des O.

Sehen Sie sich Mr. O. an, den Extremfall eines Führung-durch-Vorbild-Managers. Er managt ein paar Hardware-Typen; also macht er ein paar der Dinge, die sie tun: Er bastelt an Schaltbrettern herum und versucht, gute Lösungen für reale Probleme zu finden. Er managt Systemanalytiker; also hängt er sich ans Telefon, um Spezifikationsdetails mit den Anwendern abzuklären. Er managt Programmierer; also strickt er mit dem C++-Handbuch neben dem Bildschirm in langen Nächten etwas Code zusammen. Er bleibt abends länger, arbeitet härter, streßt sich und schafft mehr als irgendeiner seiner Mitarbeiter. Welch ein Vorbild!

In der Tat, Mr. O. ist ein eindrucksvolles Beispiel für einen vielseitigen und vielseitig einsetzbaren Mitarbeiter. Aber als Manager ist er weitaus weniger beeindruckend: ein Paradebeispiel für ein Syndrom, das die Psychologen als »Überfunktionieren« bezeichnen. Das Problem dabei ist, daß Überfunktionierer bei den Leuten um sie herum Unterfunktionen auslösen. Je mehr Sie sich anstrengen, ein perfektes Beispiel zu geben, desto mehr entsteht bei den Leuten, die für Sie arbeiten, das Gefühl, Ihren Erwartungen sowieso nie entsprechen zu können. Deshalb versuchen sie es erst gar nicht. Je mehr Sie arbeiten, desto mehr unterminieren Sie die Befriedigung Ihrer Mitarbeiter, eine Aufgabe gut zu lösen. Je mehr Sie sich stressen, desto mehr werden Ihre Mitarbeiter zu Automaten, die gerade nur noch das Notwendigste leisten, um durch den Tag zu kommen.

Aber das Schlimmste kommt erst noch. Was passiert, wenn Mr. O. die nächste Hierarchiestufe des Managements erklimmt? Jetzt berichten auch Vertriebsleute an ihn. Also zerstückelt er seinen Arbeitstag noch weiter und versucht, zusätzlich zu allem anderen auch noch ein paar Kundenbesuche unterzubringen. Zwischen Mr. O. und der Mitarbeiterebene gibt es nun eine weitere Führungsschicht. Auch in dieser neuen Schicht sind ausschließlich Führung-durch-Vorbild-Manager zugange. Doch, natürlich: Wenn das Leittier noch Aufgaben wahrnimmt, die normalerweise die unteren Chargen erledigen, was bleibt dann dem nachrangigen Manager anderes übrig? Bald haben wir eine ganze Hierarchie davon: verkaufende Verkaufsleiter; entwickelnde Entwicklungsleiter, schulende Schulungsleiter. Was in diesem Bild fehlt? Ich sage Ihnen, was fehlt: Management.

Management, was ist das eigentlich?

Management ist eine Menge *katalytischer* Aktivitäten, die die Mitarbeiter in die Lage versetzen, produktiv und glücklich zu arbeiten. Wie bei einem Katalysator in der Chemie gehen die Anstrengungen des Managers nicht unmittelbar in Produkte ein; sie sind aber eine unabdingbare Voraussetzung dafür, daß die Anstrengungen der Mitarbeiter in Produkte umgesetzt werden.

Management hat zum einen mit Kontrolle und Koordination zu tun. Das ist der einfache Teil. Der schwierige Teil hat mit menschlichen Faktoren wie Motivation, Harmonie, Teamwork, Persönlichkeitsentfaltung und Arbeitszufriedenheit zu tun. Es ist diese zweite Kategorie, die menschliche Seite, zu der der Führung-durch-Vorbild-Manager nie kommt.

Die wichtigste Aufgabe des Managers ist Systemdesign. Aber es ist nicht das Produktsystem, das der Manager designen muß, sondern das System, das das Produkt baut: das Projekt. Projektdesign heißt: die geeigneten Leute einzustellen, sie an der richtigen Stelle einzusetzen, Teams zusammenzustellen, die Mitarbeiter bei Laune zu halten, und das Ganze zu redesignen, wenn das Ergebnis dadurch besser zu werden verspricht. Bei wirklich guten Managern fallen Koordination und Kontrolle flach. Sie haben das nicht nötig. Wenn ihr Systemdesign erfolgreich war, haben sie ein Projekt auf die Beine gestellt, das seinen Weg alleine zu finden weiß.

Warum führen wir durch Vorbild?

Manager, die durch Vorbild führen, sind von der Richtigkeit ihres Prinzips heilig überzeugt. Ihre ebenso unterschiedlichen wie tiefempfundenen Erklärungen lauten:

- »Die Leute wollen sehen, daß ich das Gleiche tue wie sie.«
- »Ich liebe und brauche die Befriedigung, die aus der Arbeit erwächst. «
- »Ich bin nicht so abgehoben, daß ich mich davor scheuen würde, mir die Hände schmutzig zu machen.«
- »Ich muß einspringen, weil kein anderer da ist, der diesen Job erledigen könnte.«
- »Wir sind hier straff und taff – jeder krempelt die Ärmel hoch.«
- »Ein Manager, der nur managt, ist reiner Overhead.«

Alle diese Begründungen laufen auf eine Abwertung von Management hinaus. Sie lassen durchklingen, daß zwar die Arbeit respektabel ist, die unter der Leitung des Managers geleistet wird, nicht aber das Management dieser Arbeit. Die Arbeit selbst adelt gewissermaßen, sie zu managen dagegen nicht.

Sie brauchen nur einmal unter einem großartigen Manager zu arbeiten, um zu erfahren, daß es keine edlere Arbeit gibt, als andere in die Lage zu versetzen, erfolgreich zu sein. Management ist ebenso kreativ und befriedigend, wie alles, was darunter abläuft. Außerdem ist es schwieriger. Ich glaube, darin liegt der eigentliche Grund, warum wir durch Vorbild führen. Führung durch Vorbild gibt uns die Möglichkeit, einfache statt schwierige Dinge zu tun. Führung durch Vorbild erlaubt es uns, an Aufgaben zu arbeiten, die wir hundertprozentig beherrschen, statt an diesen Beziehungsaufgaben, von denen wir wenig Ahnung haben.

Als junger Manager wußte ich, daß ich im Grund nicht kompetent dafür war, Teams zusammenzustellen, verwickelte zwischenmenschliche Probleme zu durchschauen, lustlose und deprimierte Mitarbeiter zu motivieren. Natürlich nicht. Niemand ist in diesen komplexen Bereichen hundertprozentig kompetent. Also muß jemand die Führung übernehmen, der weniger als hundertprozent kompetent ist (und das auch weiß). Das ist schwer und erfordert Mut. Wir haben einen Namen für die Person, die mutig genug ist, diese Aufgaben zu schultern. Wir nennen sie »Chef«.

Eine persönliche Anmerkung

Ich hatte den Vorteil, unter neun großartigen Managern zu arbeiten. Keiner von ihnen führte durch Vorbild. Sie taten nie etwas anderes als die schwierigen Dinge. Sie designten Projekte mit liebevoller Sorgfalt, bastelten die Peopleware zurecht, halfen, daß ein Gruppengefühl entstand, und verbesserten und bewunderten ihre Schöpfungen. Wenn sich die Erfolge einstellten, feierten sie menschliche Triumphe.

Trotz meines erstaunlichen Glücks, solche Chefs gehabt zu haben, machte ich den gleichen dummen Fehler wie viele neue Manager: Ich führte durch Vorbild. Eine Wendung zum Besseren trat erst ein, als ich es schaffte, mich davon freizumachen. Eines schönen Tages stellte ich eine Liste all der Dinge auf, die meine Mitarbeiter erledigten. Und ich schwor mir, von heute an nie mehr auch nur eines der Dinge auf der Liste zu tun. Ich erkannte allmählich den wahren Grund, warum ich in der Vergangenheit durch Vorbild geführt hatte. Weil ich Angst hatte. Mir war klar geworden: Als ich die Arbeit gemacht hatte, für die eigentlich meine Mitarbeiter zuständig waren, hatte ich im Grunde meine eigentliche Verantwortung gescheut.

Manager, faßt Euch ein Herz!

Führung durch Vorbild ist keine Schande. Sondern nur eine Katastrophe. Wenn Sie eines Tages feststellen sollten, daß Sie nackt im Regen stehen, fassen Sie Mut. Denken Sie an Ihre Vorgänger und deren Erfolge. Denken Sie an die wunderbaren Teams, die sie aufgebaut haben, an die Zufriedenheit, die sie ermöglichten. Was vor Ihnen liegt, ist nicht einfach, aber unbedingt lohnend. Natürlich besitzen Sie nicht die volle Kompetenz für diese Aufgabe – genauso wenig wie jeder andere. Weichen Sie dieser ultimativen Herausforderung nicht aus. Das ist das Zeug, aus dem große Manager gemacht sind.

(Erstmals veröffentlicht in *American Programmer*, Dezember 1994)

Literaturhinweise

[1] T. DeMarco; T. Lister: *Peopleware: Productive Projects and Teams*. New York: Dorset House Publishing, 1987. Deutsche Ausgabe: *Wien wartet auf Dich! Der Faktor Mensch im DV-Management.* Carl Hanser Verlag, 1991.

[2] T. Yamaura: »Standing Naked in the Snow«. *American Programmer*, Januar 1992.

6
Wenn wir nur einen Punkt verbessern könnten ...

Wenn wir eine höhere Produktivität anstreben, ist alles von Bedeutung. Vieles ist von hoher Bedeutung, aber was ist von höchster Bedeutung?

Im letzten Frühjahr feierte ich mein dreißigjähriges Jubiläum als Berater für Software-Projekte.

Meine Beratungsengagements folgen einem immer gleichen Schema: Ankunft, Besprechung mit dem Kunden, Kaffee, Small talk, Unternehmensstruktur, Gespräche unter vier Augen, Diskussion der Probleme, kleiner Rundgang durch das Unternehmen, Treffen mit zwei oder drei Bereichsleitern, Mittagessen, Besprechungen mit den Teams, Abendessen mit dem höheren Management, Tage der Zusammenarbeit mit den Entwicklern und schließlich eine Schlußbesprechung. In der Schlußbesprechung fasse ich meine Eindrücke zusammen. Ich sage, was gut aussieht und was weniger gut. Dann leite ich mit dem folgenden Satz meine Empfehlungen ein: »Wenn mein Leben vom Erfolg dieses Projektes abhinge, würde ich so vorgehen ...«

Es folgt eine Liste mit machbaren, aber keineswegs einfachen Aufgaben, da die einfachen Optionen in der Regel längst ausgeschöpft sind. Ein typisches Rezept besteht aus einem halben Dutzend Aktionspunkten, die ich so klar und überzeugend darlege, wie ich kann, um mich dann in gespannter Erwartung der Reaktion zurückzulehnen.

Die Reaktion erfolgt häufig in Form einer Negation. Der eine oder andere Punkt auf meiner Liste ist einfach ein zu harter Brocken. »Könnten wir nicht vielleicht auch ohne ... zum Erfolg kommen?« Die bitterste der bitteren Pillen wird genannt, und dann stecken wir die Köpfe zusammen, um über die Alternativen nachzudenken.

Eine extreme Form der Negation liegt vor, wenn ein Manager fragt: »Was, wenn wir nur *einen* Ihrer Punkte umsetzen würden, um unsere Erfolgschancen zu verbessern? Welcher wäre das?« Als ich noch jünger war, pflegte mich diese Frage zu irritieren. Im Lauf der Jahre aber, als ich die Frage wieder und wieder hörte, bin ich soweit gekommen, eine gewisse Logik dahinter zu erkennen. Schließlich sind manche Projekte trotz ihrer systemischen Probleme erfolgreich. Mit nichts als Willenskraft und Energie rollen sie über ungelöste Fragen hinweg und führen die Anstrengung zu einem erfolgreichen Ende. Die Was-wäre-wenn-Frage, so scheint es mir heute, soll dazu dienen, die Diskussion weg von der Problemlösung und hin zu den Hebeln zu lenken, die Probleme bedeutungslos machen. Solche Hebel wirken, indem sie die Dynamik von Teams verändern. Der Kick von Gruppeneffekten kann enorm sein und dem Projektteam ungeahnte Kräfte verleihen.

Fast jeder kennt solche unaufhaltsamen Teams. Sie scheinen die explosiven Kräfte einer Supernova zu entwickeln, um meinen Kollegen Tim Lister zu zitieren. Wie entsteht diese Kraft? Die kurze Antwort darauf lautet, daß ihre Entstehung durch nichts erzwungen werden kann. Weder Sie noch ich können unaufhaltsame Teams *erschaffen*. Manchmal entstehen sie einfach. Es ist eine seltene Mischung aus stimmiger Chemie und viel Glück, die das Team in Fahrt kommen und dann zum Selbstläufer werden läßt.

Es gibt zwar keine Möglichkeit, die Entstehung dieses Phänomens zu gewährleisten, dafür aber viele Wege, sie zu verhindern. Damit meine ich die verschiedenen Formen des »Teamizid«, den Tim Lister und ich in unserem Buch *Peopleware* diskutiert haben [1]. Im günstigsten Fall leidet Ihr Projekt nur unter einem einzigen Symptom dieser Art. Wenn die Bekämpfung dieses Symptoms gelingt, hebt das Team vielleicht doch noch ab. Das wäre der Kick. Wohlgemerkt, der Erfolg wäre nicht sicher – es ist gut möglich, daß das Team aus nur ihm bekannten Gründen noch immer nicht durchstartet –, aber zumindest wäre doch eine Möglichkeit für Erfolg entstanden, die es vorher nicht gab.

Die altbekannte Frage »Was, wenn wir nur einen Punkt verbessern könnten ...?« bringt mich dazu, meine Eindrücke über die Organisation noch einmal zu prüfen, um den Hebel zu finden, an dem man ansetzen muß. In der Hälfte aller Fälle wird auf diese Weise mindestens ein Weg sichtbar, dessen nähere Erkundung sich lohnt. Und in der Hälfte dieser Fälle wiederum ist es immer der gleiche Weg. Wenn Sie mich um eine Vermutung bitten würden, was in Ihrer Organisation funktionieren könnte, könnte ich Ihnen (ohne je einen Blick in Ihren Laden geworfen zu haben) diesen am häufigsten wirksamen Hebel mit dem sicheren Gefühl nennen, daß die Trefferquote bei 1 zu 4 liegt. »Es würde mich nicht überraschen«, würde ich Ihnen sagen, »festzustellen, daß Ihre Mitarbeiter frustriert sind, weil sie ständig zwischen zu vielen Aufgaben hin- und herschalten müssen. Unternehmen Sie Schritte, sie jeweils nur an einem Projekt, einer Aufgabe gleichzeitig arbeiten zu lassen.«

Ich bin immer wieder erstaunt, für wieviele Dinge gleichzeitig Software-Entwickler zuständig sind. Ich treffe andauernd Leute, die einem Projekt zugeteilt sind, aber nebenbei noch an ein oder zwei anderen mitarbeiten oder ein paar Wartungsarbeiten an dem zuletzt fertiggestellten Programm durchführen oder bei Bedarf Vertriebsunterstützung leisten müssen. Sie nehmen mal schnell an einer fünftägigen Schulung teil, verwenden einen Nachmittag in der Woche, um die United-Fund-Aktion zu organisieren, und springen jeden Morgen eine Stunde ein, um die Kunden-Hotline zu besetzen. Es grenzt an ein Wunder, daß sie nicht durchdrehen.

Die menschliche CPU besitzt kein effizientes Multi-Tasking. Wir *scheinen* gut zwischen Aufgaben umschalten zu können, aber das ist eine Illusion. Natürlich zeigen wir unsere Ineffizienz nicht nach außen. Wir geben nicht zu, daß Task eins, bei der wir gerade unterbrochen wurden, uns weiter im Kopf herumschwirrt und es uns unmöglich macht, dem Typen zuzuhören, der uns mit Task zwei und drei konfrontiert. Wir lächeln und nicken, um nicht beschränkt zu wirken. Er geht, und wir versuchen vergeblich, uns an Task eins zu erinnern. Statt dessen machen sich Task zwei und drei im Kurzzeitgedächtnis breit. Aber da klingelt auch schon das Telefon, und Task vier ergießt sich in unser Ohr.

Ich gebe nicht vor, genau zu wissen, wie das menschliche Gehirn zwischen unterschiedlichen Aufgaben hin- und herschaltet. Meine Erfahrung ist auf mein eigenes Gehirn beschränkt. Möglich, daß es sich um eine defekte Einheit handelt. Aber meine Erfahrung sagt mir, daß ein völliges Umschalten von einer Aufgabe auf eine andere mit dem Speichern des Kontexts der unterbrochenen Task und dem Laden des Kontexts für die neue verbunden ist. Wenn die Kontexte grundverschieden sind, dauert das Umschalten eine gute Weile. Währenddessen ist die effektive Leistung des Systems gleich null. Es kann an keiner der beiden Aufgaben konstruktiv arbeiten. Wenn der neue Zustand geladen ist, ist das Gehirn zunächst gelähmt, frustriert, vielleicht auch verärgert. Es dauert, bis es wieder in Schwung kommt. Wenn es innerhalb kurzer Zeit häufig umschalten muß, kommt es niemals in Schwung. Es entsteht ein Thrashing-Effekt: Das System verweigert sich.

Nach meiner Faustregel kosten drei komplette Kontext-Wechsel einen ganzen Arbeitstag. Das heißt, an diesem Tag wurden Kontexte gespeichert und geladen, aber keine Arbeit geleistet.

Frustrationen und Kontext-Wechsel schaden der Gruppendynamik. Teams sind eine obsessive Angelegenheit. Das heißt, es muß Ihnen und Ihren Teamkollegen erlaubt sein, sich wie besessen in ein gemeinsames Thema hineinzusteigern. Teams bestehen nie aus Teilzeitkräften. Klar, Sie versuchen, die eine oder andere Teilzeitkraft in das Team zu integrieren, weil Ihnen an seiner oder ihrer Mitarbeit so sehr gelegen ist. Aber das funktioniert nie. Die Conditio sine qua non für die Zusammenstellung eines Teams lautet, daß jedes einzelne Mitglied Vollzeit an einer und wirklich nur einer Aufgabe arbeitet, der Aufgabe, durch die sich das Team definiert. Natürlich kann man eine Gruppe aus frustrierten, fragmentierten und zwischen allen Stühlen sitzenden Mitarbeitern als Team bezeichnen. Aber eine Supernova wird daraus nie.

Darüber hinaus beeinflussen Frustration und Kontext-Wechsel auch die persönliche Dynamik negativ. Multi-Tasking bei der Aufgabenverteilung führt demnach zu schlechten Einzelleistungen und schränkt die Möglichkeit positiver Teameffekte ein.

Wenn ich Manager darauf hinweise, daß sie die Arbeit ihrer Mitarbeiter zu sehr fragmentieren, sehen sie mich mit einem dieser Blicke an, die wir alle aus unserer

Kindheit kennen, wenn wir uns darüber beklagten, daß wir noch nicht ins Bett wollten. Sie erklären mir geduldig, daß das eben so und nicht anders sei. Das sei nicht ihre Schuld, erläutern sie mir, so ist das Leben. Aber das stimmt nicht. Das Leben ist so, daß der Fragmentierungsgrad von Organisation zu Organisation ganz unterschiedlich hoch ist. Von außen betrachtet weisen zwei praktisch identische Unternehmen einen drastisch unterschiedlichen Fragmentierungsgrad auf: das eine keinen und das andere einen viel zu hohen.

Ich bin mittlerweile davon überzeugt, daß Fragmentierung größtenteils auf nachlässiges Management zurückzuführen ist. Fragmentierung muß und wird nicht auftreten, wenn Sie sich die Mühe machen, etwas dagegen zu tun. Wenn Sie nur einen Punkt verbessern können oder wollen, senken Sie die Häufigkeit von Task-Wechseln. Auf diese Weise verringern Sie Frustration und Zeitverschwendung und Sie schaffen Ihren Teams ein Umfeld, in dem sie voll durchstarten können.

Literaturhinweis

[1] T. DeMarco; T. Lister: *Peopleware: Productive Projects and Teams*. New York: Dorset House Publishing, 1987. Deutsche Ausgabe: *Wien wartet auf Dich! Der Faktor Mensch im DV-Management.* Carl Hanser Verlag, 1991.

7
Tutorial für eine Video-Anwendung

Meine langjährige Arbeit mit Overhead-Projektoren hat mir die begrenzte Aussagefähigkeit statischer Grafiken schmerzlich bewußt gemacht. In schöner Regelmäßigkeit pflegte ich mißmutig auf eine soeben aufgelegte Folie zu starren und zu denken: »Wenn dieses verdammte Bild nur laufen könnte, wenn ich nur die Entwicklung eines Graphen vor den Augen des Publikums vorführen oder ein Schlüsselelement eines Diagramms in seine Bestandteile explodieren lassen oder den Bildausschnitt heranholen könnte, über den ich als nächstes sprechen möchte.« Aber daran war nicht zu denken.

Eines Tages war ich so genervt, daß ich mir schwor, niemals wieder einen Overhead-Projektor einzusetzen. (Halbe Sachen lehne ich grundsätzlich ab!) Ich machte mich auf den Weg und kaufte eine tonnenschwere Videoausrüstung: Videorecorder und Mischpulte und Videokarten und dafür geeignete Treiber-Software und Software zum Schnitt von Bildsequenzen und zur Animationssteuerung. Dann begann ich, Videos für meine Vorträge zu erstellen – dynamische Folien, sozusagen. Ich wollte den Audioteil live vortragen, während im Hintergrund das Video mit meinen tanzenden Grafiken ablief, die in immer neuen Farbkombinationen explodierten und zoomten und wirbelten und auseinanderbrachen und sich neu formierten und rockten und rollten, daß es mir eine wahre Freude war.

Doch ich mußte den Plan wieder fallenlassen – der Versuch, mich zu erinnern, welche Pirouette das Video als nächstes vollführen würde, beanspruchte einen so großen Teil meiner Geisteskraft, daß ich nicht mehr wußte, was ich eigentlich sagen wollte. Der folgende Essay ist alles, was von meinem ehrgeizigen Experiment übrigblieb.

Video-Anwendungen sind heutzutage der letzte Schrei. Sie können keine Computer-Messe besuchen, ohne auf jemanden vor einer großen Leinwand zu stoßen, der eine kunstvolle Mischung aus Live-Video, Mac-Grafiken und animiertem Text zeigt. Vor dem Demo finden Sie unweigerlich den Video-Guru, der mühelos mit Worten wie »Gen-locking« und »S-Video« und »Frame Grabbers« jongliert.

In diesem Tutorial lernen Sie, mit den Video-Gurus dieser Welt zu fachsimpeln, ohne die Tatsache preiszugeben, daß Sie nicht wissen, wovon Sie sprechen. Natürlich müssen Sie dazu nicht unbedingt das Tutorial lesen; Sie könnten das gleiche tun, was ich getan habe, und sich an den Rand des finanziellen Ruins bringen: Sie kaufen jedes der tausendundeins Dinge, die Sie brauchen, um eine Desktop-Video-Anwendung eigenhändig zu erstellen. Ich werde weiter unten näher auf die Kosten eingehen, und Sie werden mit an Sicherheit grenzender Wahrscheinlichkeit sehen, daß Sie eine Menge Geld sparen können, wenn Sie das Tutorial lesen.

Vom Computer zum Video: das Problem – abstrakt gesehen

Lassen Sie uns zunächst darüber reden, was man alles braucht, um eine am Computer erstellte Grafik in eine Videoausgabe umzuwandeln und – zum Beispiel – mit einem Videorecorder aufzuzeichnen. Rein theoretisch stellt das kein Problem dar. Ihr Mac leistet im Grunde schon das, was Sie anstreben: Er sendet ein grafisches Bild an den Bildschirm. Wenn Sie ihn also dazu bewegen können, eine gewünschte Grafik am Bildschirm abzubilden, warum können Sie diese Grafik dann nicht einfach auf Ihren Videorecorder nebenschließen?

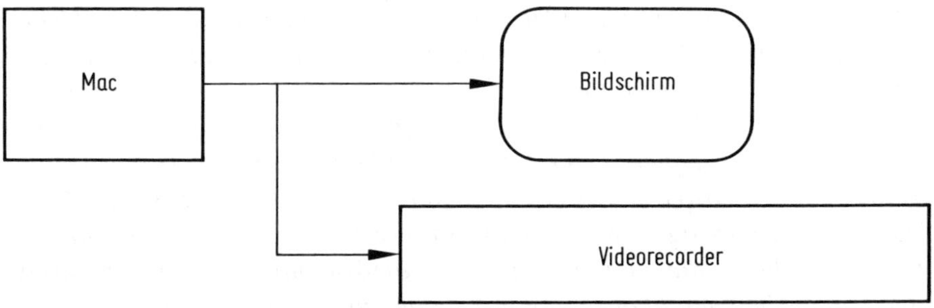

Abb. 7.1: Abstrakter Blick auf das, was wir gerne tun würden.

Sie könnten das Kabel an der Rückseite Ihres Bildschirms aus- und direkt in Ihren Videorecorder einstecken. Natürlich stehen Sie dann vor dem Problem, daß der Kabelstecker nicht in Ihren Videorecorder paßt. Das ist kein zufälliges Versehen, sondern Folge der jahrelangen, angestrengten Bemühungen der Leute, die Videogeräte und Computer-Hardware entwerfen, Sie daran zu hindern, die beiden miteinander zu verbinden.

Aber selbst wenn Sie einen passenden Stecker hätten, würde Ihnen das nichts nützen, weil ein Videorecorder das Protokoll nicht versteht, das dazu dient, ein Bild an den Bildschirm zu senden. Eine unterschiedliche Zahl von Signalleitungen, unterschiedliche Spannungen, unterschiedliche Pin-Belegungen und unterschiedliche Codierschemata machen das unmöglich.

Ein am Computer erstelltes Bild auf einen Videorecorder zu bringen, erfordert vor allem Format- und Protokoll-Konvertierungen. Die Standards der Computerindustrie und die Standards der Videoindustrie sind im höchsten Maße inkompatibel.

Die Bedeutung von Standards

Als ob es noch nicht reichte, daß die Video- und die Computertechnik jeweils anderen Standards unterliegen, gibt es darüber hinaus eine Vielzahl von Standards innerhalb der beiden Fachrichtungen. Es sieht so aus, als hätten beide Bereiche Standards sehr früh als eine gute Sache erkannt und alles dazu getan, so viele wie möglich zu entwickeln.

Zum Beispiel übergeben Mac-Computer und Sun- und NeXT-Workstations ein Bild jeweils auf eine etwas andere Weise an den Bildschirm. Wenn man die bizarren Protokolle von IBM und anderen, ähnlich wunderlichen Architekturen hinzunimmt, wird das Ganze noch schlimmer.

Sind die variierenden Standards in der Computer-Technik schon schlecht – in der Video-Technik sind sie noch schlechter. Hier herrschen mittlerweile balkanähnliche Verhältnisse. Nur um Ihnen einen Vorgeschmack zu vermitteln: Es gibt mindestens drei Möglichkeiten, ein Signal über den Äther zu übertragen, sechs Möglichkeiten, es auf eine VHS-Kassette zu schreiben, fünf verschiedene Bandformate (die sich in ihrer Breite, ihren Kodierschemata und ihrer Kassettengeometrie unterscheiden), drei Möglichkeiten, das Signal von der Quelle auf den Monitor zu bringen, und mindestens zwei Dutzend Stecker- und Kabeltypen.

In den USA, Kanada und Mexiko verwenden wir ein Videoprotokoll namens NTSC, während die Europäer PAL einsetzen und die asiatischen und südamerikanischen Länder wieder andere Protokolle. Die folgenden Ausführungen beziehen sich auf das NTSC-Protokoll, wie es im amerikanischen Bundesstaat Maine, wo ich wohne, verwendet wird. Manches davon gilt möglicherweise auch anderswo.

NTSC steht für Never the Same Color. Der Name leitet sich aus der Tatsache ab, daß eine Farbe, die man mit NTSC aufnimmt, beim Abspielen unweigerlich eine latent andere Farbe annimmt. Die Gründe für diese Farbabweichung sind nicht genau bekannt, man vermutet aber, daß unter anderem die Entropie und die Koriolis-Kraft eine Rolle dabei spielen.

In Kalifornien hat man kürzlich einige sehr interessante Experimente durchgeführt. Zu diesem Zweck wurde die gesamte NTSC-Übertragungstechnik in einer großen Kristall-Pyramide untergebracht. Danach wurde getestet, ob größere oder weniger große Farbabweichungen auftraten. Die Ergebnisse waren nicht eindeutig, wenn man von den Rückschlüssen absieht, die sie in Bezug auf Kalifornien zulassen.

Glasmalerei

Die Glasmalerei nahm ihren Anfang in Japan im 8. Jahrhundert. Wenigstens auf diesem Gebiet haben wir guten alten Amerikaner den listigen Japanern den Rang abgelaufen. Die Japaner pflegten grundsätzlich die *Vorderseite* des Glases zu bemalen. Erst wir kamen auf die Idee, ein transparentes Glas zu verwenden und seine Rückseite zu bemalen. Die Bedeutung dieses Durchbruchs liegt darin, daß er uns die Möglichkeit gibt, Bilder mit Hilfe von Elektronenstrahlen zu malen. Das hat uns Bildröhren und Videorecorder und das Fernsehen und David Letterman gebracht.

Leider birgt das Malen mit Elektronenstrahlen die Gefahr in sich, daß die Strahlen nicht auf die Glas- oder Bildschirmfläche beschränkt bleiben, sondern auf die davorsitzende Person ausstrahlen. Beim Malen auf die Vorderseite des Glases gab es diesen Nebeneffekt nicht. Liegt darin vielleicht eine Erklärung für das japanische Wunder ...?

Aber ich komme vom Thema ab. Eigentlich wollte ich Sie darauf hinweisen, daß die Video- und die Computertechnik ganz unterschiedliche visuelle Wiedergabesysteme verwenden. Ein Computer bildet Bilder wie folgt ab:

- als farbige Bildpunkte,
- die reihenweise von links nach rechts und von oben nach unten aufgebaut werden und
- sehr schnell abgetastet werden, d.h. mit einer Bildwiederholfrequenz von 72 Hertz und mehr.

Ein Fernsehgerät bildet Bilder dagegen so ab:

- als analoge Farblinien von links nach rechts,
- versetzt, d.h. zuerst werden alle ungeraden Zeilen aufgebaut, danach alle geraden Zeilen (Interlacing),
- mit einer relativ niedrigen Bildwiederholfrequenz, bei NTSC zum Beispiel 30 Bilder je Sekunde.

Hinzu kommt, daß die Zeilenhöhe nicht ganz der Höhe der Bildpunkte entspricht, und daß Fernsehschirme ein anderes Bild-Seiten-Verhältnis haben als die meisten Computer-Bildschirme.

Die Rolle der Gen-Lock-Schaltung

Eine Gen-Lock-Karte erledigt einen Teil der Konvertierung, die zur Umsetzung eines Computerbildes in ein Videobild notwendig ist. Sie nimmt das digitale Bitmap und konvertiert es in ein analoges Signal, vermittelt zwischen der Pixel- und der Zeilenhöhe, verlangsamt die Bildwiederholrate und verwebt die geraden und ungeraden Zeilen. Außerdem schneidet sie die überstehenden Teile des Computerbildes ab. Auf der Eingabeseite sorgt sie für die Konvertierung von analog zu digital, setzt Pixel in Zeilen um, hebt den versetzten Bildaufbau auf und stellt das Bild wieder her bzw. verzerrt es, um es an das andere Bild-Seiten-Verhältnis anzupassen. Schließlich nehmen manche Gen-Lock-Karten die Farbverschlüsselung vor, die notwendig ist, um computerisierte Bilder in Videos einzublenden. Weil die Karte alle diese Dinge leistet, die nichts miteinander zu tun haben, heißt sie Gen-Lock. Alles klar?

Eine typische Gen-Lock-Karte läßt sich als NuBus-Karte in Ihren Mac einstecken. Sie präsentiert sich als zweite (oder n-te) Bildschirmkarte. Das Signal, das sie aussendet, ist Nicht Fisch, Nicht Fleisch oder NFNF. Bildwiederholrate, Interlacing, Zeilenformen und Bild-Seiten-Verhältnis stammen aus der TV-Welt, das Signal wird aber als Computerprotokoll über ein RGB-plus-Sync-Kabel übertragen. Das bedeutet, daß rote, grüne und blaue Informationen getrennt übertragen werden, und daß sich die Timing-Information (mit deren Hilfe die Anzeige den Anfang des Frame erkennt) in einer eigenen Leitung befindet. Weder Ihr normaler Mac-Monitor noch Ihr Fernseher können dieses Signal darstellen. Ein Multi-Sync-Monitor dagegen verzeiht unterschiedliche Raten und Formate leichter und ist daher in der Lage, das Signal abzubilden.

Der Format-Konvertierer

Des weiteren brauchen Sie – nebenbei bemerkt, jedes dieser Dinge kostet ein Vermögen – einen Format-Konvertierer. Der Format-Konvertierer konvertiert das, was Sie haben (RGB+S), in das, was Sie wollen: ein Signalformat, das auf der Videoseite verstanden wird. Tatsächlich brauchen Sie zwei Format-Konvertierer: einen Decodierer für ausgesendete Signale und einen Codierer für eingehende Signale. Oder möglicherweise umgekehrt.

Welches Format ist notwendig, damit das Signal auch diese letzte Hürde auf seinem Weg in den Videorecorder schaffen kann? Es gibt drei Möglichkeiten. Die älteste heißt RF – Radiofrequenz. Das RF-Format ist eine analoge Mischung aus Farbe, Licht, Amplitude, Timing und Audio-Informationen und entspricht im wesentlichen dem, was Sie über Ihre Antenne empfangen. RF-Signale werden über Koaxial-Kabel übertragen, die in großen, unförmigen F-Steckern enden. Der F-Stecker ist der Stecker mit dem kleinen Pin in der Mitte. Alle Kabelboxen, alle Videorecorder und alle Fernseher, sofern sie nicht vorsintflutlich sind, können mit RF-Signalen arbeiten.

Die zweite Möglichkeit ist ein zusammengesetztes Format. Ein zusammengesetztes Signal wird über einfache, abgeschirmte Kabel – sogenannte »Videosynchronkabel« – mit RCA-Steckern übertragen. Sie brauchen eines für die Bildspur und eines für die Tonspur. Ich nehme an, man könnte das Kabel für die Tonspur als Videoaudiosynchronkabel bezeichnen. Manchmal braucht man zwei Synchron-Kabel für die Tonspur, weil Videokassetten immer öfter zwei und gelegentlich sogar drei Tonspuren besitzen.

Die neueste Technik akzeptiert ein Signal mit dem dritten Format, dem sogenannten S-Video. S-Video oder *Separated Video* ist das, was auf eine S-VHS-Kassette geschrieben wird. Das Kabel für ein S-Video-Signal ist an jedem Ende mit einem kleinen runden Stecker mit jeweils fünf oder sechs Pins versehen. Ich kenne niemanden, der sicher sagen könnte, wieviele Pins es genau sind: S-Video-Technik ist sehr teuer, und Leute, die alt genug sind, sie sich leisten zu können, sehen nicht mehr sehr gut.

Was ist eigentlich S-Video?

S-Video ist ein Übertragungsprotokoll, in dem Luminanz und Chrominanz separat codiert sind. Ich beschäftige mich nun seit mehr als zwei Jahren mit Videoanwendungen, und in dieser Zeit haben mir wahrscheinlich zweihundert Leute gesagt, S-Video sei ein Protokoll, das Luminanz und Chrominanz separat codiert. Es hat lange gedauert, bis ich gemerkt habe, daß keiner von ihnen wußte, wovon er sprach. Auch ich weiß nicht, was es bedeutet, und Sie werden es in diesem Tutorial mit Sicherheit nicht erfahren. Aber verzagen Sie nicht. Erinnern Sie sich daran, unser Ziel war es nicht, die Konzepte zu verstehen, sondern zu wirken, als hätten wir sie verstanden. Leuten, die sich mit Video-Anwendungen befassen, geht separat codierte Luminanz und Chrominanz mühelos von den Lippen. Wenn Sie mitreden wollen, müssen Sie das auch lernen.

Üben Sie deshalb den folgenden Satz ein:

> Die Bedeutung separat codierter Luminanz und Chrominanz kann gar nicht hoch genug eingeschätzt werden.

Ausgezeichnet. Sagen Sie das im Brustton der Überzeugung, und wenn die Leute aussehen, als wollten sie gleich nach den Definitionen fragen, wechseln Sie schnell das Thema (zum Beispiel zu Gen-Locking).

Die wahren Video-Kenner bezeichnen Luminanz und Chrominanz familiär mit Y und C. C steht für Chrominanz und Y für, hm, Luminanz. Oder vielleicht auch nicht. Kümmern Sie sich nicht darum.

Üben Sie den folgenden Satz ein:

> Man muß einfach Y und C auseinanderhalten. Das ist alles!

Glückwünsch, Sie machen großartige Fortschritte.

Kurzübersicht über die drei Video-Signal-Protokolle

Ich möchte die drei Signal- und Kabel-Protokolle noch einmal mit Ihnen wiederholen, um sicherzustellen, daß Sie alles richtig verstanden haben.

- ☐ Das RF-Signal: eine analoge Mischung aus Video- und Audiosignalen, die über ein Koaxial-Kabel mit F-Steckern an beiden Enden übertragen werden.

Obwohl es sich de facto um ein zusammengesetztes Signal für Audio und Video handelt, wird es nicht so genannt, weil der Name vergeben ist für:

- Das zusammengesetzte Signal: Audio und Videosignale werden getrennt über zwei oder drei Synchronkabel mit RCA-Steckern an beiden Enden übertragen. Obwohl Video und Audio separat gehalten werden, wird das Signal nicht als separates Video bezeichnet, weil dieser Name vergeben ist für:
- Das S-Video-Signal: Separat codierte Luminanz und Chrominanz werden über ein dünnes, enorm teures Kabel mit S-Steckern an jedem Ende übertragen.

Ich habe das nicht erfunden. Wo waren wir stehengeblieben? Ach, ja. Der Format-Konvertierer gibt Ihnen eines dieser drei Signale, und Sie können ihn direkt in Ihren Videorecorder stecken. In umgekehrter Richtung geht das Signal vom Recorder zum Konvertierer (in einem der drei Signal-Protokolle), dort wird es in ein analoges, versetztes RGB+S-Signal mit langsamer Bildwiederholrate umgesetzt und an die Gen-Lock-Karte gesandt, wo es in ein digitales Signal konvertiert wird. Abbildung 7.2 zeigt die endgültige Konfiguration.

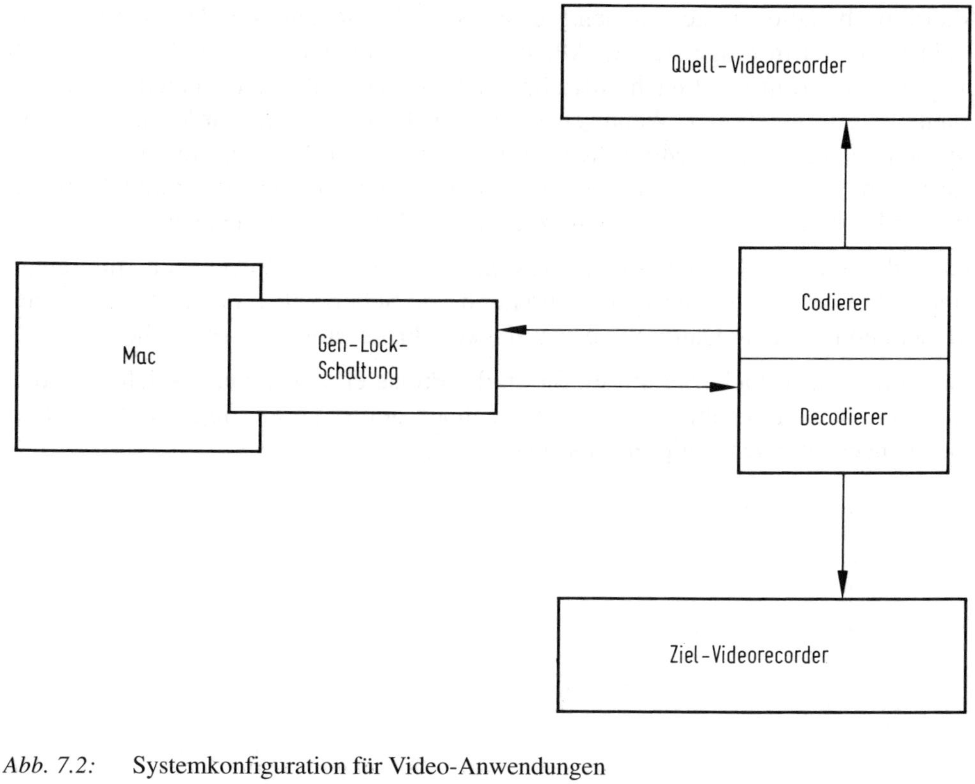

Abb. 7.2: Systemkonfiguration für Video-Anwendungen

Ein Wort zu den Kosten

Vielleicht denken Sie aufgrund des gerade Gelesenen, daß Video-Anwendungen sich hauptsächlich durch eine verwirrende Terminologie oder abstruse Protokolle und Formate auszeichnen. Falsch, ganz falsch. In der Hauptsache fallen Video-Anwendungen durch ihre exorbitanten Kosten auf. Sicherheitshalber sollte man nur solche Leute mit den Kosten von Video-Anwendungen konfrontieren, die eine jahrelange Erfahrung in der Besichtigung erstklassiger Immobilien in Toplagen und mit Meerblick haben.

Nicht nur der Preis jeder einzelnen Komponente bringt Sie um, sondern allein schon die Zahl der Dinge, die Sie brauchen. Meine bescheidene Installation umfaßt 2 NuBus-Karten, 2 Format-Konvertierer, 2 neue Decks, 2 Bildschirme, eine neue Kamera (die alte hatte kein S-Video und Sie wissen ja, die Bedeutung von separat codierter Luminanz und Chrominanz kann gar nicht hoch genug eingeschätzt werden), 1 Mischpult, 1 Schaltkasten, 24 Kabel, 9 Kabeladapter, 2 neue Mikrophone und 19 neue Software-Pakete. Beleuchtung, Kassetten und die neue Krawatte, die ich mir kaufen mußte, weil die alte im Interlace-Modus flimmerte, sind dabei noch gar nicht mitgerechnet.

Ich habe ein Spreadsheet mit all diesen Komponenten und ihren Preisen erstellt. Allerdings behalte ich die genauen Preise lieber für mich, alles andere würde meine Professionalität in Frage stellen. Alle diese Komponenten werden nämlich überall im ganzen Land in nicht nachvollziehbarer Weise zu völlig unterschiedlichen Discount-Preisen angeboten. Wenn ich Ihnen den Preis nennen würde, den ich zum Beispiel für den Macro-Mind Accelerator oder die NuVista-Karte gezahlt habe, würde ich Gefahr laufen, allenthalben Leuten zu begegnen, die hinter meinem Rücken lachen, weil sie das Gleiche zum halben Preis bekommen haben.

Jeder, der mich auf einer Tagung erkennt, würde mich ansprechen, mir einen Rippenstoß versetzen und sagen: »DeMarco, Sie Scherzkeks, Sie hätten die Augen offenhalten müssen.« Damit wäre es um meine Professionalität geschehen.

Während ich also nicht bereit bin, Sie in die Preise einzuweihen, die ich für jeden einzelnen Artikel gezahlt habe, zeige ich Ihnen gerne die allerletzte Zelle meines Spreadsheets, die den Endpreis ausweist:

Darin ist natürlich die Arbeitszeit noch nicht enthalten. Rechnen Sie in etwa mit fünfundvierzig Minuten Arbeit pro Nanosekunde des fertigen Video.

Gut gemacht

Das hätten wir also geschafft. Sie haben alles gelernt, was Sie über Video-Anwendungen wissen müssen. Genießen Sie die nächste MacWorld Expo. Schlendern Sie lässig auf den Video-Guru zu und teilen Sie ihm mit, ganz einfach Y und C auseinanderzuhalten.

(Erstmals veröffentlicht in *The Active Window*, März 1991)

8 Die nicht-technische Seite des Software-Engineering

Dieses kurze Positionspapier beginnt mit der Geschichte meiner Konvertierung vom Technik-Euphoriker zu einem Entwickler, der die soziologischen Aspekte der Technik zumindest dunkel erahnt. Anschließend erfahren Sie, wohin diese Ahnung geführt hat.

Bei einer Podiumsdiskussion anläßlich der 5th International Conference on Software Engineering in San Diego im Jahr 1981 erzählte Fred Brooks eine Geschichte, die mir im Gedächtnis geblieben ist. Er berichtete, wie er als Teil seines Software-Entwicklungs-Praktikums an der University of North Carolina immer wieder das gleiche Projekt bearbeiten ließ. Aufgabe, Abgabetermin und Teamgröße waren dabei feste Konstanten. Was sich von Semester zu Semester änderte, waren die verwendeten Methoden und Techniken. Aber, erzählte er, Methoden und Techniken schienen keine so große Rolle zu spielen, wie er erwartet hatte. Sie machten nicht annähernd so viel aus wie bestimmte nicht-technische Faktoren: zum Beispiel Harmonie innerhalb des Teams, geschickte Rollenverteilung und Zielorientierung in der Gruppe. Liebeskummer beeinflußte das Projekt stärker als die beste Technologie.

In den Jahren, die seither vergangen sind, habe ich festgestellt, daß die meisten Manager Brooks Prämisse bereitwillig akzeptieren. Sie wissen zum Beispiel, daß Soziologie wesentlich wichtiger für den Erfolg oder Mißerfolg eines Projekts ist als Technologie. Ihrer Projektleitung merkt man das allerdings nicht an. Insbesondere spiegelt die Einteilung ihrer Zeit und ihrer Energien diese angebliche Einsicht nicht im mindesten wider. Viele Manager richten ihre gesamte Aufmerksamkeit auf die Technologie, ohne auch nur einen Gedanken an die Soziologie zu verschwenden.

Der »Ich hasse Politik«-Manager

Wenn Soziologie wichtiger für den Projekterfolg ist als Technologie, dann müssen sich Manager in der Hauptsache damit befassen, die Soziologie des Projekts zu managen. Ein Großteil ihrer Zeit und Energie muß Aufgaben wie Zusammenstellung und Aufbau des Teams, Rollenzuweisung, Personalbeschaffung, Motivierung, Abbau von Bürokratie, Einrichtung und Umgestaltung der Arbeitsplätze und Verbesserung des Arbeitsumfelds gelten.

Solche Aufgaben führen in »weiche« Bereiche wie Persönlichkeit, individuelle Begabungen und Aufteilung von Macht im Unternehmen – Themen, die oft mit Ängsten behaftet sind. Es ist nicht ausgeschlossen, daß so mancher junge Manager vor dem Gedanken zurückscheut, es mit der gefürchteten Hausverwaltung aufzunehmen und einen dringend notwendigen Besprechungstisch oder auch nur eine Weißtafel für die Projektgruppe zu beschaffen. Was passiert also? Er (denn so beschränkt ist nur die männliche Ausprägung der Art) schreibt eine Notiz: »Hausverwaltung anrufen!«, wirft sie in den Papierkorb und beruft eine neuntägige Besprechung ein, um eine neue 4GL-Sprache auszuwählen. Ergebnis:

Technologie: 1
Soziologie: 0

Der Grund dafür liegt auf der Hand: Der Manager versteht etwas von Technologie, aber nichts von Soziologie. Er oder sie weiß nicht, wie man managt.

Wenn es uns gelänge, dieses Problem zu begreifen, ließe die Lösung nicht lange auf sich warten. Aber davon sind wir weit entfernt. Statt dessen verdrängen wir das Problem. Die häufigste Form der Verdrängung besteht darin, all die weichen, mitarbeiterorientierten Formen von Management unter *Politik* abzulegen und uns dann in die heroische Verteidigungsformel »Ich haße Politik« zu flüchten. Ich kenne keinen Bereich, in dem Politik mit so großem Widerwillen betrachtet wird wie im Software-Bereich. Unser Widerwille dient uns als Vorwand, nicht lernen zu müssen, echte Manager zu werden.

Politik ist eine edle Wissenschaft. Sie gehört, so definiert es kein Geringerer als Aristoteles, zu den fünf Zweigen der Philosophie. Wie die anderen Zweige – Metaphysik, Epistemologie, Ethik und Ästhetik – ist Politik nicht in sich schlecht; sie ist vielmehr Teil des Prozesses, zu verstehen und Gutes zu leisten. Um Gutes als Manager zu leisten, ist sie unverzichtbar.

Um unsere wichtigsten Führungsschwächen direkt ins Visier zu nehmen, müssen wir Politik als edle Wissenschaft rehabilitieren, ehrlich zugeben, daß wir noch nicht gut darin sind, und uns endlich dem Problem stellen, gut darin zu werden.

Ein Team entsteht

Ein Aspekt der Projektsoziologie bedarf unserer besonderen Aufmerksamkeit: die Rolle des Teams. Teams entstehen im Projektalltag andauernd, und die meisten Teilnehmer begrüßen diese Entwicklung. Funktionierende Teams kommen dem Projekt zugute (die Arbeit wird effektiver geleistet) und sie kommen den Teammitgliedern zugute (die Arbeit macht mehr Spaß). Wenn Sie je in einem verschworenen Team gearbeitet haben, kennen Sie die Bedeutung von Teams.

Das Aufreizende an Teams ist, daß sie von alleine entstehen, und es schwierig bis unmöglich ist, sie entstehen zu *lassen*. Daß sich die Entstehung eines Teams nicht forcieren läßt, liegt meiner Meinung nach daran, daß Manager versuchen, Teams mit sich selbst als Leiter zusammenzustellen. Das klingt zwar gut, ist es aber nicht. Ich bin zunehmend davon überzeugt, daß die, die am meisten von Führung reden, die größten Schwierigkeiten damit haben, verschworene Teams zu formen. Das liegt daran, daß verschworene Teams nicht wirklich geführt werden. Sie sind Netze, keine Hierarchien. Alle Mitglieder sind im Prinzip gleich. Die Führungsfunktion ist verteilt, das heißt, unterschiedliche Mitglieder übernehmen zu unterschiedlichen Zeiten das Ruder.

In meinem Managerleben habe ich vier verschiedene Phasen von Team-Bewußtsein durchgemacht. Ich verrate Sie Ihnen in der Hoffnung, daß es Ihnen gelingen wird, die ersten drei Phasen zu vermeiden.

- Phase eins – Hysterischer Optimismus: »Kraft meiner persönlichen Dynamik allein werde ich dieses Team um mich herum aufbauen.«
- Phase zwei – Bittere Desillusionierung: »Diese Schwachköpfe wollen einfach nicht im Team arbeiten.«
- Phase drei – Defensiver Rückzug: »Teams sind sowieso unverschämt und bedrohlich. Ich gebe ihnen keine Chance mehr, selbst wenn sie das wollten.«
- Phase vier endlich war Akzeptanz: »Teams sind unverschämt und bedrohlich, aber trotzdem wunderbar; ich werde den Göttern danken, wenn meine Leute zu einem funktionsfähigen Team verschmelzen.«

Reprise

Mein Kollege Tim Lister illustriert die Dichotomie zwischen Soziologie und Technologie mit der folgenden Geschichte: Stellen Sie sich vor, Ihr Chef hat Ihnen gerade eine Spezifikation auf den Tisch gelegt und gefragt: »Wie lange brauchen Sie und eine andere Person, um das zu erledigen?« Welche Frage stellen Sie als erstes?

Würden Sie fragen: »Können wir objektorientierte Methoden verwenden?« oder »Welches CASE-System können wir kaufen?« oder »Ist es o.k., wenn wir Rapid Prototyping einsetzen?« Natürlich nicht. Ihre erste Frage lautet:

> »Wer ist die andere Person?«

Glückwunsch! Sie haben gerade die Soziologie über die Technologie gestellt. Weiter so! Vergessen Sie nicht: Soziologie spielt nicht nur bei Punkt eins, sondern auch bei Punkt zwei bis zweihundert die tragende Rolle.

(Erstmals veröffentlicht in
Proceedings of the 13th International Conference on Software Engineering, 1991)

9
Schulen: die Herausforderung der 90er Jahre

Bruce Taylor, mein Redakteur bei der Zeitschrift »Human Capital«, bot mit Anfang der neunziger Jahre an, eine Reihe von Berichten und Stellungnahmen über das amerikanische Erziehungswesen zu schreiben. Zu diesem Zeitpunkt war ich ein relativer, wenn auch kein völliger Außenseiter auf diesem Gebiet: Bruce und ich hatten im Jahr zuvor zusammen eine kleine Non-Profit-Organisation namens Penobscot Compact gegründet und beim Maine State Aspirations Program registriert. Zweck der Initiative war es, die Energien und Ressourcen von Unternehmen im mittleren Maine zur Unterstützung öffentlicher Schulen zu konzentrieren. Unser besonderer Ansatz war das, was wir Partnership Program nannten: Unternehmen ließen zu, daß ihre Mitarbeiter Partnerschaften mit Lehrern eingingen und stellten sie für bis zu drei Stunden in der Woche für den Einsatz an Schulen frei. Das Unternehmen brachte die Arbeitszeit seiner Mitarbeiter ein, die Mitarbeiter ihre Begeisterung, ihre Energie und ihr Interesse.

In den ersten Jahren hatte die Leitung der Initiative für mich den Nebeneffekt, viele Stunden an Schulen zu verbringen, um potentielle Partnerschaften zu erkunden. Am Ende hatte ich in Klassen aller Art – vom Kindergarten bis zum letzten High-School-Jahr – gearbeitet und dabei hunderte von Lehrern kennengelernt.

Als »IEEE Software« mich einlud, einen Artikel für das Themenheft »Herausforderung der neunziger Jahre« einzureichen, beschloß ich, über Schulen zu schreiben. Ich wollte die Leser davon überzeugen, daß die Rettung der Schulen nicht nur allgemein betrachtet eine Herausforderung darstellt, sondern daß es sich dabei um unsere ureigenste Herausforderung handelt: Kindern zu helfen, ihr Potential zu erreichen, muß zum ultimativen Software-Projekt werden.

Das Wort *Herausforderung* hat für Software-Entwickler eine geradezu religiöse Bedeutung. Herausforderungen sind es, die unserer Arbeit Bedeutung geben und den Unterschied zwischen Eintönigkeit und dem Aufbruch zu neuen Ufern ausmachen.

Wir verwenden fast ebenso viel Kreativität darauf, nach Herausforderungen zu suchen, wie ihnen zu begegnen. Deshalb neigen Entwickler dazu, selbst in der prosaischsten Aufgabe eine Notwendigkeit für Eleganz oder Prägnanz oder Schlankheit oder Geschwindigkeit oder Flexibilität zu entdecken, die über die spezifizierte Anforderung hinausgeht. Ich pflegte meinen Entwicklern endlos zu erklären, daß das Routing-Modul nicht *so* schnell zu sein brauchte, oder daß das Display-Programm nicht die *allerneuesten* Techniken der Objektkapselung verwenden mußte. Ich hatte das Gefühl, sie schmückten die Anforderung auf unverantwortliche Weise aus, nur um den Spaßfaktor der Arbeit zu erhöhen. Heute sehe ich das anders: Sie definierten ihre Aufgabe neu, um dort Herausforderungen zu schaffen, wo anderenfalls keine gewesen wären.

Das Bedürfnis nach Herausforderung verdient Bewunderung – selbst wenn es mit eigenmächtigen Erweiterungen der Anforderung verbunden ist. Wenn die Aufwertung einer Aufgabe allzusehr an den Haaren herbeigezogen ist, stellt sich allerdings die Frage nach natürlicheren Quellen der Herausforderung. Wir können unseren Job mittlerweile mit links erledigen, aber was bringt uns das eigentlich? Das ist der Stand, den wir heute in der Software-Technik erreicht haben.

Wenn ich mir die technischen Herausforderungen ansehe, die wir uns im nächsten Jahrzehnt suchen können, so erscheinen sie mir ausnahmslos als artifiziell. Klar, wir werden in der Lage sein, einige dieser neuen Techniken zu meistern – und das wird uns sicher Spaß machen – aber wofür sollen wir sie eigentlich einsetzen? Nur um die gleiche Arbeit zu machen und immer wieder neu zu machen, die wir schon seit dreißig Jahren machen?

Das Soll der sechziger Jahre ist erfüllt

In den sechziger Jahren haben wir damit begonnen, die Zentralen von Industrie und Regierung zu automatisieren. In den siebziger Jahren erreichte die Automatisierung die Abteilungsebenen: Wir stellten viele der Batch-Systeme der ersten Generation auf Online-Betrieb um. In den achtziger Jahren strickten wir einen Großteil unserer früheren Arbeit nochmals um, um die Vorteile der verteilten Verarbeitung zu nutzen. Ich weiß, daß wir selbsternannten Experten Aussagen wie die folgende im Rückblick oft bedauern; ich treffe sie aber trotzdem: Ich bin der Meinung, daß die Automatisierung der Wirtschaft heute mehr oder weniger abgeschlossen ist.

Auch wenn die Industrie noch zwei oder mehr Millionen Software-Entwickler beschäftigt, sind die meisten von ihnen nicht mit bemerkenswert neuen Aufgaben befaßt. Bedenken Sie:

- Ein Drittel bis die Hälfte der Programmierer ist mit der Wartung und Verbesserung von altem Code beschäftigt. Diese Tatsache wird oft als Beweis für das Scheitern unserer Entwurfsmethoden angeführt. Sie kann aber ebensogut als Beweis dafür gesehen werden, daß wir unsere anfängliche Mission mit durchschlagendem Erfolg erfüllt haben: Erfolgreiche Automatisierung führt notwendigerweise dazu, daß der Anteil alten Codes gegenüber neuem Code steigt.

- □ Wir haben den durchschnittlichen Software-Lebenszyklus lange Zeit mit fünf bis acht Jahren angesetzt. Heute wirkt diese Zahl jedoch pessimistisch. Zum Beispiel besitzt eines der Unternehmen, die ich berate, über achtzehn Millionen Codezeilen, die siebzehn Jahre und älter sind.
- □ Der vieldiskutierte Software-Rückstand wird mehr und mehr zum Märchen. Die Projekte des letztjährigen Rückstands fließen in den diesjährigen Rückstand mit ein. Angesichts einer Fülle wichtigerer Aufgaben hatten sie das Nachsehen. Möglicherweise ist der Rückstand nichts anderes als eine Liste mit Software, die man gerne hätte, deren Nutzen aber die voraussichtlichen Kosten nicht rechtfertigen würde.
- □ Die Kosten-Nutzen-Analyse ist heute in der Mehrzahl der Fälle zur reinen Kosten-Analyse verkommen. Ein neues Entwicklungsprojekt, das mit exakten, *meßbaren* Nutzenzahlen aufwartet, ist eine Seltenheit. (Ist es möglich, daß schon alle Projekte abgewickelt wurden, die einen greifbaren materiellen Nutzen besitzen?)
- □ Der Markt für Software-Spezialisten ist in den beiden letzten Jahren, vor allem in den USA, aufgeweicht. Einbrüche im Einsteigerbereich haben Studenten davon abgehalten, Informatik zu studieren. Nur 3,2 Prozent der amerikanischen Studienanfänger studieren heute Informatik, verglichen mit 8,6 Prozent im Jahr 1980.

Für den einzelnen Software-Spezialisten mag es eine ausreichende Herausforderung darstellen, besserere Techniken bei der Überarbeitung und Verbesserung alter Systeme einzusetzen. Um aber eine Herausforderung für die Software-Branche als Ganzes zu finden, müssen wir meiner Ansicht nach über die Wirtschaft hinausschauen. Die Herausforderung liegt weniger in neuen Methoden als vielmehr in neuen Bereichen. Ich kann mit keinen neuen Bereich vorstellen, der vielversprechender ist als die Schulen.

Erziehung als ultimatives Software-Projekt

Eine wichtige Aktivität jedes Software-Projekts – einem Anwender zu helfen, ein neues System zu verstehen und zu lernen, wie man es mit dem größten Gewinn einsetzt – ist auch die wichtigste Aktivität der Schulen. Der Unterschied liegt darin, daß in der Wirtschaft die Anwender Berufstätige sind und das System WYZBANG-4 (oder so ähnlich) heißt, während in den Schulen die Anwender Kinder oder Jugendliche sind und das System Englisch oder Mathematik oder Physik heißt. Software-Spezialisten verfügen über Fähigkeiten, die für die Ausbildung junger Leute besonders relevant sind: die Fähigkeit zu kommunizieren, die Fähigkeit zu systematisieren und zu automatisieren, und die Fähigkeit zu schulen.

Das Engagement der Software-Gemeinde im Schulbereich ist offensichtlich. Wir setzen Schul-Software in einer Größenordnung von 128 Millionen Dollar um – mit wachsender Tendenz. Projekte bei Apple und IBM (und wahrscheinlich auch in anderen Firmen) haben es sich zum Ziel gesetzt, einen integrierten Computer für das Klassenzimmer zu entwickeln, der dem Schul-Software-Bereich vermutlich weiteren Auftrieb geben wird. Beim Vivarium-Projekt von Alan Kay an der Los Angeles Open School hat man zum Beispiel eine kleine Dynabook-Variante direkt in die Arbeitstische von Grundschülern eingebaut, um die Arbeit am Computer mit dem Lernprozeß zu verweben. Computer, die auf diese Weise in das Klassenzimmer integriert sind, werden wahrscheinlich in den neunziger Jahren auf den Markt kommen und sich möglicherweise sogar flächendeckend durchsetzen. Der Trend hin zu einem Klassenzimmer-Computer könnte durch eine unternehmensübergreifende Organisation ähnlich der Open Systems Foundation beschleunigt werden, die die Entwicklung einer einheitlichen Architektur aus Komponenten unterschiedlicher Hersteller anstrebt. (Einen entsprechenden Vorschlag beschreibt [1].) Aber selbst ohne unternehmensübergreifende Anstrengungen werden der integrierte Einsatz von Computern in den Schulen und ein Anwachsen des Schul-Software-Segments ein Kennzeichen dieses Jahrzehnts sein.

Auch für Software-Spezialisten, die keine Schul-Software entwickeln, gibt es Gelegenheiten, die Schulen zu unterstützen. Ein derartiges Engagement ist zwar nur indirekt mit der Gewinnorientiertheit unserer Arbeitgeber vereinbar. Trotzdem leisten Software-Unternehmen mit ihren Fähigkeiten und gut bezahlten Mitarbeitern heute einen immer höheren Beitrag für die Schulen. Peter Drucker nennt die Zahlen: Die amerikanische Wirtschaft erbringt zur Zeit Bona-Fide-Arbeitsleistungen im Wert von ungefähr 15 Milliarden Dollar pro Jahr, einen großen Teil davon im Schulbereich.

Wo wir stehen und wo wir stehen könnten

Der Autor und Gewinner des Pulitzer-Preises Tracy Kidder machte es sich vor nicht allzu langer Zeit zum Ziel, etwas zu schreiben, was seinen Mitbürgern helfen würde, das Dilemma der amerikanischen Schulen zu verstehen. Kidder wählte eine direkte und für ihn typische Methode: Er saß ein ganzes Schuljahr lang hinten im Klassenzimmer einer fünften Klasse und schrieb dann über seine Beobachtungen ein Buch. Das Ergebnis heißt *Among Schoolchildren* [3].

Die Lektüre dieses Buches ist eine bestürzende und bewegende Erfahrung. Sie begegnen einer Lehrerin, einem Direktor, ein paar Eltern und einem Klassenzimmer voller Fünftklässler der Kelly School in Holyoke, Massachusetts. Sie lernen sie recht gut kennen. Alle von ihnen sind Leute wie Sie und ich. Die Klassenleiterin, Mrs. Christine Zajac, ist die bewundernswerteste Lehrerin, die man sich vorstellen kann. Sie ist kompetent, gebildet und leidenschaftlich engagiert. Sie ist genau die

Art von Lehrerin, die Sie sich während Ihrer eigenen Schulzeit gewünscht und – hätten Sie sie bekommen – geliebt hätten. Sie ist genau die Art von Lehrerin, die Sie Ihren eigenen Kindern während ihrer ganzen Schulzeit wünschen würden. Ihre Schüler sind von ihr begeistert. Das ist die gute Nachricht. Die schlechte Nachricht lautet, daß Christine Zajac dabei ist, Schiffbruch zu erleiden. Ihre Fünftklässler, zumindest einige von ihnen, werden in die beunruhigenden Statistiken eingehen, die wir so oft in den Zeitungen sehen: als junge Erwachsene, die nicht kopfrechnen und keinen zusammenhängenden Satz schreiben können, die nicht wissen, wo Paraguay liegt und denken, Parodontose sei eine griechische Tragödie.

Als Teil meines derzeitigen Engagements bin ich im letzten Jahr selbst als Zuhörer in vielen Klassenzimmern gesessen. Ich habe Grund- und High-School-Klassen aller Art beobachtet und dabei selbst ein paar Chris Zajacs kennengelernt. Und, davon bin ich überzeugt, auch diese ausgezeichneten Lehrer sind dabei zu scheitern. Ich werde im folgenden einige Gründe dafür nennen. Zuerst aber möchte ich klar sagen, welche Konsequenz sich meiner Meinung nach daraus ergibt, und sie als Herausforderung für uns alle formulieren.

> Wir müssen einschreiten und den Schulen helfen, wieder auf die Beine zu kommen.

Mit »wir« meine ich nicht »wir Menschen« oder »wir Amerikaner«. Wenn Sie meine Herausforderung so verstehen, besteht die Gefahr, daß Sie zustimmend nicken und sich dann mit einem dankbaren Seufzer zurücklehnen, weil jemand anderer als Sie gemeint ist. Ich meine aber ausdrücklich: »wir Software-Spezialisten«. Also Sie und mich.

Die folgenden Abschnitte demonstrieren anhand einiger spannender Beispiele, in welcher Form die Software-Gemeinde bereits eine aktive Rolle in den Schulen spielt. Anschließend stelle ich Ihnen eine Strategie vor, wie andere sich ebenfalls engagieren können. Vorher aber möchte ich zwei Ausreden den Wind aus den Segeln nehmen, die uns möglicherweise dazu dienen könnten, uns aus der Verantwortung zu stehlen.

> **Ausrede eins**
>
> Das ist nicht unser Problem. Natürlich muß jemand die Herausforderung der Schulkrise annehmen. Aber sollten das nicht besser die Regierung oder der Staat oder die Schulen selbst sein?

Wir sind ein Teil der Weltwirtschaft. Wenn wir das Problem der Schulen nicht lösen, werden wir eine immer weniger bedeutende Rolle darin spielen. (Ich versuche nicht, das zu beweisen, denn ich denke, Sie wissen das bereits.) Die Hoffnung, die Regierung und die Schulen selbst würden das Problem lösen, ist ein perfektes Beispiel für Jerry Weinbergs »Erstes Gesetz des schlechten Management« : »Wenn etwas nicht funktioniert, machen Sie mit doppelter Anstrengung und unveränderter Strategie weiter.« [4]

In einer Zeit, in der wir der Auflösung der zentralistischen Planwirtschaft in Osteuropa zusehen, sollten wir unser Hurra-Geschrei lieber unterbrechen und darüber nachdenken, was dieser Zusammenbruch für unser eigenes zentral geplantes Schulsystem bedeutet. Er bedeutet, daß wir die Privatwirtschaft dazu bringen müssen, das Problem Seite an Seite mit den Schulen zu bekämpfen. Unternehmen, die in ihre künftigen Arbeitskräfte nicht investieren, werden in der Zukunft keine Arbeitskräfte mehr finden können, die ihre Wettbewerbsfähigkeit sichern. Außer Geld müssen die Unternehmen vor allem ihre Fachkompetenz beisteuern: Kommunikatoren, Systementwickler und Trainer.

Da Sie und Ihre Organisation über Fähigkeiten verfügen, die in der aktuellen Krise helfen könnten, appelliere ich an Sie, genau so, wie ich bei einem Erdbeben an Ärzte und Krankenpfleger appellieren würde.

Ausrede zwei

Das Problem der Schulen ließe sich ohne Hilfe durch uns lösen. Wenn sie sich entschließen könnten, sich wieder auf das Wesentliche zu besinnen und auf Moden wie ganzheitliche Lesemethoden, freies Lernen, Mengenlehre usw. verzichten würden, wären unsere Schulen so gut wie eh und je.

Vergessen Sie die einfachen Lösungen. Moden sind nicht das Problem. Lehrer und Schulverwaltung sind nicht das Problem. Selbst finanzielle Einsparung sind, für sich allein genommen, nicht das Problem. Kinder haben heute Bedürfnisse, die das traditionelle Schulwesen nicht erfüllt. Die Schulen sind gefordert, einen immer größeren Teil der Elternrolle zu übernehmen. Über ihre ursprünglichen Aufgaben hinaus müssen sie jetzt mit alleinerziehenden Elternteilen, Familien, in denen beide Eltern arbeiten, und Schlüsselkindern fertigwerden.

Die sogenannte Schulkrise ist eigentlich eine gesellschaftliche Krise, deren Belastungen unsere Kinder voll treffen. Der Bericht der President's Commission on Excellence in Education [5] belegt diese Tatsache mit einer ernüchternden Statistik: Wenn ein durchschnittlicher Jugendlicher die High School verläßt, hat er oder sie 3.200 Stunden im Gespräch mit den Eltern bzw. einem Elternteil verbracht, 12.000 Stunden in der Schule und 18.000 Stunden vor dem Fernseher. (Vielleicht sollten wir unser Programm zur Bekämpfung der Drogen durch ein Programm zur Bekämpfung des Fernsehens ablösen). Das Ergebnis sind unweigerlich Kinder, die passiver sind, weniger Selbstvertrauen besitzen, sich weniger gut ausdrücken können und sehr viel dringender unserer besonderen Aufmerksamkeit bedürfen, als das in den Generationen vorher der Fall war.

Wenn es uns gelingt, uns von der Illusion einfacher Lösungen zu verabschieden, sind wir soweit, einige sehr schwierige zu implementieren. Zu den schwierigen Lösungen gehört es, daß sich viel mehr Erwachsene am Erziehungsprozeß beteiligen. Leider werden die Schulen die Mittel für diese verstärkte Mitwirkung nicht aufbringen können. Die einzige Lösung liegt deshalb darin, daß Unternehmen und Organisationen stärker als bisher in ihr künftiges menschliches Kapital investieren.

Eine Herausforderung, kein Hirngespinst

Ich fordere Sie nicht auf, Neuland zu betreten. Im folgenden finden Sie Kurzbeschreibungen von bereits laufenden Projekten – großen und ehrgeizigen, aber auch relativ bescheidenen.

- Apple Computer stellt der örtlichen Nimitz School mehr als fünfzig Mitarbeiter für ein paar Stunden pro Woche zur Verfügung. Die Apple-Mitarbeiter unterrichten Grundschulkinder im Lesen, Schreiben und Rechnen.
- Die früher bei Johnson & Johnson beschäftigte Systemanalytikerin Sue Blake hat das Programm »Schwimmendes Klassenzimmer« auf die Beine gestellt. Aus privaten und öffentlichen Mitteln hat sie einen Kurs über Meeresbiologie an Bord des Zwei-Mast-Schoners Flying Fish aufgezogen. Sie segelt im Herbst und im Frühjahr jede Woche mit sechs bis zehn Schülern. Sie sind jeweils für drei Tage auf See, um Fauna und Flora des Meeres vor Ort zu studieren. Das Programm wendet sich an öffentliche Schulen in Islesboro, Maine.
- Dustin Heuston (Leiter von WICAT Systems) hat in Sandy, Utah, eine experimentelle Schule organisiert, um den Nutzen von computerunterstützten Lernlabors zu erforschen. Kinder arbeiten in den Labors fünfundvierzig Minuten am Tag online. Heuston hilft auch dabei, solche Labors in benachteiligten Schulen in der südlichen Bronx von New York einzurichten.
- IBM stellt etwa zweihundert Schulen, die von Minderheiten oder Behinderten besucht werden, ungefähr tausend seiner Mitarbeiter zur Verfügung. Die ausgeliehenen Mitarbeiter (die weiterhin auf der Gehaltsliste von IBM stehen und alle Sonder- und Sozialleistungen erhalten) arbeiten Vollzeit als Lehrer oder in der Schulverwaltung.
- Das Projekt »Stretch Beyond« in der Gegend von Kennebunk, Maine, verlängert den Schultag durch eine Reihe von Nachmittagsklassen (zum Beispiel

Förderunterricht im Lesen, Sprach- und Informatikunterricht, naturwissenschaftliche Projekte). Fachleute aus der Gegend halten die Kurse, die mehr als zweihundert Kinder freiwillig besuchen.

- In unserer eigenen Organisation, Penobscot Compact, ermöglichen es fünfzehn örtliche Arbeitgeber ihren Mitarbeitern, während der bezahlten Arbeitszeit Einzelunterricht für Schüler des öffentlichen Schulsystems zu erteilen. Compact bietet ein Schulungsprogramm an, das unsere neuen »Lehrerassistenten« bei der Abstimmung und Kooperation mit dem jeweiligen Klassenleiter unterstützt.
- The Business-Roundtable-Club veröffentlicht ein Verzeichnis von Firmen, die an dem von ihm gesponserten Education Task Force Partnerships Program beteiligt sind [6]. In dem Verzeichnis sind zahlreiche bedeutende Unternehmen der Software- und Computer-Branche vertreten (AT&T, BellSouth, Boeing, Control Data, DEC, Disney, Eastman Kodak, GE, GTE, Hewlett-Packard, Honeywell, IBM, ITT, NCR, NYNEX, Pacific Telesis, Southern California Edison, Southern Company, Southwestern Bell, Texas Instruments, 3M, Time, TRW, UNISYS und Xerox) sowie die meisten großen Banken und Versicherungsunternehmen.

Eine Strategie für das Engagement in den Schulen

Engagement in den Schulen läßt sich auf sehr praktische Weise über den Business-Education-Compact – eine Initiative zur Kooperation zwischen Schulen und Unternehmen – erreichen. Als Ergebnis eines Bildungsgipfels, der im September 1989 an der University of Virginia abgehalten wurde, verpflichteten sich die damaligen Gouverneure aller fünfzig amerikanischen Bundesstaaten, solche Kooperationen zu fördern. Über das Erziehungsministeriums Ihres Staates erfahren Sie, wie Sie mit Ihrer örtlichen Initiative in Kontakt treten bzw. eine Initiative gründen können, falls es noch keine gibt. Ich rate Ihnen dringend, sich in dieser Sache zu engagieren.

Der schwierige Teil dabei: Versuchen Sie, auch Ihre Firma dafür zu interessieren. Für die Penobscot-Initiative habe ich Unternehmen dafür gewinnen können, interessierte Mitarbeiter für ein Schulhalbjahr drei oder mehr Wochenstunden lang für die Arbeit an Schulen freizustellen und ihnen darüber hinaus auch die Zeit für eigene Schulungen zu bezahlen. Ich brauchte nur zu fragen. Zu meiner Überraschung sind sich die meisten Geschäftsleute und Wirtschaftsführer voll darüber bewußt, daß die Erhaltung der Wettbewerbsfähigkeit auf dem Weltmarkt erhebliche neue Investitionen in Erziehung erfordert – vom Kindergarten bis zum Ende der High-School. Und sie wissen, daß die Unternehmen, die sie managen, ihren Teil dazu beitragen müssen. Wir befinden uns also an einem Punkt, der so leicht nicht wiederkommt: Das Eisen ist heiß und bereit, geschmiedet zu werden, und wir alle wissen das.

Natürlich ist es möglich, daß Ihr Chef Sie ansieht, als kämen Sie von einem anderen Stern. Möglicherweise schreibt er Sie ein für allemal als unprofessionellen Spinner ab, als Gefahr für den heiligen Zeitplan. Andererseits: Wenn es nicht die reale Möglichkeit gäbe, zu scheitern, wäre das Ganze ja auch keine Herausforderung.

Für den Beitrag Ihrer Organisation gibt es zwei Möglichkeiten. Die einfachere der beiden Möglichkeiten besteht darin, die Computerisierung der Schulen zu unterstützen. Die Schulen sind fest davon überzeugt, daß mehr Computer und mehr Software einen entscheidenden Faktor für ihre Entwicklung darstellen. Wahrscheinlich haben die Schulen zu wenig Computer, aber noch mehr fehlt ihnen das Wissen, wie man sie installiert und zum Laufen bringt. In einer Schulbibliothek in meiner Stadt wurde zum Beispiel wochenlang ein PC/XT nicht genutzt, weil ein RS-232C-Schnittstellenkabel fehlte. Die Bibliothekarin hatte einfach keine Ahnung, wo und wie man ein Ersatzkabel bestellt. Sie sollte so etwas auch nicht zu wissen brauchen – sie ist eine Frau, die den Namen jedes Kindes in der Schule kennt und besser als die Schüler selbst weiß, welches Kind was gelesen hat und ob es ihm gefallen hat oder nicht. *Wir* wissen, wie man solche Systeme zum Laufen bringt, deshalb müssen *wir* uns darum kümmern.

In einer anderen Schulbibliothek in der Nähe meiner Stadt gibt es ein Modem, das die Schüler mit MaineCat verbinden sollte, einem zentralen Bibliothekszugang zur Maine State University. Auch dieses Modem wurde nicht genutzt – nicht wegen eines Kabel-, sondern wegen eines bürokratischen Problems: Der Haushaltsplan der Schule ließ unabsehbare Beträge wie die Fernsprechgebühren für die Zugriffszeit nicht zu. Also blieb das System ungenutzt. Hindernisse dieser Art können in Behörden zu fast unlösbaren Problemen werden. Dabei gibt es in unserer Stadt Dutzende von Geschäftsleuten, die fähig und bereit sind, anzubieten: »Meine Güte, veranlaßt die Telefongesellschaft dazu, die Rechnung an mich zu schicken; ich lasse sie jeden Monat zusammen mit unseren eigenen Telefonrechnungen überweisen, und wir brauchen uns nie mehr darum zu sorgen, daß der Betrag im Haushaltsplan der Schule auftaucht.« Problem gelöst.

Was kann man tun, um mehr Computer in die Schulen zu bekommen, vor allem angesichts der Tatsache, daß die Schulen nicht in der Lage sind, die wirklich benötigte Ausstattung zu bezahlen? Die Wirtschaft muß über Millionen ausgedienter PCs verfügen, die in Kürze ersetzt werden müssen und den Schulen überlassen werden könnten. Möglicherweise sind solche Rechner bereits zu hundert Prozent abgeschrieben und könnten ohne jeden bürokratischen Aufwand weitergereicht werden. Um diese Vermutung zu bestätigen, rief ich die Nationale Faktenbörse alias Capers Jones an. Er sagte mir, diese Beschreibung würde auf über vier Millionen älterer Macs und 8088- und 80286-PCs zutreffen [7]. Wenn Ihr Unternehmen kleine Rechner hat, die kurz vor der Ausmusterung stehen, sorgen Sie dafür, daß Sie Ihrer örtlichen Schulinitiative überlassen werden, oder wenden Sie sich an das Computer

Clearinghouse der Penobscot-Initiative [8], um sicherzustellen, daß sie einen Platz in einem Klassenzimmer finden.

Der zweite Teil der Strategie zielt darauf ab, qualifizierte Angestellte (deren Zeit das Unternehmen beisteuert) als Tutoren, Lehrerassistenten und Hilfskräfte in die Schulen zu senden. Das erfordert ein einfühlsames, unaggressives Vorgehen und die Bereitschaft, die eingebrachten Ressourcen durch die Lehrer managen zu lassen. Nur so ist eine sinnvolle Unterstützung der Lehr- und Zeitpläne möglich.

Reprise

Wie die Krankenschwester oder der Sanitäter, die mit kreischenden Bremsen auf der Autobahn anhalten und zu einem Unfallort zurücklaufen, um Erste Hilfe zu leisten, nehmen wir System- und Software-Spezialisten die Herausforderung der Schulen an. Es sind nicht Schuldgefühle, die uns dazu treiben, sondern die Gewißheit, Fähigkeiten und Kenntnisse zu besitzen, die von hoher Bedeutung sein könnten. Das ist nicht das Problem anderer Leute; es ist unser Problem.

Unsere Schulen brennen lichterloh. Ich habe versucht, Sie davon zu überzeugen, daß Sie genau die richtigen Talente haben, auszuhelfen. Aber selbst wenn Sie davon nicht hundertprozentig überzeugt sind, hoffe ich, daß Sie einspringen und zumindest einen Eimer Wasser weiterreichen.

Zum Schluß möchte ich noch einmal auf Mrs. Zajac zurückkommen, die Lehrerin, die im Mittelpunkt von *Among Schoolchildren* steht. Im Rückblick auf dreizehn Jahre Schuldienst vertraut sie Tracy Kidder eine traurige Beobachtung an. Ich mußte sie ein paar Mal lesen, bevor mir ihre Bedeutung richtig klar wurde – so als ob mein Verstand sich weigerte, einen so bedrückenden Gedanken zu akzeptieren:

> Nach dreizehn Jahren fällt es ihr schwer zu glauben, daß die Zukunft aller Fünftklässler unsichtbar vor ihnen liegen sollte, und nicht bereits, für jedermann sichtbar, hinter ihnen.

Die Herausforderung liegt in ihren Worten: Wir wollen alles tun, was notwendig ist, damit die Zukunft unserer Kinder vor ihnen liegt, wohin die Zukunft von Kindern gehört.

(Erstmals veröffentlicht in *IEEE Software*, November 1990)

Literaturhinweise

[1] T. DeMarco: »Computing in the Schools: Turning Down the Glitz«. *Human Capital*, Juli 1990.

[2] P. Drucker: *The New Realities.* New York: Harper & Row, 1989.

[3] T. Kidder: *Among Schoolchildren*. Boston: Houghton Mifflin, 1989.

[4] G. M. Weinberg: *Quality Software Management, Vol. 1: Systems Thinking*. New York: Dorset House Publishing, 1992. Deutsche Ausgabe: *Systemdenken und Softwarequalität*. Carl Hanser Verlag, 1994.

[5] *A Nation at Risk*. U.S. Government Printing Office, Washington, D.C., 1983.

[6] *Business Means Business About Education*. The Business Roundtable, New York: Juni 1989.

[7] C. Jones, private Korrespondenz, Januar 1990.

[8] Penobscot Compact, Inc., P.O. Box 160, Camden, ME 04843.

10
Software-Entwicklung: Stand der Technik kontra Stand der Praxis

mit Tim Lister

1985 schrieben Tim Lister und ich einen Artikel mit dem Titel »Programmer Performance and the Effects of the Workplace«, den wir bei der 8th International Conference on Software Engineering in London präsentierten. Der Artikel war unser erstes öffentliches Statement über die Coding War Games, eine Reihe von Benchmark-Tests, an deren Erhebung Tim und ich mehrere Jahre lang gearbeitet hatten. Nach der Durchführung jährlicher Coding Wars besaßen wir einzigartiges Beweismaterial, das viel zu umfangreich war, um es für den Artikel vollständig zu analysieren. Tatsächlich hatten wir Beiträge von über 700 Programmierern, die es unternommen hatten, ein Codestück nach einer vorgegebenen Spezifikation zu schreiben und zu testen. Ich glaube nicht, daß jemals ein größerer Benchmark-Test über Programmierung durchgeführt wurde.

Es schien uns eine Schande zu sein, die eingereichten Beiträge wegzuwerfen, aber wir wußten, daß wir keine andere Wahl hatten: Die Fußböden unserer Guild Hall hatten bereits begonen, sich unter dem Gewicht Hunderter von Listings, Speicherauszügen, Traces, Testergebnissen und ausgefüllten Formularen zu biegen. Vor diesem drastischen Schritt wollten wir uns die Daten noch einmal vornehmen und einen Artikel über die daraus gewonnenen Erkenntnisse schreiben. Das Ergebnis war unser zweites gemeinsames ICSE-Paper, das wir in Pittsburgh am 16. Mai 1989 präsentierten.

Der Stand der Technik der Software-Entwicklung hat sich seit den folkloristischen Ansätzen in den fünfziger und sechziger Jahren erheblich geändert. Aber hat der Stand der Praxis mitgehalten? Eine gängige (wenn auch ziemlich zynische) Meinung lautet: Die großen Revolutionen, die wir mit Namen wie Dijkstra, Hoare, Mills, Myers, Parnas, Wirth und anderen assoziieren, könnten – angesichts ihrer Wirkung auf die Gewohnheiten des durchschnittlichen Entwicklers – ebensogut nicht stattgefunden haben.

In der Zeit von 1984 bis 1987 führten wir eine Reihe von Leistungs-Benchmarks durch, mit deren Hilfe Entwickler und Organisationen ihre relative Produktivität evaluieren konnten. Die Benchmarks konzentrierten sich vor allem auf schnelle Programmentwicklung und niedrige Fehlerraten. Die Tests hatten den Nebeneffekt, daß fast 400 Programmierer das gleiche Programm (nach der gleichen Spezifikation) schrieben und neben ausgefüllten Fragebögen, Zeitprotokollen und Testergebnissen auch ihre Programm-Listings einreichten. Uns gab das die Gelegenheit, die Entwurfs- und Codiergewohnheiten unterschiedlichster Entwickler kennenzulernen.

Hintergrund

Sowohl Entwickler als auch die Organisationen, bei denen sie beschäftigt sind, quält der Gedanke, nicht zu wissen, wie effektiv sie im Vergleich mit ihren Peers und Wettbewerbern arbeiten. Ab Anfang 1984 boten wir beiden Gruppen die Gelegenheit, an einer Art Implementierungswettbewerb namens Coding War Games teilzunehmen, der ihnen helfen sollte, ihre relative Produktivität besser einzuschätzen. Gespielt wurde nach den folgenden Regeln:

- Entwickler nahmen paarweise daran teil; jedes Paar konkurrierte sowohl gegeneinander als auch gegen die anderen teilnehmenden Paare.
- Alle Teilnehmer schrieben das gleiche Programm nach der gleichen Spezifikation.
- Nach dem Entwurf, der Codierung, einem Selbsttest und der Übersetzung tauschten die Partner ihre Programme zu Testzwecken aus; die Entwicklung basierte somit auf einem Reinraum-Ansatz, wie er in [1] beschrieben ist; die Programme wurden zu keinem Zeitpunkt korrigiert.
- Alle Fehler, die der Partner gefunden hatte, mußten angegeben werden.
- Nach ihren eigenen Tests führten die Entwickler unsere vordefinierten Produkttests durch.
- Die an uns gesendeten Unterlagen wurden durch eine Codezahl identifiziert, die jeder Teilnehmer am Anfang des Wettbewerbs gezogen hatte; nur der Teilnehmer kannte seinen Code; die Ergebnisse wurden den Teilnehmern unter ihrer Codenummer mitgeteilt, so daß die Vertraulichkeit gewahrt blieb.

(Eine Zusammenfassung der Ergebnisse der Coding War Games von 1984 und 1985 gibt [2]).

Während der Dauer des Experiments nahmen 392 Einzelpersonen aus 79 Organisationen an den Coding Wars teil. Wir teilten die Teilnehmer nach der verwendeten Programmiersprache in sieben Gruppen ein. Abbildung 10.1 zeigt die relative Verteilung nach Programmiersprache.

Unter den Teilnehmern waren 118 COBOL-Programmierer und 50 Programmierer, die in die Gruppe »Andere« fielen. Unter »Andere« subsumierten wir Ada, Modula-2, Forth, Cybil, Mapper, MUMPS, Jovial und APL sowie einige Sprachen, deren Identifizierung uns nicht gelang.

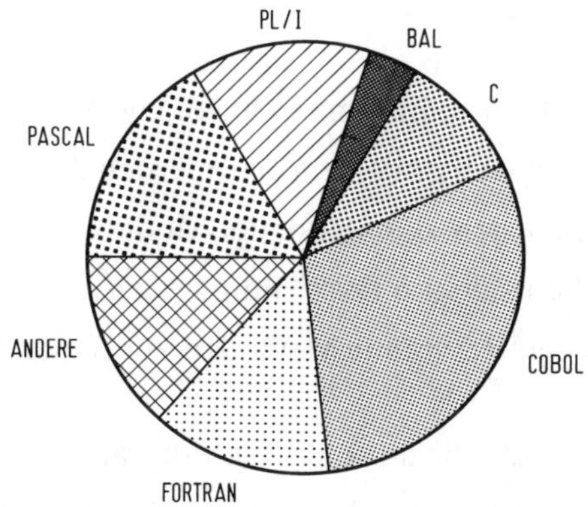

Abb. 10.1: Teilnehmer nach verwendeter Programmiersprache

Unsere Stichprobe wurde durch die Tatsache beeinflußt, daß die Teilnehmer neugierig darauf waren, wie gut sie abschneiden würden. Als weitere mögliche Einflußgröße kam hinzu, daß die Teilnehmer durch Ankündigungen in verschiedenen Fachzeitschriften und über Seminare und Tagungen angeworben wurden – was bewies, daß sie lesen konnten oder für Organisationen mit einem Schulungs- und Reisebudget ungleich null arbeiteten. Abgesehen von den hiermit eingeräumten Einflüssen schien uns die Stichprobe repräsentativ zu sein. Die Teilnehmer kamen aus den unterschiedlichsten Branchen: Banken und Finanzen, Dienstleistung, Technik und Wissenschaft, Behörden. Vertreten waren Teilnehmer aus den USA, Großbritannien und Dänemark. Sie alle waren professionelle Programmierer mit einer Berufserfahrung zwischen einem und sechzehn Jahren.

Um festzustellen, ob die Praxis tatsächlich den verbesserten Stand der Technik widerspiegelt, untersuchten wir die eingereichten Listings nach Sprachgruppen. Wir zählten ausführbare Anweisungen und Deklarationen, Moduln, Aufruf von Unterprogrammen, schlecht gewählte Verweisungsstrukturen, Modulgröße, Variablenlokalität und Modulkopplung. Darüber hinaus versuchten wir, die Stärke der Modulbindung einzuschätzen. Nicht alle Analysen wurden auf alle Sprachgruppen angewendet.

Zu testende Hypothesen

Wir wählten sieben, in der Literatur angeführte Zeichen guter Modularisierung und Programmiertechnik. Aus ihnen formulierten wir jeweils eine positive Hypothese dafür, daß die Technik in der Praxis eingesetzt wird. Danach analysierten wir die Programme der Teilnehmer, um die einzelnen Hypothesen zu bestätigen oder zu widerlegen.

Die sieben Hypothesen lauten:

- Entwickler unterteilen Programme in handliche Moduln.
- Entwickler bemühen sich um eine Maximierung der Datenlokalität.
- Entwickler bemühen sich, die Stärke der Modulbindung zu maximieren.
- Entwickler bemühen sich um Data Hiding.
- Entwickler verstehen Reinraum-Methoden zur fehlerfreien Produktentwicklung einzusetzen.
- Entwickler praktizieren die strukturierte Programmierung.
- In Organisationen mit strengen Entwurfsmethoden konvergieren die Entwürfe der einzelnen Entwickler auf deutlich erkennbare Weise.

Die Ergebnisse: eine Beurteilung des Stands der Praxis

Möglicherweise stellt die Aufgabe, sich durch mehr als 300 Listings des immer gleichen Programms hindurchzuwühlen, eine ernsthafte Beeinträchtigung der menschlichen Urteilskraft dar. Sollte das nicht der Fall sein, müssen wir zugeben, daß der Stand der Modularisierungs- und Programmiertechniken überraschend respektabel ist. Das ist das genaue Gegenteil dessen, was wir zu finden erwarteten. Nach dem ersten Durchsehen einer Teilmenge der Daten waren wir davon überzeugt, daß der Tenor unseres Artikels lauten würde, der Stand der Praxis sei völlig unbeeinflußt vom Stand der Technik. (Ein derartiger Artikel wäre wahrscheinlich amüsanter gewesen.) Fünf der sieben Hypothesen haben sich bestätigt. Die Einzelheiten lesen Sie in den folgenden Abschnitten:

1. Hypothese (Verwendung kleiner Moduln): bestätigt

Das Wort *Modul* steht im folgenden für ein in sich geschlossenes Unterprogramm mit einem einzigen Bezeichner, über den es aktiviert werden kann. Die Literatur legte die Vorteile kleiner Moduln bereits Mitte der siebziger Jahre überzeugend dar (siehe zum Beispiel [3], [4]). Vom Hörensagen aber wissen wir, daß noch zehn Jahre später Moduln mit 500 Zeilen oder mehr in der Praxis gang und gäbe waren. Die Sache verkompliziert sich durch frühzeitige »Modularisierungen«, die Manager bei der Verteilung der Aufgaben vornehmen. Die zugewiesenen Jobs umfassen in der Regel mindestens 500 Zeilen und werden ebenfalls als Moduln bezeichnet. Wie gehen die Programmierer damit um? Implementieren sie sie als monolithische Kolosse oder nehmen sie weitere Unterteilungen vor – aus Respekt für das Prinzip kleiner Moduln?

Unsere Stichprobe zeigte eine deutliche Präferenz für die Unterteilung in kleine Moduln. Das durchschnittliche Modul umfaßte 23 Anweisungen. In einer Analyse von 200 COBOL- und Pascal-Programmen fanden wir nur 55, in denen mindestens ein Modul mehr als eine Seite im Listing umfaßte (die von Mills vorgeschlagene Obergrenze).

Der Einsatz kleiner Moduln zahlte sich aus. Die Analyse der Unterlagen der 55 Entwickler, die ein oder mehr große Moduln zuließen, brachte es an den Tag: Programmierer großer Moduln waren deutlich von den Programmierern geschlagen worden, die das Gebot kleiner Moduln ernster genommen hatten. Die Programme, die ohne große Moduln auskamen, wiesen 38 Prozent weniger Fehler und eine fast zweimal so hohe Wahrscheinlichkeit auf, unseren Gesamtfunktionalitäts- oder *Härtetest* zu bestehen. Als wir die Stichproben in Abhängigkeit von ihrer Schnelligkeit und Korrektheit in vier gleich große Gruppen einteilten, stellten wir fest, daß Anwender mit langen Moduln überproportional in den Gruppen mit schlechterer Leistung vertreten waren.

1. Gruppe	21 % verwendeten lange(s) Modul(n)
2. Gruppe	31 % verwendeten lange(s) Modul(n)
3. Gruppe	36 % verwendeten lange(s) Modul(n)
4. Gruppe	47 % verwendeten lange(s) Modul(n)

2. Hypothese (maximale Lokalität): teilweise bestätigt

Eine Analyse der Lokalität wurde nur für die Gruppe der Pascal-Programme durchgeführt. Als grobes Maß für Lokalität zogen wir den Prozentsatz aller Variablen heran, die so definiert waren, daß sie nur in einem Modul sichtbar waren. (Das Maß ist grob, weil nach den Pascal-Regeln Variablen, die lokal für das Hauptmodul definiert wurden, trotzdem für nachrangige Moduln sichtbar sind.) Wir definierten *einen* Lokalitätsfaktor: Zahl der lokalen Variablen geteilt durch Zahl aller Variablen. Die Lokalitätsfaktoren variierten von 0 (alle Variablen sind für alle Moduln sichtbar) bis 0,96 (nur vier Prozent der Variablen sind außerhalb des definierenden Moduls sichtbar). Im Durchschnitt lag die Lokalität bei 0,51. Nur zwölf Prozent der Stichproben wiesen einen Lokalitätsfaktor von unter 0,2 auf. Eindeutig hatten die Entwickler sich angestrengt, so viele Variablen wie möglich lokal auf das definierende Modul zu beschränken.

Die Bemühung um hohe Lokalität zahlte sich aus: Entwickler in der ersten Gruppe wiesen im Durchschnitt einen fast 25 Prozent höheren Lokalitätsfaktor auf als die Entwickler in der vierten Gruppe. Die Teilmenge der Programme, bei denen der Lokalitätsfaktor über dem Median lag, wies 63 Prozent weniger Fehler auf als Programme mit einem Lokalitätsfaktor unterhalb des Medians.

3. Hypothese (starke Modulbindung): bestätigt

Der Gedanke, daß ein Modul in sich geschlossen und mit der Außenwelt nur lose verknüpft sein soll, wurde von [4, 5, 6] vertreten. Die interne Verknüpfungsdichte wird als *Bindungsstärke* bezeichnet. Die meisten Autoren zu diesem Thema nennen funktionale Bindung (alle Elemente des Moduls widmen sich der Berechnung oder Erledigung einer Funktion) als die stärkste Form der Bindung.

Das Benchmark-Problem enthielt einen Algorithmus, der eine gute Gelegenheit für funktionale Bindung bot. Wir prüften anhand der COBOL-, Pascal- und Fortran-Programme, wie viele Programmierer die Gelegenheit beim Schopf packten, den Algorithmus in einem eigenen Modul zu kapseln. Mehr als drei Viertel der analysierten Programme kapselten den Algorithmus und lieferten einen schlagenden Beweis dafür, daß Programmierer auf Bindungsstärke achten.

Bei Programmierern, die das funktional gebundene Modul identifizierten, war die Wahrscheinlichkeit, den Härtetest der Korrektheit zu bestehen, fast zweimal so hoch. Diejenigen Entwickler, die das funktional gebundene Modul nicht erkannten, landeten mit einer viermal so hohen Wahrscheinlichkeit in der vierten Gruppe wie in der ersten Gruppe.

4. Hypothese (Data Hiding): nicht bestätigt

Das Prinzip des Data Hiding als Basis für Modularisierung wird in [7] und [8] vorgestellt. An einer Stelle der Aufgabe der Coding War Games bot es sich an, eine unhandliche Datenstruktur zu kapseln und zu verbergen. Ein modularer Entwurf, der diese Gelegenheit nutzt, führt unserer Meinung nach zu einer etwas besseren Lesbarkeit. Trotzdem wurde diese Datenstruktur in keinem der analysierten Programme gekapselt.

Unsere Beurteilung an diesem Punkt ist schwach, weil die unhandliche Datenstruktur nicht *sehr* unhandlich war. Wäre sie sperriger gewesen, hätten vielleicht mehr Entwickler versucht, sie in einem Modul zu verbergen. Somit können wir lediglich einen Mangel an Beweisen konstatieren, daß Programmierer sich offensiv um das Verbergen von Komplexität bemühen.

5. Hypothese (Reinraum-Methoden): schwach bestätigt

Der Begriff *Reinraum-Entwicklung*, der von Harlan Mills geprägt wurde, impliziert einen Entwicklungsprozeß, der auf korrekte Programmentwicklung von Anfang an, nicht auf Iterationen von Codierung und Fehlerbehebung setzt. In seiner typischen Form sind Entwickler entweder für das Codieren oder für das Testen zuständig, aber nicht für beides zugleich; Programmierer, die den Code schreiben, haben ihre letzte Chance, ihre Ehre zu retten (Fehler zu vermeiden), bevor sie ihr Produkt zum Test freigeben. Die Coding War Games forderten eine komplette Trennung von Codierung und Testen.

Nach einem kontrollierten Experiment zum Einsatz von Reinraum-Methoden berichteten Selby, Basili und Baker in [9], daß 86 Prozent der Teilnehmer geklagt hatten, sie würden es vermissen, ihren Code selbst zu testen. Trotzdem würden 81 Prozent die Methode wieder einsetzen. Die erzielte Produktqualität war exzellent.

Wir sind zu ähnlichen Ergebnissen gekommen. Die häufigste Form des Teilnehmerkommentars waren Einwendungen gegen das geforderte Reinraum-Verfahren. Allerdings: Über ein Drittel aller Teilnehmer lieferten fehlerfreie Produkte, obwohl sie keine Gelegenheit zu Tests und Korrekturen hatten. Die gestellte Aufgabe war klein, aber nicht trivial. Sie umfaßte durchschnittlich 163 Pascal-Statements oder 234 COBOL-Statements. Die Tatsache, daß Reinraum-Neulinge so gut mit der Methode arbeiten konnten, ist ein ermutigendes Zeichen.

6. Hypothese (Einsatz strukturierter Programmierung): bestätigt

Berater erzählen sich gerne die Horrorgeschichte, an dem-und-dem Unternehmen seien die siebziger Jahre spurlos vorübergegangen und Spaghetti-Code sei noch immer an der Tagesordnung. Unsere Stichproben lieferten für derartigen Kolportagen kaum einen Beweis. Die Programme waren größtenteils wohlstrukturiert und machten Kontrollstrukturen durch sinnvolle Einrückungen deutlich.

GOTOs wurden häufiger eingesetzt, als wir erwartet hatten. In der Pascal-Gruppe fanden wir in immerhin 21 Prozent der Programme GOTO-Anweisungen. Wir haben uns jedes einzelne GOTO angesehen, um nachzuvollziehen, warum sich ein Entwickler für eine Verletzung der strukturierten Programmiertechniken entschied. Fast alle der 105 analysierten GOTO-Anweisungen waren Not- oder Schleifenausgänge und entsprachen den Anforderungen, die Knuth und Zahn [10, 11] an den disziplinierten Einsatz von Gotos knüpften.

Die Gruppe der COBOL-Programme war, was den Einsatz strukturierter Programmierung anbetraf, etwas weniger puristisch. Das durchschnittliche Programm wies 11 Unterprogramm-Aufrufe und 8 GOTOSs auf. Auch hier wurden die GOTOs größtenteils dazu verwendet, sinnvolle Bestandteile der strukturierten Programmierung zu implementieren, die COBOL nicht direkt unterstützt.

7. Hypothese (Entwurfskonvergenz): widerlegt

Ein Argument für strenge Entwurfsmethodiken lautet, daß sie dafür sorgen, daß unterschiedliche Entwickler vergleichbare Entwürfe für eine gegebene Spezifikation erstellen.

Ein Unternehmen, das für seine fast schon kultische Methodik bekannt ist, nahm mit 16 Entwicklern an den Games von 1987 teil. Alle von ihnen waren in der Methodik ihres Unternehmens geschult. Nichts, aber auch gar nichts, deutete auf eine Konvergenz in den Entwurfskonzepten dieser 16 Teilnehmer hin. Ihre Programme umfaßten zwischen 4 und 23 Moduln und alle denkbaren Varianten zwischen diesen beiden

Extremen. Nicht einmal der Programmierstil war ähnlich. (Er schwankte zwischen 0 und 17 GOTOs; die Programmlänge variierte in einem Verhältnis von fast 3 zu 1.)

Abweichungen von der Norm

Bei der Analyse des Quellcodes fielen uns drei klar ausgeprägte Tendenzen auf, deren Erwähnung sich lohnt, auch wenn das nicht eigentlich zum Thema gehört.

Erstens überraschten die sehr unterschiedlichen Programmlängen. Für diejenigen, die gerne von der Länge auf den Funktionsumfang schließen würden, muß die Schwankung von fast zehn zu eins bei Programmen, die in der gleichen Sprache und nach der gleichen Spezifikation entwickelt wurden, wirklich erschreckend sein. Abbildung 10.2 zeigt die abweichenden Programmlängen in der COBOL-Gruppe.

Die beobachtete Schwankung wirft zwangsläufig Fragen nach unserem Zählstandard auf. Hier ist er: Wir führten eine von der Syntax bestimmte Zählung der ausführbaren Anweisungen und Deklarationsanweisungen durch, wobei Kommentare und Leerzeilen unberücksichtigt blieben. Wir haben die Gesamtlänge als die Summe der ausführbaren Anweisungen und Deklarationsanweisungen definiert. Um eine gewisse Einheitlichkeit der Sprachen zu erzielen, haben wir weder Klammern in C noch BEGINs oder ENDs in anderen Sprachen mitgezählt. Alle Zählungen wurden auf der Basis eines schriftlich dokumentierten Standards durchgeführt.

Da so viele Programmierer auf das gleiche, funktional gebundene Modul gestoßen sind, haben wir dieses Modul als Grundlage für eine detaillierte Analyse der

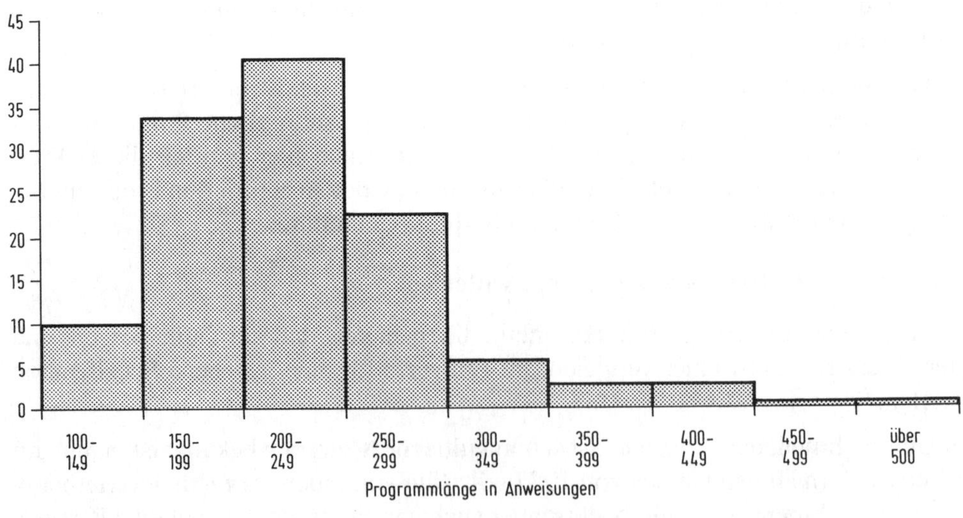

Abb. 10.2: Verteilung nach Programmlänge (nur COBOL)

variierenden Längen genutzt. Alle analysierten Moduln waren funktional identisch. Innerhalb dieses einzigen winzigen Moduls aber variierte die Zahl der Anweisungen um den Faktor 8. Noch größer war die Schwankung, als wir Zeilen anstelle von Anweisungen zählten. Dies schien uns eine ideale Gelegenheit dafür darzustellen, versuchsweise einige der Halsteadschen Maße einzusetzen [12]. Für eine Teilmenge der Moduln berechneten wir deshalb die Halstead-Maße für Länge, Vokabular und Volumen. Jedes der Halstead-Maße milderte die Schwankungsbandbreite deutlich ab. Sehen Sie sich die folgenden Ergebnisse an, zu denen wir gelangt sind, indem wir jeweils das Maximum durch das Minimum dividiert haben:

Größenmaß	Max/Min
Zahl der Anweisungen	8,00
Halsteadsche Länge	1,73
Vokabular	1,59
Volumen	1,94

Zweitens fiel uns die Schwankung in der Zahl der verwendeten Variablen auf. Die Pascal-Programme zum Beispiel enthielten durchschnittlich 20 Variablen – einige davon nur 7, andere dagegen stolze 42 Variablen. Die Entwickler, die mehr Variablen einsetzten, hatten proportional längere Programme geschrieben.

Drittens fiel auf, daß Programmierer mit weitschweifigen Programmtexten mehr Zeit brauchten und eine höhere Fehlerrate hatten als Programmierer mit knappen Programmtexten. In den siebziger Jahren hätte darin niemand eine Anomalie gesehen. Dagegen gehört es heute zu den Allgemeinplätzen, daß knappe Programme wegen ihrer höheren Dichte möglicherweise schwieriger zu erstellen sind. Unsere Daten besagen das Gegenteil.

(Erstmals veröffentlicht in
Proceedings of the 11th International Conference on Software Engineering, 1989)

Literaturhinweise

[1] M. Dyer; R.C. Linger; H.D. Mills: »Cleanroom Software Engineering«. *IEEE Software*, September 1987, 19-25.

[2] T. de Marco; T. Lister: »Programmer Performance and the Effects of the Workplace.« *Proceedings of the 8th International Conference on Software Engineering*. London: 1985, 268-72.

[3] H.D. Mills: »Top-Down Programming in Large Systems«. *Debugging Techniques in Large Systems*. Ed. R. Rustin, Englewood Cliffs, N.J.: Prentice-Hall, 1971.

[4] G. J. Myers: *Reliable Software Through Composite Design*. New York: Petrocelli/Charter, 1975.

[5] W. Stevens; G.J. Myers; L.L. Constantine: »Structured Design«. *IBM Systems Journal*, Vol. 13, Nr. 2, 1974.

[6] E. Yourdon; L.L. Constantine: *Structured Design: Fundamentals of a Discipline of Computer Program and Systems Design*. 2. Ausgabe, Englewood Cliffs, N.J.: Prentice Hall, 1979. (1979er Ausgabe des Yourdon-Press-Textes von 1975.)

[7] D.L. Parnas: »On the Criteria to Be Used in Decomposing Systems into Modules«. *Communications of the ACM*, Vol. 15, Nr. 12 (1972), 1053-58.

[8] G. Booch: *Software Engineering with Ada*. Menlo Park, Calif.: Benjamin Cummings Publishing Co., 1983.

[9] R.W. Selby; V.R. Basili; F.T. Baker: »Cleanroom Software Development: An Empirical Evaluation.« *IEEE Transactions on Software Engineering*, Vol. SE-13, Nr. 9 (1987), 1027-37. Nachdruck in *Software State-of-the-Art: Selected Papers*, Eds. T. DeMarco; T. Lister. New York: Dorset House Publishing, 1990, 256-76.

[10] D.E. Knuth: » Structured Programming with Go To Statements.« *Current Trends in Programming Methodology*. Ed. R. T. Yeh. Englewood Cliffs, N.J.: Prentice-Hall, 1977.

[11] C.T. Zahn: »A Control Statement for Natural Top-Down Structured Programming.« *Symposium on Programming Languages*. Paris: 1974.

[12] M.H. Halstead, *Elements of Software Science*. New York: American Elsevier, 1977.

11
Software-Produktivität: die heimliche Agenda

Vielleicht hat mich in meiner Jugend der Konsum zu vieler französischer und italienischer Filme verdorben, aber ich schwöre, ich sehe oft Untertitel vor mir, wenn Leute sprechen. Merkwürdigerweise scheinen diese Untertitel fast immer etwas ganz anderes auszusagen als die eigentlichen Worte des Sprechers. Ich schließe daraus, daß die Leute, auch wenn sie mit größter Aufrichtigkeit sprechen, manchmal das Gegenteil von dem meinen, was sie sagen.

Stellen Sie sich doch einmal eine dieser allzu häufigen Management-Sitzungen zum Thema »Die Software-Krise« vor. Um den Tisch aus massivem Walnußholz herum sitzen die Silberfüchse des Unternehmens mit ihrem untadelig geschnittenen weißen Haar, ihren 1.500-Mark-Anzügen und ihren goldenen Uhren, den stillen Zeugen des Aufstiegs in das höhere Management. Den Vorsitz des versammelten Glanzes führt der Große Boß. Und mit Sicherheit sitzt ganz am Ende dieses Tisches ein sehr unglücklich aussehender Mensch, der Software-Entwicklungs-Manager. Es sei ihm verziehen, wenn er des Kommenden nicht freudig harrt.

Der G.B. eröffnet die Sitzung. Die Anzeichen der Krise werden verlesen wie eine Anklageschrift:

- ☐ Der Software-Entwicklungsprozeß ist außer Kontrolle geraten.
- ☐ Die Terminüberschreitungen bei den Software-Projekten nehmen überhand.
- ☐ Nicht eingehaltene Budgets sind die Regel, nicht die Ausnahme.
- ☐ Die Liste der nicht implementierten Anwendungssysteme wird jeden Tag länger.
- ☐ Eine höhere Software-Produktivität ist umgehend erforderlich. Eine viel höhere. Vielleicht sogar eine viel, viel höhere.

(Es ist der G.B., der hier spricht, nicht der Autor; der Autor hält diesen speziellen Teil der Anklageschrift für leeres Geschwätz. Aber dazu später mehr.)

Dann kommen sie zur Sache. Jeder der Silberfüchse trägt vor, was nach seiner Meinung zu tun sei. Wir hören mindestens ein Dutzend gewichtiger und wichtigtuerischer Ansichten von Leuten, die nie im Leben ein Programm geschrieben haben. Je ferner der Sprecher dem Software-Bereich steht, desto simpler sind seine Lösungen. Ihre Selbstgewißheit ist neiderregend. Vielleicht verleihen einem das ein 1.500-Mark-Anzug und eine goldene Uhr.

Der Finanzchef zitiert aus einer Reportage über das Software-Dilemma, die in der angesehenen Londoner Zeitschrift *The Economist* erschienen ist. Der Autor der Reportage stellte die ironische Frage: »Wann wird die Software-Gemeinde aufwachen und die neuen, bahnbrechenden Methoden anwenden?« Er bezog sich damit auf eine neue Methode namens VDM oder Vienna Development Methodology. VDM ist eines in einer langen Reihe von Patentrezepten. Wäre der Artikel ein Jahr früher geschrieben worden, hätte an dieser Stelle Prolog gestanden; wieder ein Jahr davor wären es die 4GLs gewesen.

»Wann wacht unsere Software-Gruppe endlich auf und verwendet die neuen bahnbrechenden Methoden? Zum Beispiel VDR oder so ähnlich?« Diesmal ist die Frage keineswegs rhetorisch gemeint. Der Silberfuchs starrt den Software-Manager am unteren Tischende verärgert an.

»Ja. Nun,« antwortet der Manager, »wir haben ein paar unserer Leute zu einem VDM-Seminar geschickt. Das Problem dabei ist, daß man dabei die Spezifikationen in einer formalen Metasprache schreibt, die man leider nicht über eine normale Tastatur eingeben kann. Sie sieht so ähnlich wie Sanskrit aus.«

Aber das sind nur Details. Niemand wird ein Silberfuchs, indem er Interesse für Details zeigt. Am Ende der Sitzung sind alle Punkte minutiös im Protokoll erfaßt. Der Große Boß läßt auf ihrer Basis eine Agenda zur Verbesserung der Software-Produktivität mit einem halben Dutzend genau definierter Ziele erstellen. Der Software-Manager faßt diese Ziele in einer kurzen Notiz zusammen: »Wundermittel finden, schnell.«

Aber bevor die Agenda zur Produktivitätsverbesserung veröffentlicht wird, wird sie von Beratern überarbeitet. Diese Berater sind Leute, die früher selbst einmal programmiert haben. Sie haben auch Programme entworfen und Spezifikationen geschrieben und Projekte gemanagt. (Aber sie werden keines dieser Dinge jemals wieder tun, nachdem sie ein lukrativeres Betätigungsfeld gefunden haben.) Nachdem sie das Dokument massiert haben, wurden die meisten Hirngespinste daraus getilgt. Verschwunden ist jede explizite Erwähnung von VDM – das hätte sich zu leicht abschmettern lassen. Das Endergebnis liest sich etwa so:

- ☐ Einführung einer neuen Methode.
- ☐ Einbindung der neuesten Techniken.
- ☐ Zentralisierung der Steuerung des Software-Prozesses.
- ☐ Eindämmung von Fremdkosten.
- ☐ Anschaffung von Produktivitätswerkzeugen.

Was sollte daran falsch sein? Ich habe im Lauf der Jahre wohl mehr als zwanzig solcher auf höchster Ebene entwickelter Agenden gesehen. Allmählich deprimieren sie mich, weniger wegen der Dinge, die sie sagen, als wegen der Dinge, die sie nicht sagen. Sie orientieren sich ausschließlich an der technischen Seite des Software-Prozesses und erwähnen nicht einmal anstandshalber die für den Projekterfolg noch wichtigeren sozialen Aspekte.

Schlimmer noch, die Aktionen auf der technischen Seite wirken sich unweigerlich – und meistens negativ – auf die soziologische Seite aus. Die zwangsweise Einführung einer Methode oder die Zentralisierung der Steuerung des Software-Prozesses mag technologisch gesehen ein Gewinn sein. Dieser Gewinn bringt aber weniger als nichts, wenn er den Entwicklern das Gefühl gibt, nicht mehr Herr ihrer Arbeit zu sein. Programme zur »Eindämmung von Fremdkosten« laufen letzten Endes oft auf die Kürzung von Schulungsbudgets oder beengtere Räumlichkeiten hinaus – Maßnahmen, die von den Entwicklern zwangsläufig als überzogen und negativ empfunden werden. Aktionen dieser Art erhöhen sehr wahrscheinlich die Unzufriedenheit der Mitarbeiter. Möglicherweise führen sie zum Verlust wichtiger Leute.

Das alles heißt natürlich nicht, daß wir nicht versuchen sollten, die Produktivität zu verbessern. Es heißt lediglich, daß ein Herumbasteln an der Technologie des Software-Prozesses nicht die ganze Antwort sein kann. Insbesondere wäre es verfehlt, die Technologie durch Formen der Zentralisierung verbessern zu wollen, ohne dabei die sozialen Aspekte zu bedenken.

Führen Sie sich nun vor Augen, daß die schriftliche Agenda nur der sichtbare Teil eines umfangreicheren Programms zur Produktivitätssteigerung ist. In den meisten Organisationen gibt es darüber hinaus eine heimliche Agenda zur Erhöhung der Produktivität. Birgt schon der öffentliche Teil der Agenda die Gefahr unwillkommener soziologischer Nebenwirkungen in sich, so ist ihr verborgener Teil förmlich ein Garant des Scheiterns. Die heimliche Agenda enthält in der Hauptsache zwei Punkte:

- Die Programmierer werden unter Druck gesetzt, länger und härter zu arbeiten: Dazu wird eine Ethik des Workaholismus gefördert; die Projektmitglieder sollen ihr Privatleben opfern; man redet ihnen hoffnungslose Terminpläne ein; und röstet sie schließlich auf glühenden Kohlen, damit sie sie auch wirklich einhalten.
- Die Produktqualität wird minimiert: Auf die Projekte wird ein solcher Druck ausgeübt, daß Abstriche bei der Qualität hingenommen werden müssen; es gilt das ungeschriebene Gesetz, daß nur die Minimalqualität, die der Anwender gerade noch schluckt, akzeptabel ist - kein Iota mehr.

Die heimliche Agenda wird geheimgehalten, weil es sich verbietet, sie schriftlich niederzulegen. Sie kann nicht offen diskutiert werden, ohne Ungläubigkeit und

Rebellion hervorzurufen. Aber es gibt sie. Sie zeigt sich in jedem Aspekt der Termin- und Budgetplanung.

Mitarbeiter: »Chef, Sie haben mich gebeten abzuschätzen, wie lange ich für dieses Projekt brauche. Ich denke, in fünf Monaten kann ich es schaffen.«

Chef: »Junge, Junge, ich kann nicht zulassen, daß Sie sich so unter Druck setzen. Fünf Monate reichen auf keinen Fall.« (Der Boss weiß genau, daß das Projekt mindestens ein Jahr erfordern wird.) »Ich gebe Ihnen *sieben* Monate.«

Zu kritisieren ist hier nicht der individuelle Manager, sondern eher der in der Software-Welt verbreitete Gedanke, Abschätzungen und Terminpläne seien eine Form von Motivationsanreiz. Bei dieser Einstellung dient eine Terminplanung nicht dazu, den voraussichtlichen Fertigstellungstermin professionell zu kalkulieren, sondern dazu, die Projektmitglieder unter enormen Druck zu setzen. Sobald ihm klar geworden ist, daß viel zuwenig Zeit für das Projekt veranschlagt wurde, wird der oben zitierte Programmierer versuchen, das abzufangen: durch Abstriche bei seinem Privatleben (er macht Überstunden) und durch Abstriche bei der Qualität (er verzichtet auf Dinge, die der Anwender brauchen wird, aber anzufordern vergaß; er kehrt Probleme unter den Teppich, die bei einer späteren Wartung gelöst werden müssen, und er liefert ein allenfalls halbwegs stabiles Produkt).

Kurzfristig mag das alles ganz gut funktionieren. Entwickler leisten extrem viele Überstunden, vor allem wenn sie (naiv) an den Abschätzungen beteiligt waren. »Überflüssige« Qualität ist kein Thema mehr. Der Manager kann Produktivitätssteigerungen vorweisen, einfach indem er die geleistete Arbeit (listig) durch die Zahl der bezahlten Stunden dividiert, nicht durch die Zahl der gearbeiteten Stunden. Das Problem tritt erst langfristig auf. Die Mitarbeiter fangen an, sich Vorwürfe zu machen, weil sie ihre eigenen Qualitätsstandards preisgegeben haben. Sie wissen, bei wem die Schuld dafür liegt: »Ich arbeite für ein Unternehmen, das sich einen Teufel um Qualität schert; es geht doch nur darum, das Produkt bis 1. April aus dem Haus zu jagen.« Sie beginnen, sich mißbraucht zu fühlen, wenn ihnen all die Wochenenden und Überstunden auf Kosten ihres Familienlebens bewußt werden. Es dauert nicht mehr lange, bis sie sich einen neuen Job suchen.

Tracy Kidder schildert in seinem Buch *The Soul of a New Machine* detailliert die Geschichte eines Projekts, das mit halsbrecherischer Geschwindigkeit und unter enormem Druck von Management-Seite durchgeführt wurde [1]. Alle Teammitglieder sind wie besessen davon, das Unmögliche zu erreichen. Über ein Jahr lang arbeiten sie die Nächte und Wochenenden hindurch. In einer abschließenden Bestandsaufnahme kommt Kidder zu dem Schluß, das Team habe einige der fast unmöglich realisierbaren Ziele nur deshalb erreicht, weil die Mitarbeiter über hundert Stunden in der Woche arbeiteten. Und fast schon im Nachsatz erwähnt er, daß sämtliche Mitarbeiter am Ende des Projekts kündigten. Nicht nur einige von ihnen, sondern jeder einzelne. Lassen Sie uns nun, im Licht der verborgenen Agenda, noch einmal auf die Anklageschrift gegen die Software-Entwickler zurückkommen und sie Punkt für Punkt durchgehen:

- Ist der Software-Entwicklungsprozeß außer Kontrolle geraten? Wenn ja, so liegt das daran, daß sinnvolle Abschätzungen und Projektsteuerungsmaßnahmen aufgegeben wurden. Statt dessen ist der gesamte Planungsprozeß zum Druckmittel mutiert.
- Sind Terminüberschreitungen und gesprengte Budgets an der Tagesordnung? Wenn die Leistung nicht der Planung entspricht, so kann das zwei Ursachen haben: Entweder die Leistungen sind schlecht oder die Planungen. In der Software-Welt haben wir ausreichende Beweise dafür, daß unsere Abschätzungen miserabel sind, aber praktisch keine Beweise dafür, daß die Mitarbeiter im allgemeinen nicht hart oder intelligent genug arbeiten.
- Wird der Software-Rückstand wirklich immer größer? Ein Projekt, das nach Fertigstellung zwei Millionen Dollar gekostet hat, wurde möglicherweise aufgrund einer Kostenschätzung von einer Million Dollar in Angriff genommen. Solange es sich noch in der Warteschlange befand, wurden seine Kosten möglicherweise noch niedriger veranschlagt. Der erwartete Nutzen ist oft weitaus geringer, als die tatsächlichen Kosten es sein können. Solche Projekte gehören nicht in die Warteschlange, sondern auf die Liste der abgelehnten Projekte.
- Brauchen wir Produktivitätssteigerungen *umgehend*? Natürlich, so wie wir umgehend ein Mittel gegen Krebs und AIDS brauchen. Aber das ist nicht drin. Durchdachte Maßnahmen können möglicherweise reale Steigerungen von 12 oder 15 Prozent bringen. Steigerungen von 100 Prozent oder mehr sind reines Wunschdenken.

Die heimliche Agenda tut uns in Bereichen weh, die uns ohnehin schon zu schaffen machen. Sie verursacht Demotivation, Burnout und vermehrte Kündigungen unserer besten Mitarbeiter. Sie ist ein schleichender Kostenfaktor, weil sich ihre Auswirkungen erst langfristig zeigen werden.

Viele Unternehmen haben der trügerischen Verführungskraft der heimlichen Agenda widerstanden. Sie kennen sie: Es sind die Unternehmen, für die Fluktuation ein Fremdwort ist und deren Mitarbeiter so loyal und begeistert sind, daß sie um keinen Preis der Welt kündigen würden. Diese Organisationen besiegen die heimliche Agenda durch die einfache und reife Entscheidung, sie nicht im Verborgenen zu belassen. Neu formuliert und schwarz auf weiß festgehalten erscheinen die beiden Hauptpunkte der alten heimlichen Agenda in einem ganz neuen Licht:

1. Wieviel Druck (ausgedrückt in Überstunden) ist langfristig in unserem Interesse?

   Die erfolgreichsten Unternehmen lassen von Zeit zu Zeit etwas Druck zu. Sie erkennen jedoch, daß viel Druck und viele Überstunden eine unternehmerische Bankrotterklärung sind.

2. Wieviel Qualität wollen wir in unsere Produkte stecken?

   Wenn Sie diese Frage stellen, werden die Definition und Erhebung von Qualitätsmaßen automatisch zu einem Thema für Sie. Wenn Sie darüber hinaus auch Produktivitätsmaße erheben, wissen Sie, daß Qualität und Produktivität miteinander verbunden sind. Entwickler, die weit über die Erfordernisse der Anwender hinaus nach Qualität streben dürfen, erzielen eine Produktivität, die leicht dazu ausreicht, die Rentabilitätsschwelle zu erreichen.

(Erstmals veröffentlicht in *Deadline*, Mai 1988)

Literaturhinweis

[1] T. Kidder: *The Soul of a New Machine*. Boston: Atlantic-Little, Brown Books, 1981.

12
Die Software-Factory – genauer betrachtet

Ich habe den folgenden Artikel als »Amuse-geule« für eine Präsentation bei der Fifth Annual Monterey Software Conference im April 1993 geschrieben. Auch wenn das Amuse-geule ausgewogen und sachlich wirkt (wie alle meine Artikel), sind meine wahren Gefühle zu diesem Thema eher heftiger Natur. Ich halte es für grundfalsch und kontraproduktiv, Software mit Fabrikmethoden zu produzieren. Organisationen, die gute Software entwickeln, wissen, daß Software-Entwicklung eine Forschungs- und Entwicklungsaktivität ist, keine Produktionsaktivität. Organisationen, die versuchen, eine Produktionsaktivität daraus zu machen, produzieren schlechte Software (wenn auch möglicherweise viel davon) und sie berauben sich der Chance, an der Umgestaltung der Welt teilzuhaben, die Software seit den siebziger Jahren bewirkt.

Alle wollen Software-Factories einrichten, aber niemand will darin arbeiten. Das liegt daran, daß ersteres herausfordernd erscheint, letzteres aber sterbenslangweilig aussieht. Bevor wir uns ins Zeitalter der Software-Factory stürzen, wollen wir einen Moment innehalten und überlegen, ob wir nicht besser die entgegengesetzte Richtung einschlagen sollten.

Ich schlage vor, in diesem kurzen philosophischen Ausflug zunächst über Software-Factories im allgemeinen nachzudenken und danach über die Pros und Contras, Ihre eigene Organisation in eine Software-Factory zu verwandeln.

Plädoyer für die Software-Factory

Überzeugende Plädoyers für Software-Factories finden sich in Micheal Cusumanos Buch *Japan's Software Factories: A Challenge to U.S. Management* sowie einem Artikel zu diesem Thema im *Wall Street Journal* [1, 2]. Sie argumentieren, daß wir Software-Leute unsere Aufgaben endlich automatisieren sollen – so wie wir ständig die Aufgaben anderer Leute automatisieren. Cusumano beschreibt, wie die Japaner echte Fabrikmethoden auf die Software-Entwicklung anwenden, von der einheitlichen Kleiderordnung über einheitliche Methoden bis hin zu einheitlich ausgestatteten Arbeitsplätzen:

> Die Details variieren, aber das Grundkonzept der »Software-Factory« bleibt das gleiche. Amerikanische Unternehmen neigen dazu, Software als Kunst zu behandeln; die Japaner haben dagegen versucht, den Prozeß zu mechanisieren [...]. Hitachi gilt

> als Pionier auf dem Gebiet: Das Unternehmen baute seine erste Software-Factory 1969. Zwei Jahre später wurde eine Betriebsstätte in den USA mit 7.000 Mitarbeitern eröffnet – ein Großraumbüro voller Angestellter, das alle Ähnlichkeiten mit einer Fabrik aufweist. Die Programme werden in sechzig verschiedenen Arbeitsbereichen geschrieben, deren Einrichtung bis zur Plazierung der Computer auf den Schreibtischen identisch in gleichmäßigen Reihen angeordnet ist [...] Japanische Mitarbeiter führen über jeden Tastendruck detailliert Buch.

Nach Cusumano bringt dieses System Produktivitätszahlen, die der amerikanischen Industrie die Schamesröte ins Gesicht treiben. Hinzu kommt eine bessere Qualität. Insbesondere, so schreibt er, »erzielen japanische Firmen einen um 50 bis 70 Prozent höheren Output pro Programmierer, die Fehlerrate ist nur ein Drittel bis halb so hoch.«

Ja, aber ...

Analysieren Sie die Produktivitätszahlen in der Literatur über Software-Factories und Sie werden feststellen, daß sie unweigerlich in Codezeilen je Programmierer-Tag angegeben sind. Wenn Sie die angegebene Produktivität mit der riesigen Zahl derart produktiver Mitarbeiter multiplizieren, erhalten Sie ein verblüffendes Ergebnis: eine Gesamtzahl von produzierten Codezeilen, die so hoch ist, daß es Ihnen schwindlig wird. So wies zum Beispiel die Factory einer Tochtergesellschaft von Japanese General Electric, deren Zahlen in der Literatur über Software-Factories dokumentiert sind, eine errechnete Produktionsrate von über 500 Millionen Codezeilen pro Jahr auf. Da drängt sich mir die übellaunige Frage auf: Was zum Teufel machen sie mit all dem Code? Allein diese eine Factory, die 1984 eingerichtet wurde, muß mittlerweile an die fünf Milliarden Programmzeilen produziert haben (wenn man davon ausgeht, daß es seit 1984 keine Produktivitätsverbesserungen gab; ansonsten sind es noch mehr). Das ist mehr Quellcode, als Microsoft, Apple und IBM zusammen im gleichen Zeitraum produziert haben.

Mit so viel Code kann man nur eines tun: ihn schnell ausmustern. Und das ist nicht Teil der Lösung, sondern Teil des Problems. Tatsächlich ist es nie das primäre Ziel der Software-Industrie gewesen, riesige Code-Mengen zu produzieren. Wenn wir gut sind, so liegt das nicht daran, daß wir Milliarden von Codezeilen produzieren; und wenn wir nicht so gut sind, so liegt das nicht daran, daß wir nicht genug produzieren würden.

Das Gegenteil ist der Fall. Ein Unternehmen wie Intuit produziert die beliebte Finanzsoftware Quicken – und die ganze Software-Industrie steht Kopf. Was ist an Quicken so besonders? Seine enorme Größe? Nein, das System ist winzig. Das Besondere an Quicken ist, daß es nützlich, klar, erlernbar und exakt auf die Anforderungen eines sehr realen Marktsegments abgestimmt ist. Das Unternehmen wandte seine gesamte Energie und sein ganzes Kapital dafür auf, die Anforderungen dieses Markts zu erforschen und sie mit Stil und Eleganz zu erfüllen. Die Intuit-Leute produzierten ein kleines, aber extrem gutes Programm. Danach schalteten sie sofort auf den Entwurfs-Modus um und machten das Produkt mit jeder Version besser und besser.

Ein Artikel, der vor kurzem im *Economist* erschienen ist, vergleicht die Erfolge und Mißerfolge der Software-Industrie mit denen der Flugzeug-Industrie [3]:

> Im Prinzip gibt es bei großen technischen Projekten drei Möglichkeiten zu scheitern: Concorde, Comet und Spruce Goose. Gescheiterte Projekte à la Concorde [...] waren einfach zu teuer und dauerten zu lange, um sich zu lohnen. Gescheiterte Projekte à la Comet sind [...] schlecht geplante und unglückliche Experimente.

Vielleicht erinnern Sie sich an die Comet – das Flugzeug, das wegen Materialermüdung vom Himmel fiel. Natürlich gibt es solche Projekte auch in der Software-Branche. Sie sind Mißerfolge, aber immerhin achtbare Mißerfolge. Wir kämpfen mit unerwarteten Risiken und wieder fällt ein Projekt auf die Nase. Daneben gibt es Projekte des Typs Concorde, die zu nichts führen. Doch auch sie sind achtbare Mißerfolge, die an übergroßem Ehrgeiz und schlechter Risikoabschätzung scheitern. Mißerfolge vom Typ Spruce-Goose sind etwas anderes. Noch einmal ein Ausschnitt aus dem oben zitierten Artikel:

> Kein Mensch rechnete damit, daß Howard Hughes' größenwahnsinniges Projekt – ein riesiges Wasserflugzeug aus Holz – jemals fliegen würde. Von einem schwerfälligen Steigflug auf die berauschende Höhe von 70 Fuß abgesehen, tat es das auch nicht. Aber nachdem Hughes sich einmal auf das Unterfangen eingelassen hatte, befürchtete er, es nicht mehr ohne Gesichtsverlust aufgeben zu können. Spruce-Goose-Projekte sind schlecht ausgedacht, schlecht durchgeführt und oft sinnlos.

Sinnlos ist das Schlüsselwort. Vielleicht komme ich als Berater mit einer unverhältnismäßig hohen Zahl von Spruce-Goose-Projekten in Berührung; auf jeden Fall bin ich zunehmend davon überzeugt, daß sie das Hauptproblem unserer Branche darstellen.

Software-Factories tun alles, um ihre Projekte zu beschleunigen, und nichts, um sie in die richtige Richtung zu lenken. Damit aber ignorieren sie die wahren Probleme unserer Arbeit. Sie schaden mehr als sie nützen: Indem sie die Mitarbeiter auf Auto-Pilot stellen, schalten sie unseren wichtigsten Kontrollmechanismus ab.

Sollen wir uns nun selbst automatisieren oder nicht?

Lassen Sie uns jetzt wieder zu der Idee zurückkommen, uns selbst auf die gleiche Weise zu automatisieren, in der wir andere automatisiert haben. Ja, das sollten wir tun. Genau das.

Das heißt nicht, Mitarbeiter zu Robotern zu machen. Wenn wir zum Beispiel ein Gehaltsbüro automatisieren, definieren wir dazu weder eine Reihe deterministischer Verfahren noch zwingen wir die Lohnbuchhalter, sie mechanisch abzuwickeln. Ganz im Gegenteil: Wir befreien die Mitarbeiter von Routinearbeiten, indem wir diese Arbeit an Computer delegieren. Die Mitarbeiter erledigen die Dinge, die nicht mechanisch getan werden können.

Genauso ist es im Software-Bereich. Wir automatisieren, was sich automatisieren läßt, und legen den Rest in die Hand von Experten. Mit jeder Verbesserung entfernen sich die Aufgaben der Experten weiter von der mechanischen Produktion.

Wenn wir alle Elemente der Software-Produktion automatisiert haben, die deterministisch sind oder deterministisch gemacht werden können, ist der Software-Entwickler mehr mit konzeptuellen Aufgaben befaßt als je zuvor. Er hat nichts mit einem Fabrikarbeiter gemeinsam. Am Ende werden wir etwas viel Sinnvolleres erreicht haben als eine Software-Factory es je erreichen könnte: die Entpflichtung des Software-Entwicklers von Routinetätigkeiten.

Literaturhinweise

[1] M. Cusumano: *Japan's Software Factories: A Challenge to U.S. Management.* New York: Oxford University Press, 1991.

[2] *The Wall Street Journal*, 8. Februar 1991.

[3] *The Economist*, 10. März 1993.

13
Der Chor und das Team

Dieser Essay ist das Ergebnis eines Experiments, das bei einem der jährlichen Treffen von The Atlantic Systems Guild durchgeführt wurde. Wir versammelten uns in jenem Jahr in den königlichen Gemächern von Hampton Court bei London. (Man kann direkt auf den Schloßländereien bezaubernde kleine Häuser mieten.) Bei dem Experiment ging es darum, unsere Köpfe zusammenzustecken und zu singen ...

Die Unternehmenskultur und politische Korrektheit unserer Tage verlangt, daß wir alle unerschütterliche Verfechter von Teams und Teamwork sind. Selbst der übriggebliebene Manager, der sich von verschworenen Teams heimlich bedroht fühlt, ist gezwungen, Lippenbekenntnisse des Inhalts »Wir sind hier alle ein Team« abzulegen – möglicherweise während er im stillen daran arbeitet, das ganze Konzept zu unterminieren. (Solche Manager neigen besonders dazu, sich eines dieser furchtbaren Poster ins Büro zu hängen, die Teamwork verherrlichen.) In modernen Unternehmen gibt es keinen Platz für Leute, die Zweifel an Teamwork äußern.

Aber Reden kostet nichts. Obwohl alle von Teamarbeit reden, funktioniert sie in den meisten Organisationen, die ich besuche, nicht besonders gut. Teams schwingen sich selten zu Höhenflügen auf und, wenn doch, dann hält diese Phase meist nicht lange an. Die meisten Gruppen, die als Teams bezeichnet werden, sind keine Teams.

Natürlich bin ich ein unerschütterlicher Verfechter von Teams und Teamwork. Wirklich, das bin ich. Ehrlich. Denken Sie bitte daran, wenn Sie das folgende lesen. Anderenfalls könnte leicht der Eindruck entstehen, ich wollte zu verstehen geben, wir sollten das ganze Team-Konzept über Bord werfen ...

Wir sollten das ganze Team-Konzept über Bord werfen. Wir haben beim Aufbau von Teams so falsche Vorstellungen im Kopf, daß ihr Erfolg unser Ruin sein könnte. Wir versuchen, unsere Arbeitsgruppen nach dem Vorbild von Sportmannschaften aufzubauen. Die Metapher einer sportlichen Anstrengung aber ist völlig inkompatibel mit dem, was Arbeitsgruppen in einer glücklichen Organisation leisten sollen.

Damit meine ich nicht nur die Tatsache, daß prototypische Teams wie die professionellen Sportmannschaften, über die wir endlos lesen, oft aus selbstsüchtigen, überbezahlten Egomanen bestehen. Es ist mehr als das. Sportmannschaften werden ganz wesentlich durch einen Wettbewerb bestimmt, der in direktem Widerspruch zu einer erfolgreichen Unternehmensführung steht.

Bevor ich diese Gedanken weiter ausführe, möchte ich die folgende Beobachtung vorausschicken: Nach meiner persönlichen Erfahrung besteht eine nahezu perfekte Korrelation zwischen schlechtem Management und der Neigung, Sprüche arroganter Fußball-Stars zu zitieren.

Der Sinn und Zweck von Sportmannschaften besteht darin zu konkurrieren. Sie kämpfen gegen andere Teams wie gegen einen Feind. Darüber hinaus aber konkurrieren auch die Teammitglieder untereinander. Es gibt eine Hackordnung im Team und Kämpfe, darin aufzusteigen. Welchen Rang jemand innehat, hängt von der Spielzeit, der Position und dem Einkommen ab (je obszöner das Einkommen, desto höher der Rang in der Hackordnung). Die Herausforderung, einen Mannschaftskameraden zu überholen ist genauso wichtig wie der Sieg über andere Teams, vielleicht sogar wichtiger. Dieses Element des internen Wettkampfs hat in Arbeitsgruppen nichts zu suchen.

Interner Wettbewerb führt zu dem Gefühl, daß ein Spieler gewinnen kann, obwohl das Team verliert. Er oder sie erringt einen besseren Rang in der Hackordnung. Möglicherweise sind es sogar Faktoren, die die Niederlage des Teams als Ganzes bedingen, die dem Einzelnen den Weg nach oben ebnen. So ist der schlechte Tag des Mittelstürmers mit schuld an der Niederlage des Teams, aber ein unglaubliches Glück für den Rechtsaußen, der dadurch die Chance erhält, diesen einen großartigen Paß zu spielen.

Wenn wir Arbeitsgruppen nach dem Vorbild von Sportmannschaften formen, übernehmen wir neben den guten auch einige der schlechten Eigenschaften. Die abträglichste aller schlechten Eigenschaften ist die Konkurrenz der Gruppenmitglieder untereinander. Aber Moment mal, was haben Sie gegen Wettbewerb? Dient Konkurrenz nicht dazu, die Spreu vom Weizen zu trennen und das Beste aus den Teammitgliedern herauszuholen? Ja und nein. Ganz sicher können wir den Adrenalin-Spiegel hochhalten, indem wir Konkurrenz fördern. Stellen Sie sich zum Beispiel eine Organisation vor, in der jeder ausgeschaltet wird, nur der Hauptleistungsträger nicht. Was bei diesem Modell verloren geht, ist die Möglichkeit einer echten Kooperation. Da der Erfolg unserer Art von Arbeit stärker von Kooperation als von den Extremleistungen von ein oder zwei Spitzenleuten abhängt, arbeitet diese Art von Wettbewerb gegen uns.

Jedesmal, wenn ich auf Teams treffe, die nicht an einem Strang ziehen, ist interne Konkurrenz am Werk. Individuen verschreiben sich nicht einem gemeinsamen Ziel, weil sie als Einzelkämpfer bessere Chancen auf persönliches Vorankommen haben.

Manche Manager vertreten sogar die Meinung, ein gewisser Wettbewerb innerhalb des Teams könne nicht schaden. »Das hält sie auf Trab«, sagen sie. Sie erinnern mich an die ziemlich bedauerlichen Eltern, die denken, es sei o.k., wenn ihre Kinder miteinander rivalisieren. Das Bedauerliche daran ist, daß zuerst der Wettbewerb kommt und erst danach der Gedanke, Konkurrenz sei in Ordnung – als rationale

Erklärung sozusagen. Aber Rivalität ist nicht in Ordnung. Wenn Geschwister miteinander konkurrieren, so liegt das oft daran, daß die Liebe und Achtung der Eltern nicht für alle ausreicht. Bei Kindern, die in solchen Familien aufwachsen, hinterläßt diese Erfahrung häufig Narben. Sie haben Schwierigkeiten, zu kooperieren und warme, vertrauensvolle Beziehungen einzugehen. Als Erwachsene halten sie zu ihren Geschwistern Distanz. Ähnlich kann auch die Konkurrenz in einem Team das Ergebnis eines unzulänglichen Managements sein, bei dem es an Achtung für alle mangelt.

Die Metapher aus der Welt des Sports ist problematisch, weil sie diese Art von Management legitimiert und die Entscheidung des Individuums, gemeinsame Ziele zu ignorieren, als vernünftig und anerkennenswert erscheinen läßt.

Was ich also gerne über Bord werfen würde, ist nicht die Sozialstruktur dessen, was wir heute als »Team« bezeichnen, sondern nur die Metapher, die wir dafür verwenden. Was wir brauchen, ist ein anderes Bild, eines, das Harmonie und Kooperation in den Mittelpunkt stellt. Diese neue Metapher sollte deutlich machen, daß der Erfolg des Einzelnen nicht vom Erfolg der Gruppe getrennt werden kann: Du kannst nicht siegen, wenn die Gruppe verliert; noch kannst du verlieren, wenn die Gruppe siegt. Es gibt viele Metaphern, die diese beiden Aspekte des Erfolgs zusammenschnüren. Die attraktivste ist meiner Meinung nach die des Chors.

Natürlich kann der Einzelne in einem Chor nur erfolgreich sein, wenn das Ganze vom Erfolg begleitet ist. (Niemand wird Ihnen je sagen, die Gruppe hätte zwar fürchterlich gesungen, aber Sie hätten gut geklungen.) Und der Chor als Ganzes kann nur erfolgreich sein, wenn alle Chormitglieder gut sind. Ein Chor ist eine besonders treffende Metapher für eine Software-Gruppe, weil die wahrgenommene Qualität eines Software-Produkts gleichbedeutend mit der Qualität seines schwächsten Glieds ist. Wenn einige Mitarbeiter Moduln niedriger Qualität liefern, bleiben selbst die heldenhaftesten Qualitätsanstrengungen anderer Mitarbeiter unsichtbar. In der Welt der Software-Entwicklung ist Kooperation viel wichtiger als individuelle Heldentaten.

Allerdings hat die Metapher aus der Musik den Nachteil, daß so viele von uns in der Schule nichts über Musik gelernt haben. Ich zum Beispiel war zwar während meiner ganzen Schulzeit ein Einser-Schüler, aber ein musikalischer Analphabet – fürwahr ein Triumph unseres Schulsystems. Wenn auch Sie nie erlebt haben, wie schön es ist, harmonisch in einem Chor zu singen, mag das Bild, Teil eines Chors sein zu sollen, zunächst seltsam für Sie klingen.

Ich habe die Freude am Chorgesang erst vor kurzem kennengelernt. In dem Teil des Gehirns, in dem sich bei anderen Leuten die musikalische Intelligenz befindet, herrschte bei mir bislang gähnende Leere. Ich hatte das Gefühl, daß ein minimales Erlebnis musikalischer Harmonie mir helfen könnte, die offensichtliche Harmonie erfolgreicher Arbeitsgruppen besser zu verstehen. Deshalb engagierte ich zusammen mit anderen Mitgliedern unserer Guild, die immer für ein Experiment offen sind, eine Gesangslehrerin. Sie brachte uns bei, unseren Mund aufzumachen, unsere Köpfe zusammenzustecken und zu singen. Ziel der Übung war nicht das, was jeder einzelne lernte, sondern die gemeinsame Erfahrung der ersten süßen Harmonien, die wir produzierten. Als die letzten Noten verklungen waren, wurde es still, ein verlegenes Lachen war zu hören und ein paar von uns hatten Tränen in den Augen.

Worauf will ich hinaus? Sind wir bessere Kollegen, weil wir gelernt haben, zusammen Musik zu machen? Ich weiß es nicht und könnte Ihnen auch keinen Beweis dafür liefern. Ich würde nicht zu sagen wagen, daß Ihre Mitarbeiter bessere Software zusammen produzieren, wenn sie vorher ein paar Musikstunden nehmen. (Aber ich kann das auch nicht ausschließen.) Eines aber kann ich sagen: Wir haben eine bessere Metapher für gemeinsame Interaktion gefunden – die harmonische Arbeitsgruppe.

Das Wort »Team« wird für mich nie wieder so positiv besetzt sein, wie es das einmal war. Es ist nicht mehr das, was ich anstrebe. Wenn ich heute eine Gruppe von Individuen dabei unterstütze, ihre Kräfte zu bündeln, dann weiß ich, daß das Ziel nicht Teamarbeit, sondern Harmonie heißen muß.

14
Ikonen

Ich schrieb diesen Essay, nachdem ich Don Normans außergewöhnliches Buch »The Design of Everyday Things« gelesen habe [1]. Wenn Sie dieses Werk kennen, wissen Sie, daß Norman elegantes Design zum Kult erhebt, wobei »Eleganz« ausschließlich durch Einfachheit und Freude des Gebrauchs bestimmt wird. Je näher ich seine These kennenlernte, desto mehr wuchs in mir die Überzeugung, daß der Mac auf meinem Schreibtisch eines der besten Beispiele für diese Art von Eleganz darstellt. Er wurde für mich zum Symbol für Software-Entwurf, wie ich ihn für mich und meine Kunden anstrebe.

Ich kaufte meinen ersten Mac Anfang 1985. Seither habe ich die Phasen der Begeisterung durchlaufen, die fast jeder Mac-Anwender kennt: Aus Amüsiertheit wurden Neugierde und später Überzeugtheit und schließlich artete das Ganze in religiösen Fanatismus aus. Ich arbeite fast täglich an meinem Mac. Ich benutze ihn, um Texte zu schreiben, zu modellieren und Video-Anwendungen zu erstellen. Außerdem verwalte ich auf dem Mac die Finanzen meiner Firma. Im Lauf einer Woche verwende ich hundert oder mehr unterschiedliche Programme. Auf Reisen habe ich ein PowerBook dabei.

So viel zu meiner Person. Kommen wir nun zu Ihnen – nein, nicht zu Ihnen, der Person, die diese Seite liest, sondern zu Ihnen, dem statistischen Durchschnittsleser, meinem Publikum: Sie sind 1,73 Meter groß. Sie haben ungefähr 1,0 Brüste (Statistiken sind in diesen Dingen ziemlich komisch). Sie haben etwas Übergewicht und – das ist für mich als Autor dieses Artikels am wichtigsten – Sie verwenden keinen Mac. Was Sie verwenden, ist ein IBM-PC oder ein Clone davon. Herzliches Beileid.

Das ist einer dieser Artikel, die Ihnen zeigen wollen, wie unzureichend Ihr wichtigstes Handwerkszeug ist. Sie werden darin empörende Informationen finden, zum Beispiel »Der durchschnittliche Arbeiter in den USA wird bei seiner Arbeit durch Anlagegüter im Wert von 35.000 Dollar unterstützt. Wie ist es dann möglich, daß Ihr Unternehmen zu geizig ist, Ihnen einen richtigen Computer zu kaufen?« Und so weiter. Vielleicht haben Sie schon mehrere Artikel dieser Art gelesen. Dieser hier ist nicht der erste.

Bevor ich meine Polemik fortsetze, würde ich gerne klar machen, was ich mit diesem Artikel bezwecke. Es geht mir nicht darum, Sie davon zu überzeugen, den Computertyp zu wechseln. Das wäre dumm von mir.

Sie werden Ihren Computer nicht wechseln. Wahrscheinlich sind Sie an Ihren Computer und sein Betriebssystem gefesselt – durch Unternehmensstandards, Gewohnheit oder durch die traurige Erkenntnis, daß Sie Ihre besten Jahre investiert haben, zu lernen, warum und wann Sie Control-Alt-# und andere unmöglichen Tastenkombinationen drücken müssen. Nein, Sie werden definitiv nicht umsteigen. Darum geht es mir auch gar nicht. Zweck dieses Artikels (und anderer dieser Art) ist es, die moralische Überlegenheit des Autors zu demonstrieren.

Ich sage das natürlich zum Spaß. Es stimmt aber, daß ein außergewöhnlich elegant designtes Stück denen, die damit arbeiten und es als solches erkennen, eine gewisse Exklusivität verleiht. Die Benutzerschnittstelle des Mac ist außergewöhnlich elegantes Design. Sie ist praktisch eine Ikone des guten Designs. Ich definiere mich, wie Sie sich wahrscheinlich auch, als Software-Designer. Icons (und Ikonen) sind uns wichtig. Gutes Design ist uns wichtig. Der Mac ist ein Symbol dessen, wofür wir stehen wollen.

Der Mac auf meinem Schreibtisch setzt einen Standard, den ich respektiere. Er ist ein Symbol dafür, von Anfang an nach Perfektion zu streben, statt erst einmal eine zusammengestoppelte Hau-Ruck-Lösung zu liefern und diese für alle Zeiten zu flicken. Wenn die Mac-Benutzerschnittstelle eine Ikone guten Designs darstellt, so sind DOS und OS/2 und sogar Windows Ikonen schlechten Designs. Gutes Design auf einem DOS-Rechner entwickeln zu wollen ist, als wollte man in einer Imbißbude ein Drei-Sterne-Menü zubereiten. Es kommt nicht darauf an, was der Rechner für Sie leistet oder nicht; es geht darum, welches Gefühl er Ihnen vermittelt.

All das gilt nicht für Anwender, die keine Software-Designer sind und niemals waren. Für sie ist es nicht so schlimm, mit einer erbärmlichen, jedem Design spottenden Benutzungsoberfläche zu arbeiten, mit einem Ellenbogen die Shift- und Control-Tasten zu drücken und gleichzeitig eine Folge sinnloser Zeichen einzutippen, damit der Rechner etwas tut. Wahrscheinlich finden sie es unangenehm, sich so viele kryptische Befehle merken zu müssen, aber – hey – sie denken, Computer sind eben so.

Wir – Sie und ich – sind anders. Es tut uns weh, solche Kompromisse eingehen zu müssen. Es verletzt uns, etwas zu tun, das keinen Sinn macht, oder einen Befehl zu verwenden, den man sich nicht merken kann. Wenn wir diese Kompromisse oft genug eingegangen sind, tun sie uns vielleicht nicht mehr weh – aber das ist noch schlimmer. Das bedeutet nämlich, daß etwas in uns abgestorben ist, etwas, das schlechtes Design erkannte und damit haderte. Etwas von unserem Design-Gefühl ist uns abhanden gekommen, und wir sind ein Stück ärmer geworden.

Gutes Software-Design unterscheidet sich von schlechtem oder mittelmäßigem Software-Design durch zwei Eigenschaften:

- Das Produkt paßt sich problemlos der Denkweise und den Gewohnheiten des Anwenders an.
- Seine interne Struktur läßt sich leicht verstehen, anpassen und verbessern.

Nach diesen beiden Maßstäben ist der Mac ein Meisterstück guten Designs, während DOS und seine Derivate zu wünschen übrig lassen.

Sie könnten nun einwenden, daß DOS und OS/2 überhaupt nicht entworfen wurden; sie wurden einfach codiert und debuggt (oder, im Fall von OS/2, codiert und teilweise debuggt). Was beiden fehlt, ist jeder Hinweis auf ein klares Konzept und eine durchdachte Architektur. OS/2 ist aufgewärmtes DOS, das seinerseits aufgewärmtes CP/M war. Und CP/M wiederum war ein undefinierter Mischmasch aus Eigenschaften älterer DEC-Minicomputer-Betriebssysteme. Der große Sprung nach vorne, der dem Mac-Desktop (und dem NeXT-Desktop und bis zu einem gewissen Grad dem Open-Look-Desktop) Glanz verleiht, ist der Welt der IBM- und PS/2-PCs anscheinend entgangen. Deshalb gibt es hier immer noch Befehlszeilen-Architekturen, obwohl der Rest der Karawane längst weitergezogen ist. Und weil ein Großteil von OS/2 und DOS unbesehen von CP/M übernommen wurde, sind sie nicht einmal gute Befehlszeilen-Architekturen wie UNIX es war.

Die Entwickler des Mac dagegen steckten einen Großteil ihrer Energien in das Design. Sie entwarfen ein Konzept (den Desktop), eine Menge von Werkzeugen (die Programmer's Workbench), ein Betriebssystem (den Finder) und eine Soziologie (die gut unterstützte Entwickler-Gemeinde), um ihre Anwendungen auf der Basis einer einheitlichen Philosophie zu entwickeln. Das Ergebnis: Die etwa hundert Programme, die ich jede Woche nutze, besitzen eine gemeinsame organische Ordnung, die sicherstellt, daß ich niemals zu einem Handbuch greifen oder mich an einen willkürlichen Befehl erinnern muß. Die Lernkurve für den Mac ist kurz und die Lernkurve für die meisten Mac-Anwendungen gleich null.

Vor kurzem hat Apple ein neues Produkt vorgestellt, das Macintosh System 7. Der Desktop sieht nun völlig anders aus. Der Einsatz von Farben und Schattierungen ist erstaunlich. Das System unterstützt bewegte Grafiken (Quicktime), 24-Bit-Farbtiefe, eine elegante Vernetzung, unglaubliche Sound-Effekte, Video-Schnittstellen, Remote Desktops, einen völlig überarbeiteten Finder und ein Füllhorn anderer Wunderwerke. Trotz der Änderungen blieb die Integrität des Idioms erhalten. Sie brauchen nichts neu zu lernen, was Sie aus den früheren Systemen kennen.

Das Überraschende an System 7 ist die Tatsache, daß das Projekt überhaupt machbar war. Es ist ein Tribut an das Entwurfskonzept des Mac, daß ein paar hundert Leute, die ein hoch motiviertes Team bildeten, in nur gut zwei Jahren so viele Erweiterungen vornehmen konnten.

Wenn OS/2 je ausgeliefert werden sollte, wird es – darauf wette ich – genauso starr sein wie DOS: Es wird zu OS/2 niemals eine so ehrgeizige Erweiterung geben, wie

System 7 sie darstellt. Weil sämtliche Anstrengungen auf das Codieren, Debuggen und den Support gerichtet waren, nicht auf den Entwurf, wird das System unveränderbar sein. Schlimmer noch, möglicherweise wird es *unvollendbar* sein. IBM berichtet, daß das Unternehmen heute 350 Millionen Dollar im Jahr in die Fertigstellung von OS/2 investiert [2]. Umgerechnet sind das fast 5.000 Mitarbeiter. So teuer kann es sein, erst zu implementieren und dann zu entwerfen.

Bisher habe ich nicht viel zu Windows gesagt. Ist Windows relevant? Ist Windows benutzerfreundlich? Ja und ja. Aber ist es gutes Design? Nein, es ist eine Krücke. Auch Windows ist ein Versuch, etwas zusammenzuflicken, was von vornherein falsch angelegt war. Windows ist eine Dusenberg-Karosserie, die über einen Motor und ein Fahrgestell von Nash gestülpt wurde. Die endlosen Anpassungen an das zugrundeliegende DOS sind allenthalben von Flickschusterei gezeichnet. Klar, man kann damit arbeiten, genauso wie man mit DOS oder CP/M arbeiten konnte. Trotzdem ist Windows ein Symbol für schlechtes Software-Engineering. Auch Windows steht für anfängliche Fehler, die endlose Reparaturen erfordern.

Der Mac ist eine Ikone für gutes Software-Design. Er inspiriert mich, ein so guter Software-Ingenieur zu sein, wie es mir nur möglich ist. Allein aus diesem Grund lohnt es sich, einen Mac zu besitzen und vor Augen zu haben. Ich kann mich sogar an ihm freuen, wenn er ausgeschaltet ist.

(Erstmals erschienen in *American Programmer*, April 1992)

Literaturhinweise

[1] D.A. Norman: *The Design of Everyday Things*. New York: Basic Books, 1988.
[2] *The Wall Street Journal*, 6. Dezember 1991.

15
Ein Unternehmen erhält einen Namen

Als wir 1983 The Atlantic Systems Guild gründeten, wurde der erste Name, den wir uns überlegt hatten, vom Staat New York abgelehnt. Wir wollten uns einfach als »The Systems Guild« bezeichnen. Das brachte uns in eine Notlage. Der einzige Entscheidungsmechanismus, zu dem wir es je gebracht hatten, war einstimmige Zustimmung, und es sah so aus, als würden wir uns auf keinen anderen Namen mehr einigen können. Daraus entstand der folgende Essay, den ursprünglich nur Guild-Mitglieder zu sehen bekamen.

Ich gebe nicht vor, *den* Namen für die Guild gefunden zu haben; aber nachdem ich eine Weile an die Decke gestarrt und mit einigen von Ihnen gesprochen habe, glaube ich, zumindest etwas zur Klärung des Themas beitragen zu können. Ich hoffe, meine Gedanken helfen Ihnen bei dem anstehenden Ausleseprozeß – sie beschreiben die Eigenschaften, die ein neuer Guild-Name unserer Ansicht nach erfüllen sollte.

Die patentierte DeMarco-Namensfindungsmethodik

Für mich war es hilfreich, alle Firmen- und Gesellschaftsnamen aufzuschreiben, die zu einem großen Erfolg wurden, sowie all die Namen, die für die Art von Image stehen, das wir anstreben. Ich dachte, diesen erfolgreichen Namen irgendwelche für uns nützlichen Parallelen entnehmen zu können. Hier ist meine persönliche Liste der besten Namen aller Zeiten:

- The Bauhaus
- The Oxford Union
- The Manhattan Project
- The Rippon Society
- The Hudson Institute
- The Network for Learning
- The Systems Guild

Zu meiner Methodik gehört es darüber hinaus zu abstrahieren, warum gute Namen gut sind, und auf der Basis der Muster, die die Namensvorbilder liefern, ein paar Namensvorschläge zu entwickeln.

Was einen guten Namen ausmacht

Alle oben aufgeführten Namen gefallen mir. Meine Versuche zu verstehen, warum das so ist, haben zu den folgenden Erkenntnissen geführt:

- Die Namen klingen irgendwie heroisch. Sie alle sind Namen, die ein gutes Image befördern können, sofern es ihren Schöpfern gelingt, ein solches zu entwickeln. Witzige Namen (International Turtle, The Artful Smarts Company usw.) können niemals heroisch klingen und wirken deshalb auf lange Sicht nicht besonders anspruchsvoll.
- Die Namen klingen in keinster Weise nach Eigenlob. (Sie sagen nicht, daß die Organisationen gut, innovativ, strukturiert oder so etwas ähnliches sind.)
- Die Namen sind zunächst neutral. Das Image, das wir heute mit diesen Namen verbinden, ist keine Funktion des Namens selbst, sondern resultiert aus der Leistung der Leute in der Organisation. Mit Ausnahme der beiden letzten Namen in der Liste geben die Namen nicht einmal einen Hinweis auf die Geschäftsaktivitäten der Gruppe.
- Die Namen sind kurz und lassen sich leicht merken und aussprechen.

Da vier meiner Namensvorbilder geografische Zusätze enthalten, habe ich zunächst über die geografischen Eigenschaften unserer Guild nachgedacht. Dazu ist mir folgendes eingefallen: Manhattan, New York, Big Apple, Hudson, Chelsea (unser geografisches Zentrum und der Ort, an dem sich unsere Büroräume eines Tages befinden könnten).

Extrapolierte Namensvorschläge

Dann starrte ich auf die Liste der Namensvorbilder und überlegte, welche Vorschläge sich aus den Vorbildern ableiten ließen.

Vorbild	**Namensvorschlag für die Guild**
The Bauhaus	The Systems Bauhaus
The Oxford Union	The Chelsea Union
The Manhattan Project	The Hudson Project
The Rippon Society	?
The Hudson Institute	?

Vorbild	**Namensvorschlag für die Guild**
The Network for Learning	The Development Network
The Systems Guild	The Manhattan Systems Guild

Wir müßten an jeden dieser Namen »Inc.« oder »Ltd.« anhängen. Zwei der Vorschläge gefallen mir besonders gut: The Chelsea Union, Inc. und The Hudson Project, Inc. Ich kann natürlich nicht garantieren, daß einer dieser Namen zur Verfügung steht ...

Nachwort

Wir wählten schließlich »Atlantic« als geografisches Element, da einige Guild-Mitglieder von London aus mit den anderen in den USA operieren. Und so wurden wir The Atlantic Systems Guild. Ich habe diese Entscheidung nie bereut.

In den Jahren, die seither vergangen sind, habe ich weiterhin auf gute Firmennamen geachtet. Mein bevorzugter Name ist heute Victoria's Secret (obwohl er ein bißchen witzig ist und nicht ganz meinem ersten Gesetz entspricht). Dieses Unternehmen hat nicht nur einen guten Namen, sondern wird auch phantasievoll gemanagt. Lester Thurow von der Sloan School hat es vor kurzem als Beispiel angeführt, wie multinationale Handelsunternehmen geführt werden sollten.

Namen spielen eine große Rolle. Wir haben über unseren wochenlang nachgedacht. In der Hektik, ein neues Unternehmen in Gang zu bringen, scheuen sich viele Gründer, so viel Aufwand in ein bloßes Symbol zu investieren. Trotzdem: Wenn es an Ihnen ist, Ihrem neugegründeten Unternehmen eine Identität zu geben, hoffe ich, daß Sie sich die Zeit nehmen, einen wirklich großen Namen zu finden.

16 Programmdokumentation mit Video

mit Curt Geertgens

Dero Gnaden, die hohen Damen und Herren der 12th International Conference on Software Engineering, hatten verfügt, daß bei der Tagung zwei Kategorien von Beiträgen präsentiert werden sollten. Der ersten Klasse (den echten Papers) wurden die vollen Ehren mit einer Präsentationsdauer von dreißig Minuten zuteil. Die zweite Klasse von Papers lief unter »Erfahrungsberichte« und mußte sich mit einer Präsentationszeit von fünfzehn Minuten begnügen.

Um der Wahrheit die Ehre zu geben: Das Paper, das Curt Geertgens und ich geschrieben hatten, war wirklich ein Erfahrungsbericht; es berichtete von unseren Erfahrungen, Programmdokumentationen für Aldus Corp. (die mittlerweile von Adobe Systems aufgekauft wurde) mit Video zu erstellen. Deshalb schämten wir uns unserer Einklassifizierung nicht, obwohl man das von uns erwartet hätte. Wir trösteten uns mit dem Gedanken, daß die Papers in der anderen Klasse wahrscheinlich keine Erfahrungsberichte waren. Wenn ich mich richtig an die Tagung erinnere, traf genau das in den meisten Fällen zu.

Es gibt zwei altbekannte Varianten des Dokumentationsproblems: a) Sie schreiben die ganze interne Dokumentation, die Sie brauchen, und zahlen einen schrecklich hohen Preis dafür; oder (b) Sie schreiben nicht die ganze interne Dokumentation, die Sie brauchen, und zahlen einen schrecklich hohen Preis dafür.

Die erste Variante ist typisch für Unternehmen, die sich der strengen Einhaltung der Konventionen der Software-Entwicklung verschrieben haben. Sie respektieren wie einen Glaubenssatz den Kalenderspruch: »Der Job ist erst getan, wenn die Papierarbeit erledigt ist«. Aber die Kosten für die schriftliche Dokumentation von Software-Produkten können beängstigende Formen annehmen. Schauen Sie sich die folgenden Zahlen an:

- □ Kommerzielle Software-Projekte produzieren zwischen 28 und 66 Seiten Dokumentation für je 1.000 Codezeilen [1].
- □ Projekte im Verteidigungssektor (in dem Standards wie Mil-Spec 2167a regieren) benötigen für die Dokumentation einer Codezeile bis zu 200 englische Wörter [2].
- □ In einem typischen Projekt sind die Kosten für Dokumentationsaktivitäten fast 50 Prozent höher als die Kosten für alle Aktivitäten der Codeerzeugung.

Die Kosten, Programminterna nicht zu dokumentieren, sind weniger gut quantifiziert. Die meisten Entwicklungsmanager glauben aber, daß fehlende und unzureichende Entwicklerdokumentation einen Hauptanteil an den schwindelerregenden Software-Wartungskosten hat.

Ein Argument dafür

Aldus Corp. wurde 1984 von fünf Entwicklern gegründet. Wie in vielen Unternehmen dieser Art entstanden die Produkte anfangs in einem Umfeld, in dem Zeit und Ressourcen knapp waren – für die Dokumentation der Programminterna blieb also kaum Gelegenheit. Die Kosten für die unzureichende Programmdokumentation zeigten sich immer deutlicher, als Nachfolge-Versionen des Anfangsprodukts entwickelt wurden. Mehrere neue Produkte und die Erweiterung der Entwicklungsgruppe auf über 60 Software-Spezialisten erhöhten den Bedarf an hochwertiger interner Dokumentation noch weiter.

Paradoxerweise verschlimmerten der Erfolg des Unternehmens am Markt und ein sprunghaft ansteigender Aktienpreis das Problem. Die wichtigsten Produktdesigner (von denen einige gleichzeitig auch Mitinhaber des Unternehmens waren) verfügten plötzlich über ein substantielles Aktienkapital plus der daraus resultierenden Dividenden. Dieser Reichtum aus heiterem Himmel bewirkte unter anderem eine gewisse Unlust, sich hinzusetzen und hunderte von Stunden lang Programme zu dokumentieren. Ende 1987 sah es so aus, als würde die Dokumentation nie geschrieben werden. Einige der Mitinhaber hatten das Unternehmen verlassen und andere wurden für kritische neue Projekte gebraucht.

Gleichzeitig erlebte das Unternehmen in dieser Phase einen Wachstumsschub. Mehr Personal wurde eingestellt – in mehreren aufeinanderfolgenden Jahren wuchs die Mitarbeiterzahl jeweils auf das Doppelte an. Obwohl das Unternehmen erfahrene Software-Spezialisten anheuerte, mußte weiterhin jeder neue Mitarbeiter mühsam über die Produktinterna informiert werden. Die Lernkurve war steil und teuer: *Neue Mitarbeiter brauchten im Durchschnitt zwischen vier und sechs Monaten, um sich in ihr jeweiliges Teilsystem einzuarbeiten.* Die Tatsache, daß es praktisch keine Dokumentation gab, verschlimmerte das Problem. Da half auch kein Leistungsdruck.

Ein Experiment

Anfang 1988 startete die Gruppe für Produktanpassung bei Aldus Engineering ein Experiment, Programminterna mit Video zu dokumentieren. Dahinter stand die Hoffnung auf Entlastung der Mitarbeiter, die die Dokumentation produzieren mußten, und niedrigere Herstellungskosten. Die beteiligten Mitarbeiter waren von der Idee begeistert. In das Projekt waren keine professionellen Videoleute involviert:

Das Video-Projekt wurde von Anfang bis Ende von Amateuren getragen. Projektmitarbeiter agierten als Produzent, Regisseur/Inspizient, Kameramann und Experten vor der Kamera. Einer der Gründer, Dave Walter, konnte dafür gewonnen werden, zurückzukehren und in den ersten Videos die Hauptrolle zu übernehmen.

Die ersten Videos sollten an fünf Nachmittagen gedreht werden und Datenstrukturen, Aspekte der Bildschirmdarstellung, Bildschirmdynamik, Ereignisbehandlung und Portabilitätsfragen des Produkts PageMaker behandeln. Der erste Drehtag war für Ende Januar 1988 angesetzt.

Für die ersten Videos wurde die folgende Vorgehensweise vorgeschlagen (und später beibehalten):

- Jedes Video besteht aus Szenen zwischen 10 und 45 Minuten, eine Szene je Thema.
- Die Präsentation findet vor einem kleinen Live-Publikum von 10 bis 12 Personen statt.
- Das Publikum besteht aus Experten, um Exaktheit, Vollständigkeit und gute Fragen sicherzustellen.
- Minimale Interaktion mit dem Publikum während der einzelnen Szenen.
- Diskussion nach jeder Szene (ohne Kamera).
- Rekapitulation der Diskussion vor der Kamera.
- Der Hauptredner kann während der Aufnahme Gastredner einführen, die Einzelthemen behandeln.
- Grafiken und Aufzählungen werden auf Folien und Weißtafeln dargestellt.
- Ein Moderator führt die Themen und den Sprecher ein und schafft die Rahmenbedingungen.

Es ging lediglich darum, brauchbare Videos für den Firmenalltag zu erstellen, keine ausgereiften Produkte. Deshalb wurden Aufnahmen nicht wiederholt; bei Schnitzern oder Versprechern korrigierten sich die Sprecher einfach und machten weiter.

Die Ergebnisse auf dem Prüfstand

Eine spätere informelle Bewertung durch Zuschauer brachte ein positives Feedback. Nach Aussage der Zuschauer waren die Videos für die Schulung neuer Produktmitarbeiter unverzichtbar geworden: Sie enthielten viele Informationen, die nirgendwo sonst festgehalten waren. Hinzu kam, daß die Videos Einblicke in die Persönlichkeit und die Denkprozesse der Entwickler gewährten.

Die Kosten waren minimal: Die Erstausstattung kostete weniger als 2.500 Dollar. (Die Ausrüstung war für andere Verwendungszwecke des Unternehmens angeschafft worden, so daß das Projekt eigentlich überhaupt keine Gerätekosten verursachte.) Der Zeitaufwand für die Produktion der Videos betrug – wenn man von der

Vorbereitungszeit der Sprecher einmal absieht – das Zwei- bis Dreifache ihrer Laufzeit. Weder die Produktion noch das Betrachten der Videos wurden als lästig empfunden.

Die Zuschauer sahen die Videos als lohnende Erfahrung an. Sie vermittelten ihnen grundlegende Einsichten in die diskutierten Themen. Das folgende Zitat haben wir einem Fragebogen entnommen, den die Video-Anwender ausgefüllt haben:

> Die Absichten des Entwicklers gingen aus den Videos klarer hervor als aus jeder geschriebenen Entwurfsdokumentation, die ich je gesehen habe. Die Möglichkeit, die Ansichten, Schwerpunkte, erwogenen und verworfenen Ansätze des Designers in dessen eigenen Worten zu hören, liefert ein wertvolles Bezugssystem für neu anstehende Entwurfsentscheidungen.

Mittlerweile haben ungefähr die Hälfte der Entwickler des Unternehmens die Videos gesehen. Viele Anwender gaben an, alle oder einige Bänder mehr als einmal gesehen zu haben.

Zukunftspläne

Der durchschlagende Erfolg des Unternehmens, Programminterna auf Video zu dokumentieren, regte drei neuen Videoprojekte an:

- Projekt-Bestandsaufnahmen: Nach Projektabschluß sinkt die Bereitschaft, sich hinzusetzen und Text zu schreiben, von ihrem normalen niedrigen Wert gegen null. Abschlußdiskussionen dagegen sind oft lebendig und informativ. Video ist das ideale Medium, sie festzuhalten.
- Mehr Experten-Videos: Häufig entwickeln sich einzelne Mitarbeiter zu Experten in Schlüsseltechnologien. Ihre Dienste sind so gefragt, daß sie meist keine Zeit haben, ihr Spezialwissen zu dokumentieren. Der Transfer von Wissen ist in jeder Organisation ein Problem; in einer kleinen, sich schnell entwickelnden High-Tech-Firma stellt er eine echte Herausforderung dar. Als ersten Schritt planen wir deshalb eine Serie von Video-Vorträgen zu Themen wie digitale Halbtonwiedergabe, Farbe, Dither-Methoden, Farbwiedergabe am Bildschirm, Bildkomprimierung, Farbseparation, Druckausgabe für Desktop-Publishing. Jedes Thema wird vom jeweiligen Experten des Unternehmens präsentiert.
- Beschreibung des Entwicklungsprozesses: Videos vermitteln unternehmensinterne Methoden und Prozesse wahrscheinlich besser als die üblichen kiloschweren Ordner. Sie ermöglichen es, trockene Themen wie Software-Standards enthusiastisch und sogar leidenschaftlich zu präsentieren.

Zusammenfassung und Schlußfolgerung

Die Tatsache, daß ein so hoher Anteil der Software-Entwicklungskosten in die Produktion geschriebener Prosa fließt, veranlaßt Sie vielleicht, zwei ganz unterschiedliche Lösungen in Erwägung zu ziehen:

- Leistungsfähigere Werkzeuge anzuschaffen und die Fähigkeiten der Mitarbeiter auszubauen, Textdokumentation zu schreiben, oder
- mit weniger Text zu leben lernen.

Nach unserer Erfahrung ist die zweite Möglichkeit machbar und aussichtsreich, wenn Video als Ersatz für Text genutzt wird. Wir glauben, daß Video-Dokumentationen auch vielen anderen Software-Engineering-Bereichen zugute kommen könnten. Die attraktiv niedrigen Kosten für Video-Dokumentationen sind darauf zurückzuführen, daß es wesentlich einfacher ist, Leute zum Reden und Zuschauen als zum Schreiben und Lesen zu bringen. Möglicherweise erweist sich »Video-unterstütztes« Software-Engineering tatsächlich als praktische Lösung des Software-Dokumentationsproblems.

(Erstmals veröffentlicht in
Proceedings of the 12th International Conference on Software Engineering, 1990)

Literaturhinweise

[1] B. W. Boehm; P. N. Papaccio: »Understanding and Controlling Software Costs«. *IEEE Transactions on Software Engineering*, Vol 4, Nr. 10 (1988), 1462-77. Nachdruck in *Software State-of-the-Art: Selected Papers*. Eds. T. DeMarco; T. Lister. New York: Dorset House Publishing, 1990, 31-60.

[2] C. Jones: *Programming Productivity.* New York: McGraw-Hill, 1986.

[3] ______ : private Korrespondenz, 1989.

17
Strukturierte Analyse: Entstehung einer neuen Disziplin

Dieser Essay entstand aus einem Vorwort, das ich für ein 1990 in dänischer Sprache erschienenes Buch schrieb: »Struktureret Analyse« von Lis Delskov und Therese Lange. Da ich den dänischen Text nicht lesen konnte, konnte ich ihn auch nicht kommentieren. Statt dessen enthielt mein Vorwort eine kurze Geschichte der Ereignisse, die Ende der siebziger Jahre zur Entwicklung der strukturierten Analyse führten.

Wenn man auf ein Phänomen zurückblickt, das unsere Industrie und ihre Arbeitsweisen grundlegend beeinflußt hat, ist man versucht, das Verdienst dafür für sich allein in Anspruch zu nehmen. Ich möchte deshalb vorausschicken, daß ich keines der Konzepte erfunden haben, die heute die strukturierte Analyse ausmachen. Meine Rolle war bestenfalls die des Verpackungskünstlers und Marktschreiers. Aber ich war dabei, als die Ideen sich zusammenfügten.

Der Gedanke an eine Strukturierbarkeit des Analyseprozesses kam mir erstmals, als ich Mitte der siebziger Jahre die Arbeiten von Doug Ross und John Brackett bei der SofTech, Inc. kennenlernte [1]. Sie nannten ihre Erfindung SADT – *S*tructured *A*nalysis *D*esign *T*echnique. Kern von SADT war eine Menge von in Ebenen angeordneten Datenflußdiagrammen, ähnlich denen, die ich 1978 in meinem Buch *Structured Analysis and Systems Specification* beschrieben habe [2]. Die SADT-Konvention forderte ein Ausbalancieren der ein- und ausgehenden Datenflüsse und ein Konzept der Datenhaltung, die im Prinzip identisch mit den von mir später propagierten Konventionen waren. Da ich SADT jahrelang nutzte, bevor ich zu dem Thema veröffentlichte, muß ich Ross und Brackett den Hauptanteil der Innovation zuschreiben. Damals redete ich mir allerdings ein, daß SADT sich nicht großartig von den Petri-Netzen unterschied, mit denen ich schon früher experimentiert hatte [3]. Heute ist mir dagegen klar, daß SADT einen großen Durchbruch bedeutete; ich hätte noch zehn Jahre lang mit Petri-Netzen herumspielen können, ohne auf die Einsichten zu stoßen, die Ross und Brackett eröffneten.

Ich habe Ed Yourdon 1969 oder 1970 kennengelernt, als wir zusammen in der kleinen New Yorker Beratungsfirma Mandate Systems, Inc. arbeiteten, die mittlerweile von der Bildfläche verschwunden ist. Diese angenehme (aber kommerziell aussichtslose) Firma wurde von einem der schillerndsten Charaktere der Industrie gegründet: Jerry Wiener. Jerry war für einen Teil des GE-Dartmouth-Timesharing-Systems verantwortlich gewesen, eine der wichtigsten Entwicklungen der sechziger Jahre. Wir hielten ihn für den Vater des Timesharing, obwohl er darauf bestand, lediglich Geburtshilfe geleistet zu haben.

In unseren Jahren bei Mandate Systems arbeiteten Ed Yourdon und ich nie am gleichen Projekt. Ich zweifle, daß ich ihm in dieser Zeit in irgendeiner Weise aufgefallen bin, aber ich war mir der bahnbrechenden Arbeit bewußt, die er im Entwurfsbereich leistete (zusätzlich zu den sechzig Stunden pro Woche, die er damit verbrachte, das ComShare-Timesharing-System zum Laufen zu bringen). Ich selbst lernte das Konzept des hierarchischen modularen Entwurfs, das meine eigenen Entwurfspraktiken stark beeinflussen sollte, durch Kursunterlagen und den Entwurf zu einem Manuskript kennen, das er gerade mit Larry Constantine schrieb [4].

Während der nächsten sieben Jahre trennten sich unsere Wege. Erst 1977 erneuerten Ed und ich unsere Bekanntschaft. Zu dieser Zeit war er von der Idee eines strukturierten Analyseansatzes so fasziniert wie ich. Und er hatte unabhängige Fortschritte erzielt, die meiner Meinung nach einen großen Schritt über SADT hinausgingen. Dieser Schritt mag für Sie trivial klingen, ich bin aber davon überzeugt, daß er der Grund für den späteren Erfolg der Methode war. Ed hatte eine neue Notation eingeführt, die weitaus komfortabler war als die SADT-Notation. Er entwickelte eine Art von Datenflußdiagramm (DFD), das man dem Anwender vorlegen konnte, ohne ihn erst einmal in den Schreibkonventionen zu unterweisen. Das Yourdon-DFD sah einfach wie eine Skizze eines Systems aus – die Art von Skizze, die der Anwender selbst erstellen würde. Wegen seiner Klarheit bedurfte es keiner Erklärungen. Im nachhinein betrachtet war es die Beschreibungswillkür von SADT, die dazu führte, daß so viele Anwender sich abwandten.

Darüber hinaus führte Ed ein viertes Notationselement ein, das es in SADT nicht gab: Den Datei- oder Datenspeicher. Sie können leicht feststellen, daß sich mit der dreielementigen SADT-Notation – Fluß, Prozeß und Terminator – jedes System beschreiben läßt. Ein Datenspeicher ist nur ein Sonderfall eines Prozesses: ein Prozeß, der einen Speicher besitzt. Zwischen Daten und Prozeß besteht eine grundlegende Äquivalenz. Das klingt zwar gut in der Theorie, ist aber in der Praxis schwer umsetzbar. Die Einführung des Datenspeichers in die DFD-Notation führte dazu, daß die Ergebnisse wesentlich griffiger für nicht-technische Anwender wurden.

Ed brachte aber nicht nur selbst gute Ideen ein, er spielte Ende der siebziger Jahre auch eine wichtige Katalysator-Rolle. Er brachte viele der hellen Köpfe zusammen, die die neue Disziplin prägen sollten: Ray Eisenstark, Chris Gane, Tim Lister, Steve McMenamin, John Palmer, Suzanne und James Robertson, Trish Sarson und Victor Weinberg. Ich hatte das Privileg, Teil dieser Gruppe zu sein. Jedes Mitglied trug auf seine Weise zu dem Konzept bei, das schließlich entstand.

Ich selbst leistete nur zwei ziemlich kleine Beiträge. Einer von ihnen erwies sich später als wichtig und richtig, während der andere – ich muß es letztendlich zugeben – völlig kontraproduktiv war. Bringen wir zuerst den kontraproduktiven Beitrag hinter uns: Ich hatte die Idee, den Analyseprozeß in Form von vier getrennten Modellierungsschritten zu repräsentieren: als bestehendes physikalisches, bestehendes logisches, neues logisches und neues physikalisches Modell. Ich denke, die Zeit hat bewiesen, daß dieser im Prinzip richtige Gedanke mehr Zeit gekostet als eingespart hat. Das Problem war nicht die Idee der vier Modelle, sondern ihr relatives Gewicht. Ich behandelte sie als gleichwertig – zumindest in meiner Beschreibung. Letztendlich aber überwogen in meinen Beispielen die bestehenden physikalischen Modelle so sehr, daß der Eindruck entstand, Analyse sollte (zumindest in DeMarcos Konzept) weitgehend eine aktuelle physikalische Modellierung sein. In der Folge verschwendete unsere Industrie eine gegen unendlich gehende Menge von Arbeitsstunden in unnötige physikalischen Modellierungen alter Systeme. Steve McMenamin bezeichnete dieses Phänomen später als die »Galeere der physikalischen Modellierung bestehender Systeme«. Ich muß mich bei all den Leuten entschuldigen, die sich solange in der Galeere abschufteten. Wenn ich die Zeit zurückdrehen könnte, würde ich erklären, daß vier Modelle zu betrachten sind, nämlich

das bestehende physikalische Modell,

das bestehende logische Modell,

das neue logische Modell und

das neue physikalische Modell.

Meine gute Idee war das Konzept der strukturierten Spezifikation als Endprodukt der Analyse. Obwohl es mir heute unfaßbar erscheint, wurden die SA-Techniken anfangs fast ausschließlich als Werkzeug zur Erkundung der Anforderungen eingesetzt. Die Leute, die sie am effektivsten nutzten, gaben sich damit zufrieden, die Werkzeuge aus der Hand zu legen, sobald sie die wirklichen Anforderungen mit ihrer Hilfe ermittelt hatten, um dann eine konventionelle textuelle Spezifikation zu schreiben.

Der Erfolg der strukturierten Analyse übertraf alle meine Erwartungen. In den siebziger Jahren hatte ich wohl gedacht, daß bestenfalls ein paar hundert Leute die Ideen nützlich finden würden. Erst sehr viel später kam mir der Gedanke, daß SA auch kommerziell gefragt sein könnte; lange Zeit hielt ich die strukturierte Analyse für eine Technik, die ausschließlich auf die Entwicklung von Echtzeitsystemen ausgerichtet ist. Seither ist SA längst in ganz andere Bereiche vorgedrungen; die meisten Systemanalytiker nutzen SA heute entweder explizit oder sind zumindest davon beeinflußt. Ich wünschte, ich könnte mir diesen Erfolg zugutehalten, aber das kann ich nicht. Ich kann lediglich für mich beanspruchen, die Klugheit und das Glück besessen zu haben, dabei zu sein, als so viele intelligente und kreative Leute die eigentliche Arbeit geleistet haben.

(Erstmals erschienen in *Deadline*, Dezember 1989)

Literaturhinweise

[1] D.T. Ross; J.W. Brackett: »An Approach to Structured Analysis: An Analysis Technique Similar to Structured Programming Enables Systems to Be Designed More Effectively.« *Computer Decisions*, Vol. 7, Nr. 9 (1976), 40-44.

[2] T. DeMarco: *Structured Analysis and System Specification.* Englewood Cliffs, N.J.: Prentice-Hall, 1978.

[3] C.A. Petri: »Kommunikation mit Automaten,« Dissertation, Universität Bonn, 1962. Siehe auch J. Peterson: »Petri Nets.« *ACM Computing Surveys*, Vol. 9, Nr. 3 (1977), 223-252.

[4] E. Yourdon; L.L. Constantine: *Structured Design: Fundamentals of a Discipline of Computer Program and Systems Design.* 2. Ausgabe, Englewood Cliffs, N.J.: Prentice-Hall, 1979. (1979er Ausgabe des Yourdon Press-Textes von 1975.)

18
Die erste Verkündigung des Vergangenheitsdeuters

Die »Verkündigungen des Vergangenheitsdeuters« sind als übellaunige Reaktion auf die große Welle der Zukunftsdeutung entstanden, die uns gegen Ende der achtziger Jahre ergriffen hat. Es wimmelte nur so von Zukunftsdeutern – James Martin, Ed Yourdon, John Naisbitt u.a. – gewöhnlichen Sterblichen, die behaupteten, in die Zukunft sehen und vorhersagen zu können, was als nächstes passieren würde. Ich persönlich wäre immer gern ein Zukunftsdeuter gewesen, aber wenn ich in die Zukunft lugte, sah ich nichts als meinen eigenen Tellerrand. Deshalb mußte ich mich damit begnügen, ein Vergangenheitsdeuter zu sein.

So kam es, daß ich schließlich drei »Verkündigungen des Vergangenheitsdeuters« schrieb. Die erste von ihnen behandelt die große Kontroverse zwischen PC-Anhängern und Mac-Anhängern (die ihrerseits davon überzeugt waren, daß PC-Liebhaber unter dauerhaften, durch DOS hervorgerufenen Hirnschädigungen litten.) Die Verkündigung entstand in den Zeiten vor Windows und handelt deshalb von OS/2, auf das damals alle Hoffnungen der PC-Gemeinde gerichtet waren.

Zunächst ein Wort zu unseren Freunden, den Zukunftsdeutern: Trotz aller ihrer Vorankündigungen ist es ihnen gelungen, die entscheidenden Entwicklungen des letzten Jahrzehnts nicht zu nennen, ja nicht einmal zu erwähnen. Niemand sagte das VisiCalc-Phänomen beziehungsweise den allgemeinen Erfolg von Spreadsheets voraus. CASE wurde von den Zukunftsdeutern mit keinem Wort erwähnt. Ich seiner 1979er Show gelang es Jim Martin, vieles vorherzusagen (zum Beispiel den Untergang rotierender Speichermedien oder die SNA-Revolution), nicht aber das riesige Wachstum der Mikroprozessor-Industrie. Ich vermute, daß das Einschlagen des PCs Martin und IBM, wie alle anderen auch, überraschend getroffen hat. Niemand sagte das Workstation-Phänomen voraus.

Natürlich sind Zukunftsdeuter Entertainer, die mehr auf den Unterhaltungseffekt als die Korrektheit ihrer Vorhersagen setzen. Niemand kann in die Zukunft sehen. Es ist schon schwer genug, auf die Vergangenheit zurückzublicken, und das Geschehene treffend zu kommentieren. Schwer, aber nützlich. Man könnte eine Person, die diese wertvolle Dienstleistung erbringt, als *Vergangenheitsdeuter* bezeichnen. Solange es keine echten Profis dafür gibt, biete ich Ihnen meine bescheidenen Dienste als Vergangenheitsdeuter an. Der Vergangenheitsdeuter hilft, die Gegenwart rationaler zu gestalten, indem er auf wichtige Geschehnisse in der Vergangenheit hinweist, deren Bedeutung sich oft erst Jahre später zeigt.

Mit meiner ersten Verkündigung riskiere ich, völlig auf dem Holzweg zu sein. (Kein Wunder, daß die Vorhersage der Zukunft so schwer ist, wenn sogar die Nachbesprechung der Vergangenheit ein Problem darstellt.) Trotzdem – ich wage es einfach.

Ich möchte im ersten Schritt das Apple-Macintosh-Phänomen neu interpretieren – als ein Ereignis, das weitaus bedeutsamer ist, als ich zunächst dachte. Ich hielt den Mac und alles, was dazugehört, anfänglich für Zeichen eines wichtigen Fortschritts in der Branche der Klein-Computer, eines Fortschritts, der die IBM-Produkte um gut zwei Jahre hinterherhinken ließ. Das war nicht welterschütternd: IBM hinkte immer allem ein paar Jahre hinterher. Wie ausgefuchste Langstreckenläufer wußten die IBM-Leute, daß der Läufer das Rennen macht, der über einen Großteil der Strecke hinweg einen starken zweiten Platz hält. Die IBM-Philosophie bestand darin, andere vorangehen zu lassen, während sie etwas langsamer, aber mit großer Entschiedenheit folgten. Diese Devise ist ihnen gut bekommen, solange ich denken kann.

Inzwischen hat sich etwas verändert. Das Problem ist nicht, daß IBM wie gewohnt hinter dem Marktführer liegt, sondern daß das Unternehmen seinen Zwei-Jahres-Abstand nicht halten konnte. Simpel ausgedrückt: Falls es IBM gelingt, ein funktionsfähiges OS/2 auszuliefern, werden sie meiner Meinung nach damit um volle zehn Jahre hinter dem Mac zurückliegen. Dafür sprechen drei Punkte: der geringe Ehrgeiz von OS/2, die Konsistenz und das Stehvermögen des Mac-Desktop und die getätigten Investitionen.

Der geringe Ehrgeiz von OS/2

OS/2 scheint mir nur insofern relevant zu sein, als es Probleme der PC/MS-DOS-Welt behebt – Probleme, die für Mac-Anwender nicht so recht nachvollziehbar sind. Als wir neulich eine Gesellschafterversammlung hatten, wandten zwei Guild-Mitglieder ein paar Sitzungen dafür auf, uns anderen zu vermitteln, warum der PC ein wichtiges Phänomen darstellte (vor allem, weil es sich um einen entstehenden Standard handelte, an den sich alle guten neuen Software-Pakete anlehnten). Nebenbei erfuhren wir dabei auch etwas über die intimeren Details, die das Zusammenleben mit einem PC prägen: das Speicherverwaltungssystem im Stil der fünfziger Jahre, die barocken und oft schrecklichen Bildschirmstandards, die totale Anarchie der verschiedenen Bedieneroberflächen, das Betriebssystem, das nicht viel mehr als ein verkleidetes CP/M war. Einer der Vortragenden gab uns eine Liste mit ein paar Dutzend Dienstprogrammen, die er von CompuServe heruntergeladen hatte und als unverzichtbar für die Platten- und Speicherverwaltung ansah. Wir anderen, fast alle Mac-Anwender, kamen bei näherer Betrachtung der Dienstprogramme zu dem Schluß, daß keines von ihnen ein Problem löste, das es auch auf dem Mac gab. Sie waren allesamt Teil der seltsamen PC/MS-DOS-Welt.

Auftritt OS/2 (eines fernen Tages). Trompetenfanfare und dann die Ankündigung: »Sehr verehrte Damen und Herren, liebes Publikum. Hier ist ein neues System, das es tatsächlich ermöglicht, auf das kleine Speicherstück zwischen 512K und 635K zuzugreifen, für das Sie alle als PC-Anwender bezahlt haben, ohne je herausfinden zu können, wie es sich nutzen läßt! Und das ist noch nicht alles!« Es folgt die Liste der willkürlichen und verrückten Einschränkungen, die die PC-Welt in all diesen Jahren gequält haben, und nun durch die willkürlichen und verrückten Einschränkungen von OS/2 abgelöst werden. Sie bekommen also ein Scheibchen mehr Speicher und Sie sind künftig auch nicht mehr durch die Speichersegmentierung eingeschränkt. Dafür aber müssen Sie sich jetzt mit den 32-Megabyte-Partitionen auf der Festplatte auseinandersetzen; mit Setcom40 und seiner Verwendung, damit das Betriebssystem die serielle Schnittstelle erkennen kann; mit ALT-ESC- und CTR-ESC-Tastenkombinationen; mit 75 neuen Regeln, um eine CONFIG.SYS-Datei mit merkwürdigen Befehlen wie MEMMAN=SWAP, MOVE und PRIORITY=DYNAMIC und DEVINFO=SCR, VGA,C:.DCP zu füllen (ich weiß nicht warum, aber wir Mac-Anwender finden CONFIG.SYS einfach zum Lachen); mit den mehr als 50 Dateien, die OS/2 braucht, um überhaupt arbeiten zu können; mit DLLs usw. usw. Danach dürfen Sie sich in den bizarren Charme des Protected Mode einarbeiten. Ach ja, und dann gibt es noch ein paar todschicke neue Dienstprogramme wie PATCH, »ein Dual-Mode-Befehl, mit dem Sie Korrekturen ausführen können, die IBM vorschlägt, um fehlerhaften Code zu korrigieren« [1].

Es ist kein Geheimnis, daß IBM eine Menge Probleme hat, OS/2 überhaupt auszuliefern. Aber wenn das gelingt, wird der wahrscheinlich freundlichste Kommentar der Mac-Gemeinde zu dem phantastischen neuen Produkt lauten: »Wie drollig!«

Die Konsistenz und das Stehvermögen des Mac-Desktop

Der Mac-Desktop und die damit verbundenen Anwendungskonventionen liefern einen zwingenden und eleganten Rahmen zur Bedienung von Arbeitsplatzrechnern. Ich schaue nie mehr in ein Handbuch. Alle Programme arbeiten auf die gleiche Art, und ihrer Arbeitsweise liegt ein innerer Sinn zugrunde. Wenn man die Existenz einer Funktion vermutet, findet man sie genau dort, wo man zuerst nach ihr sucht. Dinge, die eingebaut sein sollten, sind eingebaut. Mauskonventionen werden zur zweiten Natur. Sobald Sie denken: »Es wäre schön, wenn ...«, stellen Sie fest, daß das Gewünschte bereits vorhanden ist. Sie bestimmen, wie schnell Sie sich den Funktionsumfang erschließen: Mit jedem jeweiligen Kenntnisstand läßt sich gut arbeiten.

Diese Stärke basiert auf der *Integrität*, die alle Ebenen prägt. Ein Beispiel: Als eine Firma namens Matrix einen Großbildschirm für den Mac auf den Markt brachte, schloß man ihn an, nahm eine einfache Änderung am Video-ROM vor, und siehe da – praktisch jedes einzelne Programm lief perfekt auf dem größeren Bildschirm und nutzte dessen Größe aus, ohne daß man die Änderung auch nur einer der Anwendungen hätte bekanntgeben müssen. Dann erkannten die Matrix-Leute, daß die Käufer ihres Großbildschirms noch einen kleinen Bildschirm übrig hatten. Warum also sollte man nicht das Bild auf zwei Bildschirme aufteilen? Das taten sie und wieder funktionierte das Ganze völlig problemlos: Anwendungen, bei deren Entwicklung niemand an die Möglichkeit eines größeren Bildschirms gedacht hatte, geschweige denn an eine Aufteilung des Bildes auf verschiedene Bildschirme mit unterschiedlichen Pixelformen und unterschiedlichen Seitenverhältnissen, arbeiteten perfekt. Sie können Icons von einem Bildschirm auf den anderen ziehen, ohne sie jemals aus den Augen zu verlieren; Sie werden nie ein Fenster finden, das Sie nicht schließen können, weil seine Fensterleisten und Schaltelemente nicht am Bildschirm angezeigt werden ... alles funktioniert.

Nun können Sie natürlich sagen, daß Apple einfach Glück hatte, weil sich die Einbindung mehrerer Bildschirme als so einfach erwies. Aber können Sie sich einen solchen Glücksfall unter OS/2 vorstellen? Wenn Sie die OS/2-Leute beauftragen würden, etwas Vergleichbares zu realisieren, würden sie Ihnen einen Zeitplan und ein Budget wie für »Krieg der Sterne« präsentieren.

Die getätigten Investitionen

Apple investierte in den Desktop ursprünglich 35 Millionen Dollar. Ein Teil davon ging als Zahlung an Xerox für Arbeiten, die Xerox PARC bereits früher zu noch höheren Kosten durchgeführt hatte. Seither wurden riesige Summen investiert. Insgesamt hat der Desktop wahrscheinlich 75 Millionen Dollar gekostet. Das Überraschende daran: Wir haben es hier nicht ausschließlich mit Programmier- und Debugging-Kosten zu tun. Der Großteil dieser Summe sind »Denkkosten«. Nichts deutet darauf hin, daß IBM bereit ist, diese Art von Investition zu tätigen. Meiner Meinung nach haben die IBM-Leute in OS/2 nicht allzuviele Denkkosten investiert. Was immer die Entwicklung des Systems gekostet haben mag – das Geld floß weitgehend in Codieren, Debuggen und Ausbesserungen sowie das Dokumentieren und Testen von Schönheitspflästerchen und den Einbau von ein paar Funktionen, die direkt aus der OS/360 JCL übernommen wurden.

Kommen wir also zur Ersten Verkündigung des Vergangenheitsdeuters: Apple hat IBM um zehn Jahre hinter sich gelassen. Natürlich hat sich das nicht direkt auf die Umsätze ausgewirkt; der PC und seine Clones dominieren nach wie vor. Aber wenn ich mich nicht irre, impliziert dieser Abstand, was mit PCs als nächstes passieren muß, wenn sie wettbewerbsfähig bleiben sollen: IBM und Microsoft und der Rest der PC-Welt haben einiges aufzuholen.

(Erstmals veröffentlicht in *American Programmer*, März 1989)

Literaturhinweis

[1] *Byte*, Juni 1988, 148.

19
Die zweite Verkündigung des Vergangenheitsdeuters

Die Zweite Verkündigung des Vergangenheitsdeuters befaßt sich mit dem Thema Programmiersprachen. Obwohl sich in den siebziger und achtziger Jahren kaum etwas von Bedeutung in diesem Bereich getan hat, gab es dennoch hitzige Auseinandersetzungen. In einem anderen, heute verschollenen Essay schrieb ich, daß das Ende der Welt, wenn es denn kommt, wahrscheinlich nicht auf eine der großen politischen Kontroversen zurückzuführen sein wird, die uns heute spalten. Schuld daran werden vielmehr unlösbare Konflikte zwischen den Befürwortern einer Programmiersprache und den Verfechtern einer anderen sein. Programmierer können sich maßlos für oder gegen eine Programmiersprache ereifern. Es mangelt nicht an leidenschaftlichem Engagement über die relativen Werte der verschiedenen Sprachen. Es mangelt jedoch an Beweisen für diese Werte.

Die Sprachen, in denen wir unsere Programme schreiben, waren immer ein Thema heftiger Diskussionen und Spekulationen; ich kenne kein anderes Thema in unserer Branche, das vergleichbare Emotionen hervorrufen könnte. Auch ich stehe der Frage emotional gegenüber. Manchmal packt mich eine blinde, kalte Wut bei dem Gedanken, daß Fortran und COBOL noch immer unter uns weilen und unsere ansonsten schöne kleine Welt von Modula-2 und Oberon und SmallTalk als Schandflecke verunzieren. Gelegentlich überschattete diese Wut meine normalerweise nüchterne Urteilskraft. Da gab es zum Beispiel diesen schrecklichen Tag bei der Spring Joint Computer Conference 1970, als ich bei einer Podiumsdiskussion zuversichtlich verkündete: »COBOL wird die siebziger Jahre nicht überleben.« (Sie sehen, warum ich einer Karriere als Zukunftsdeuter abschwören mußte.) Trotz der großen Ernsthaftigkeit meiner Aussage tummelte sich COBOL in den siebziger und achtziger Jahren munter weiter und wird sein Unwesen womöglich auf immer und ewig treiben.

Die Zeit von 1979 bis heute, die damals die ausschließliche Domäne der Zukunftsdeuter war, liegt nun hinter uns – zur gefälligen Betrachtung des einzigen selbsternannten Vergangenheitsdeuters. »Was hat sich in dieser Zeit bei den Programmiersprachen getan?« fragte ich mich. Die Antwort ist eindeutig: nichts.

Dabei hätte die Industrie nur die Hand nach einigen wunderbaren Angeboten auszustrecken brauchen. Die Sprachen der dritten Generation – zum Beispiel Modula, Simula und Ada – gehören zu den größten Leistungen der Informatik. Diejenigen, deren Namen sich mit der Entwicklung dieser Sprachen verknüpfen, gehören zu den anerkanntesten Vordenkern unserer Branche: Ole-Johan Dahl, C.A.R. Hoare, Jean Ichbiah, Kristen Nygaard und Niklaus Wirth. Sie sind meine ganz persönlichen Idole. Sie offerierten uns wunderbare Sprachen... aber niemand hatte Interesse daran. Sie und ich interessierten sich dafür, aber wir sind statistische Niemands. Die große Masse unserer Kollegen mühte sich weiter ab, als hätte sich die dritte Generation nie ereignet.

Die Sprachen der dritten Generation waren im Grunde ein Fehlschlag. Heute leben wir in einer Welt der Sprachen der zweiten Generation: COBOL, Fortran und ihre Derivate (vor allem BASIC). Die Vitalität von Fortran ist besonders ärgerlich: Fortran ist heute in der wissenschaftlichen Gemeinde ebenso sehr Standard wie 1969. In meiner Eigenschaft als President von MODUS (der Modula-2 User's Society) habe ich miterlebt, wie die wissenschaftliche Gemeinde Modula-2 hartnäckig ablehnte. »Ja, Modula bietet ganz nette Features«, erklärten uns die technisch-wissenschaftlichen Programmierer ihre Entscheidung, bei Fortran zu bleiben, »aber sehen Sie, wir haben diese riesigen Arrays zu verwalten ...« Sie konnten sich nicht überzeugen oder sich überzeugen lassen, daß jede neue Sprache so real sein konnte wie das, woran sie gewöhnt waren. Die exquisiten Modularisierungs- und Kapselungseigenschaften von Modula-2 waren in ihren Augen allenfalls »ganz nette Features«.

Als die Mikrocomputer auf den Plan traten, schien zumindest für COBOL die letzte Stunde geschlagen zu haben. Für die neuen winzigen Maschinen entstanden keine vernünftigen COBOL-Versionen; was blieb den Programmierern kaufmännischer Anwendungen also anderes übrig als umzusteigen? Das taten sie auch ... auf BASIC. Auf BASIC! Von einer kommerziellen Sprache der zweiten Generation auf eine andere Sprache der zweiten Generation, die nicht einmal auf ihre Aufgaben ausgerichtet war. Wenn wir jemals einen Gemäldezyklus für das Smithsonian Institute bestellen, der die großen Momente des Computer-Zeitalters festhält, so schlage ich vor, daß er auch den Umstieg auf BASIC verewigt. Ich sehe das Gemälde in all seiner Pracht vor mir: Eine gewaltige Leinwand in der Hall of Science zeigt einen Programmierer kaufmännischer Anwendungen, dem die Allegorie BASICs erscheint – und sein Gesicht leuchtet auf unter dem Eindruck der Erkenntnis, daß die Programmiersprache des 21. Jahrhunderts vor ihm steht.

War die dritte Generation ein Fehlschlag, so ist die vierte Generation erst gar nicht angetreten. 4GLs sind wunderbar, sind aber (wiederum statistisch besehen) niemals aus den Startlöchern gekommen. Alles spricht dafür, sie verstärkt einzusetzen und ihre erfreulich verständlichen Ansätze zu verwerten, aber sie haben einfach nicht eingeschlagen. In einer kürzlich durchgeführten Studie zu Methoden und Werkzeugen [1] stellten wir fest, daß alle 4GLs zusammen weniger als ein halbes Prozent aller verwendeten Programmiersprachen ausmachen. (Das heißt, ein Programm, das heute spezifiziert wird, hat eine Chance von weniger als 0,005 Prozent, in einer 4GL codiert zu werden.) Wir stellten fest, daß eine solide Mehrheit (55 Prozent) der Praktiker nach wie vor Fortran, COBOL, BASIC und BAL bevorzugen. Ungeachtet des Getöses um 4GLs Mitte der achtziger Jahre ist es heute klar, daß die Problembereiche, auf die sie sich anwenden lassen, wesentlich enger gefaßt sind, als wir gehofft hatten. Das erklärt zum Teil die schwache Akzeptanz dieser Sprachen; der Rest ist reine Sturheit: Plackerei ist besser als ein Umstieg.

In einem Versuch, die künftige Bedeutung von Modula-2 zu erklären, legte Niklaus Wirth den Finger auf den Grund, warum weder Modula-2 noch die anderen Sprachen der neuen Generation wirklich akzeptiert wurden: »Die beste Sprache ist nicht die Sprache, mit der Sie eine Routine am leichtesten schreiben können, sondern die Sprache, die es Ihnen am leichtesten macht, eine Routine überhaupt nicht erst schreiben zu müssen.« Das Stichwort heißt Wiederverwendung. Eine Sprache, die mit einer umfangreichen Bibliothek wiederverwendbarer Komponenten und gut funktionierenden Zugriffsmöglichkeiten ausgestattet ist, wäre ein echter Anreiz für einen Umstieg. Sowohl Modula-2 als auch Ada verfügen zwar über die Funktionen, die Sie für die optimale Nutzung einer solchen Bibliothek brauchen – aber beiden fehlen Bibliotheken mit tauglichen Inhalten. Die Modula-2-Bibliothek enthält etwa 30.000 Prozeduren und Funktionen und ist praktisch nutzlos. (Die Ada-Bibliothek, das sogenannte Ada Environment, enthält keine Komponenten und ist völlig nutzlos.) Keine Frage: eine Bibliothek wiederverwendbarer Komponenten müßte um zwei Größenordnungen umfangreicher sein als die Modula-2-Bibliothek, um die Leute zu einem Sprachwechsel zu bewegen. Das wird nicht allzubald der Fall sein.

Die Sache wird noch erschwert, weil die Anwender die Komponentenbibliotheken rasch mit ihren Varianten der besten Routinen füllen. Selbst die Standard-Bibliotheken für Modula-2, die Wirths Gruppe in Zürich bereitstellt, enthalten zahlreiche Duplikate – ungefähr ein Dutzend Moduln zum Beispiel, die mehr oder weniger elegant die gleichen Funktionen zur String-Behandlung liefern. Wenn ich diese sinnlosen Wucherungen sehe, wird mir so richtig klar, wie wichtig dynamisches Binden und Vererbung in einer Sprache sein können. SmallTalk-Komponenten zum Beispiel könnten damit im Lauf der Zeit verbessert werden, ohne daß es zu Auswüchsen und verschwendeter Arbeitszeit kommt.

Angenommen, es gäbe eine objektorientierte Sprache, die sich allmählich durchsetzen würde, zumindest bei der Minderheit von Leuten in unserer Branche, die bereit sind, neue Sprachen in Betracht zu ziehen. Angenommen, diese Minderheit unternähme die gewaltige Anstrengung, Komponenten zu bauen und zugänglich zu machen, so daß – wie Brad Cox schreibt –»Software-ICs« entständen [2]. Angenommen, sie würden nach und nach eine akzeptable Menge von ICs zusammentragen. Angenommen, Programmierer der verschiedensten Anwendungsbereiche würden spezielle IC-Bibliotheken aufbauen und ihren Kollegen zur Verfügung stellen: Bibliotheken mit ICs zur Finanzprogrammierung, ICs zur Zinsberechnung, ICs zur

Kundenverwaltung, Datenbank-ICs, ICs zur Flugbahn-Verfolgung, ICs zur Wahrscheinlichkeitsrechnung usw. Und angenommen, die Sprache und alle ihre Komponenten könnten Ihnen einen wahrscheinlichen Wiederverwendungsfaktor von 50 Prozent oder mehr bieten, so daß mehr als die Hälfte der Moduln, die Sie für Ihre nächste Anwendung brauchen, bereits geschrieben sind und in den IC-Bibliotheken kostenlos zur Verfügung stehen. Wenn alle diese Voraussetzungen gegeben wären, würden die Leute dann beginnen, Fortran und COBOL untreu zu werden?

Ich weiß es nicht. Um das zu erfahren, müssen Sie einen Zukunftsdeuter fragen.

(Erstmals veröffentlicht in *American Programmer*, August 1988)

Literaturhinweise

[1] T. DeMarco; T. Lister: »Software Development: State of the Art vs. State of the Practice«. *Proceedings of the 11th International Conference on Software Engineering*. Pittsburgh: 1989. (Nachdruck in diesem Buch als Essay 10.)

[2] B. Cox: *Object-Oriented Programming: An Evolutionary Approach*. Reading, Mass.: Addison-Wesley, 1986.

20 Zwanzig Jahre Software-Engineering: Rückblick und Vorschau

Die dritte Verkündigung des Vergangenheitsdeuters handelt von der Wirkung der Maßnahmen des U.S.-Justizministeriums gegen die Giganten der Computer-Industrie. Diese kurze Geschichte früherer Antitrust-Kampagnen ist heute, wo wir den Fall gegen Microsoft miterleben, von besonderer Aktualität. Trägt es zur Verbesserung der Welt bei, wenn Microsoft die gleiche Behandlung erfährt, die IBM, Xerox und AT&T in den siebziger Jahren zuteil wurde?

Die Aufgabe, auf eine so turbulente Zeit zurückzublicken und die stattgefundenen Ereignisse zu werten, ist mir Herausforderung genug; ich versuche deshalb erst gar nicht, in die Zukunft zu sehen.

Die vergangenen zwanzig Jahre waren vom Erwachsenwerden der Software-Welt und der Informationstechnologie im allgemeinen geprägt. Das Wachstum und der ansteckende Enthusiasmus dieser Zeit waren bemerkenswert. Die Computer- und Software-Branche löste in den achtziger Jahren eine ähnlich fieberhafte Erregung aus wie die Raumfahrtindustrie in den sechziger Jahren, der Zweite Weltkrieg in den vierziger, das Radio in den dreißiger oder die Elektrizität in den zwanziger Jahren. Zu meinen Lebzeiten gab es meines Erachtens kein erstrebenswerteres Arbeitsfeld.

Es ist heute verführerisch, auf das phänomenale Wachstum der Computerindustrie in den beiden letzten Jahrzehnten zurückzublicken und einen Kausalzusammenhang zwischen diesem Wachstum und den Grundlagen zu konstruieren, die wir in ihren Anfangsjahren legten. Dies würde vermutlich zu Aussagen des Typs führen: »Es bleibt offen, ob diese Erfolge ohne die monumentalen Beiträge von Spezialisten wie .... je möglich gewesen wären.« Die Leerstelle füllen Sie mit den Namen von Personen, die Sie bewundern, oder, noch besser, mit den Namen anderer Diskussionsteilnehmer – in der stillen Hoffnung, daß diese anderen Diskussionsteilnehmer pflichtschuldigst Ihren eigenen Namen in ihre Positionsaussagen aufnehmen. An die Stelle historischer Wahrhaftigkeit träte effiziente Eigenwerbung.

So verführerisch das auch sein mag, es ändert nichts an meiner Überzeugung: Die Schlüsselentscheidungen, die den Fortschritt in unserer Industrie lenkten, fielen außerhalb der Branche. Sie waren keine technischen, sondern politische Entscheidungen. Ihre Hauptwirkung bestand nicht darin, das Wachstum der Branche zu fördern, sondern es drastisch einzuschränken. Ich rede von der dummen und unüberlegten politischen Linie in den USA, die Marktführer der Industrie durch den Einsatz und den angedrohten Einsatz von Antitrust-Gesetzen zu schwächen.

Im Wirtschaftsklima von 1989 sind politische Maßnahmen schwer vorstellbar, deren Ziel und Zweck es war, den erfolgreichsten Akteuren in einer wichtigen Wachstumsbranche methodisch Knüppel zwischen die Beine zu werfen. Denn das und nichts anderes waren die Antitrust-Gesetze seit dem Ende der Eisenhower-Regierung, zu Zeiten von Kennedy und Johnson und bis hinein in die ersten Jahre der Nixon-Ära. Sie richteten sich besonders gegen die drei Giganten des Informationszeitalters: IBM, AT&T und Xerox. Sie alle drei wurden durch die Antitrust-Attacke ernsthaft geschwächt. Das Ergebnis waren Investitionskürzungen im Forschungsbereich. AT&T wurde gezwungen, den vielleicht größten technischen Durchbruch aller Zeiten, den Halbleiter, dem »öffentlichen Wohl« zur Verfügung zu stellen, und zog deshalb niemals auch nur den geringsten Gewinn aus seinen damaligen Investitionen. Ähnlich verpflichtete man Xerox, seine Kopierertechnologie und damit die gesunde Einnahmequelle preiszugeben, die den damaligen großen Plan des Unternehmens – die integrierte Informationsverarbeitung – finanziert hätte. IBM wurde zu der nie dagewesenen Ungeheuerlichkeit gezwungen, seinen Mitbewerbern den Nachbau seiner Produkte zu erlauben.

Die wichtigste neue Technologie der achtziger Jahre brachte uns direkt und indirekt Xerox PARC, das Überbleibsel der Forschungsanstrengungen zur Blütezeit von Xerox. Heute spielt Xerox in der Computer-Industrie keine große Rolle mehr, so daß die Investitionen in die Grundlagenforschung laufend weiter gekürzt werden. Die Organisation, die uns den Transistor brachte, AT&T Bell Laboratories, wurde lahmgelegt; man darf mit ziemlicher Sicherheit sagen, daß in den Labs niemehr wieder die Forschungstiefe finanziert werden wird, die von den dreißiger bis hinein in die frühen siebziger Jahre dort anzutreffen war. IBM muß die Angst im Nacken sitzen, in Hardware oder Software zu investieren, über die sich die Konkurrenz dann womöglich ungestraft hermachen darf.

Die besten Ideen und Methoden, die in der Computer-Branche entwickelt wurden, hatten meiner Meinung nach eine geringe Wirkung verglichen mit den Folgen der groben politischen Schnitzer, die uns in unserer Entwicklung behinderten.

(Erstmals veröffentlicht in
Proceedings of the 11th International Conference on Software Engineering, 1989)

21
Rock and Roll und Cola-Krieg

Haben Sie schon einmal den gleichen dummen Fehler zweimal gemacht? Willkommen in der realen Welt. Haben Sie schon einmal den gleichen dummen Fehler hundertmal nacheinander gemacht? Willkommen in der Welt der Software-Entwicklung.

In dem folgenden Essay geht es um Organisationen, die aus ihren Fehlern lernen, und – das ist genauso wichtig – Organisationen, denen das unmöglich zu sein scheint.

Anfang 1906 beglückte der spanische Philosph George Santayana die Welt mit einem großartigen Zitat. Wenn er in diesem Jahr ein Kind gezeugt hätte, wäre es heute wahrscheinlich tot und begraben, aber das Zitat lebt fort. Es verspricht, Santayanas bleibendster Beitrag zu werden. Stellen Sie sich vor: Da versinkt ein ganzes Schriftsteller- und Philosophenleben in der Vergessenheit, eine einzige Zeile aber macht den Namen Santayana unsterblich: »Wer sich nicht an die Vergangenheit erinnert, ist dazu verdammt, sie zu wiederholen.«

Noch öfter hört man Santayanas geflügeltes Wort in leicht variierter Form: »Wer es versäumt hat, die Lektion der Geschichte zu lernen, ist dazu verdammt, sie zu wiederholen.« Ein Zitat dieser Art paßt in die Wahlreden von Politikern jeder Couleur. Die Oliver Norths dieser Welt zitieren es in Wahlkampfzeiten nahezu stündlich. Es hat alle Anlagen großartiger Rhetorik: es ist einprägsam, gewichtig und sehr, sehr wahr. Vor allem aber verleiht es dem Redner eine nicht zu verachtende Aura der Überlegenheit (vermutlich erinnert er sich an die Lektion der Geschichte) auf Kosten nicht genanner Dritter einschließlich seiner politischen Gegner.

Die Lektion der Geschichte ist natürlich immer gerade das, was der Redner uns als korrekte Handlungsweise rechtschaffener Bürger und Völker vermitteln möchte. Typischerweise wird das Zitat als Argument gegen Nachgiebigkeiten aller Art genutzt, das heißt, gegen abgespeckte Verteidigungsbudgets und gegen den Abbau von Machenschaften und Einmischungen an abgelegenen Orten der Welt. Nachgiebigkeit, sagt man uns, steht im Gegensatz zur Lektion der Geschichte, insbesondere der Lektion, die Chamberlain der Welt in München im September 1938 erteilte, wo seine nachgiebige Beschwichtigungspolitik praktisch den Zweiten Weltkrieg verursachte.

Aber die Lektion der Geschichte ist so einfach nicht. Aus der Sicht Chamberlains war die Lektion der Geschichte der Geist völliger Unnachgiebigkeit, der den ersten Weltkrieg ausgelöst hatte. Die Franzosen, die Deutschen und die Russen hatten früh und lärmend mit der Mobilisierung begonnen und äußersten Druck ausgeübt, in der Erwartung, die anderen würden zurückschrecken. Weil alle Seiten einen Krieg für undenkbar hielten, rasselten sie mit den Säbeln und warteten darauf, daß ein anderer nachgeben würde. Keiner tat es und plötzlich war Krieg. Der Ausbruch des ersten Weltkriegs lehrte eine diametral andere Lektion als der Ausbruch des zweiten Weltkriegs. (Wenn die Geschichte will, daß wir sie richtig verstehen, sollte sie sich lieber um mehr Konsistenz bemühen.)

Die Lektion der Geschichte wird oft vereinfachend dargestellt, sie ist jedoch nie einfach; und am Ende wiederholen wir sie unbesehen immer wieder. Unsere eigene Branche, die Software-Entwicklung, ist ein anschauliches Beispiel dafür. Wir scheinen in einer riesigen Endlosschleife zu stecken und Projekt um Projekt die gleichen dummen Fehler zu wiederholen. Nach all diesen Jahren können wir noch immer nicht kalkulieren; wir können noch immer nicht glauben, daß wir nicht kalkulieren können (deshalb trauen wir dem jüngsten Zahlenmaterial, obwohl es sich in hundert Fällen davor als unrealistisch erwiesen hatte); wir können noch immer nicht spezifizieren; wir können entwickelte Software noch immer nicht in einem ausreichenden Maß wiederverwenden; und nach herrschender Meinung können wir Software noch immer nicht zu einem »angemessenen« Preis oder innerhalb einer »angemessenen« Zeitspanne liefern.

Projekt für Projekt entschuldigen wir unsere Art zu arbeiten – von der jeder weiß, daß sie falsch ist – mit der Ausrede, »es bliebe keine Zeit, es richtig zu machen«. Wir codieren, bevor wir entwerfen; wir entwerfen, bevor wir spezifizieren; wir spezifizieren, noch ehe wir die Anforderung verstanden haben. Am Ende versammeln wir uns dann zu einer Besprechung der erlernten Lektionen und kommen zu dem Schluß, daß wir das alles wirklich nicht tun sollten. Besprechungen der erlernten Lektionen verlaufen immer gleich. (Ich weiß das, ich bin häufig dabei.) Bei aller Verschiedenheit der Leute, der Organisationen und der Anwendungen sind die gelernten Lektionen immer die gleichen. Die Leute melden sich zu Wort und jammern: »Wir dürfen unsere Zeitplanung nicht ausschließlich an den Wünschen des Marketing orientieren, ohne die wirklich zu leistende Arbeit zu bedenken.« Alle nicken traurig mit den Köpfen. Wieder einmal haben wir eine Lektion gelernt. Bin ich der einzige, der sich je wundert, warum wir Lektionen lernen, die wir eigentlich schon vor Jahren hätten lernen sollen?

Befinden wir uns in einem Trance-Zustand?

Wenn Sie falsch abbiegen, Ihren Fehler erkennen und umkehren, wird automatisch ein Lernprozeß in Gang gesetzt, der Ihnen hilft, den Fehler in Zukunft zu vermeiden.

Der Prozeß arbeitet allerdings nicht fehlerfrei. Wenn Sie eine Strecke ein paar Jahre lang nicht mehr gefahren sind, ist es gut möglich, daß Sie den gleichen Fehler wiederholen; wahrscheinlich aber passiert das nur ein einziges Mal. Der verstärkte Lernprozeß zeigt Wirkung: Die zweite Kehrtwendung ist mit an Sicherheit grenzender Wahrscheinlichkeit von dem Gebrummel »Ich Dummkopf!« begleitet.

Wenn Sie die gleiche Strecke jeden Tag fahren und jeden Tag an genau der gleichen Stelle falsch abbiegen, ist etwas anderes im Spiel. Das Problem besteht in diesem Fall nicht darin, daß Sie nichts gelernt haben, sondern daß ihre erlernte Reaktion von einem unbewußten, aber dominanten Bedürfnis überlagert wird. Ich vermute, es handelt sich um ein unbewußtes Bedürfnis, denn wenn es Ihnen bewußt wäre, würden Sie verstehen, warum sie die Strecke so und nicht anders wählen, und das Abbiegen nicht als »Fehler« betrachten. Sie würden es vielleicht unklug oder unvernünftig oder hoffnungslos nennen, aber es wäre nicht einfach ein Fehler.

Wenn Ihr Handeln durch Kräfte gelenkt wird, die Sie nicht ganz verstehen, befinden Sie sich *per definitionem* in einer Art Trance-Zustand. Die Kräfte, die Sie lenken, sind verborgene Regeln.

Aus der Neigung von Software-Organisationen, immer wieder die gleichen Fehler zu begehen, schließe ich, daß diese Organisationen sich in Trance befinden. Auf einer bewußten Ebene glauben sie, daß ihre Entscheidungen von klar artikulierten und allgemein bekannten Regeln gelenkt werden wie den folgenden:

- ☐ Hohe Qualität anstreben.
- ☐ Zeit für unvorhergesehene Probleme einplanen.
- ☐ Auf Benutzerwünsche reagieren.
- ☐ Hart arbeiten.
- ☐ Zusagen einhalten.

Zusätzlich aber sind verborgene Regeln am Werk. Diese verborgenen Regeln wirken auf uns, ohne daß wir es bemerken. Sie sind überall oder fast überall anzutreffen. Wenn eine verborgene Regel in Konflikt mit einer unserer öffentlich kundgetanen Regeln gerät, gewinnt fast immer die verborgene Regel.

Ich habe mir mit diesem Essay eine unmögliche Aufgabe gestellt: die Enthüllung aller verborgenen Regeln, so daß wir ihren Einfluß erkennen und ihnen vernünftig begegnen können. Natürlich kann ich niemals wirklich herausfinden, wie all die verborgenen Regeln heißen (schließlich sind sie verborgen), und ich kann auch nicht wissen, welche speziellen verborgenen Regeln auf Sie wirken. Trotzdem glaube ich ein paar der am weitesten verbreiteten zu kennen. In der folgenden Liste, das wette ich, werden Sie eine Reihe der verborgenen Regeln finden, die in Ihrer Organisation am Werk sind.

Verborgene Regel 1: Falsche Präzisierung von Kalkulationen

Angenommen, Ihr Chef bittet Sie um eine Abschätzung, wie lange das Team, das zur Zeit das Platypus-Projekt bearbeitet, brauchen wird, um den Entwurf zum Abschluß zu bringen. Und nehmen Sie an, Sie antworten: »Zwischen 13 und 68 Tagen.« Welche Reaktion würden Sie erwarten?

Meiner Erfahrung nach würden nur wenige höhere Manager eine derart ungenaue Aussage ruhig hinnehmen. Sie erwarten Abschätzungen mit wesentlich engeren Toleranzen, obwohl frühere Abschätzungen gezeigt haben, daß solche engen Toleranzen in keinster Weise gerechtfertigt sind.

Der gesunde Menschenverstand fordert, daß die Toleranz, die Sie bei Ihrer nächsten Abschätzung einkalkulieren, konsistent ist mit der Genauigkeit Ihrer früheren Abschätzungen. Wenn Abschätzungen bei früheren Projekten in Ihrer Organisation zwischen 10 Prozent zu pessimistisch und 150 Prozent zu optimistisch waren, sollten Ihre zukünftigen Abschätzungen solche Schwankungsbreiten berücksichtigen. Das erfordert der gesunde Menschenverstand, der aber hier im Widerstreit mit einer verborgenen Regel liegt. Nach dieser verborgenen Regel müssen Manager zu sehr präzisen Abschätzungen in der Lage sein. Sie sind jedoch nicht verpflichtet, besonders korrekte Abschätzungen vorzulegen. In einer Organisation dieser Art fahren Sie besser, wenn Sie in Ihrer Abschätzung 15 Tage nennen und um einen Faktor 4 daneben liegen, als wenn Sie mit einer Abschätzung von »13 bis 68 Tagen« der verborgenen Regel zuwiderhandeln.

Wieviel Präzision fordert die verborgene Regel? Sie können sich das selbst ausrechnen: Überlegen Sie einfach, mit welcher Toleranz Sie Ihrem Chef maximal kommen dürften. Instinktiv würde ich sagen, daß Toleranzen von zehn Prozent im allgemeinen akzeptiert werden. Das ist es dann aber schon. Da Abschätzungen meistens angefordert werden, wenn ein Prozent oder weniger der Arbeit getan ist, sind Toleranzen von zehn Prozent unvernünftig bis absurd. In keiner Organisation kann die Historie früherer Abschätzungen einen so enggefaßten Zeitrahmen rechtfertigen.

Wenn Sie zum ersten Mal versuchen, die Toleranzen einer neuen Abschätzung an früheren Erfahrungen festzumachen, bekommen Sie mit Sicherheit den folgenden Einwand zu hören: »Aber wir können keine vernünftigen Geschäftsentscheidungen bei so großen Unbekannten treffen«. Ihre Antwort sollte lauten: »Helfen denn aus der Luft gegriffene Zahlen weiter?«

Verborgene Regel 2: Machtverlagerung

Wahrscheinlich beklagen sich Spezialisten anderer Fachrichtungen genau wie wir, daß Politik in ihren Organisationen eine viel zu große Rolle spielt. Aber: Software-Spezialisten bekommen in der Tat eine extra Portion Politik ab. Das liegt an einem

Effekt, der selten diskutiert wird. Er hat mit subtilen Veränderungen im Machtgefüge zu tun, die mit der Installation jedes neuen Systems einhergehen. Die Regel lautet:

> Bei jeder Installation eines neuen Systems und bei jeder substantiellen Veränderung eines alten gibt es jemanden, der Macht gewinnt, und jemanden, der Macht verliert.

Diejenigen, die das System entwickeln und installieren, sind die Agenten dieser Machtveränderung.

Häufig sind die Parteien, die am meisten zu verlieren haben, gleichzeitig auch die Ansprechpartner, mit denen die Systementwickler zusammenarbeiten müssen, um die Funktionalität des Systems zu verstehen. Die Machtverlierer wissen, daß sie für den Erfolg des neuen Systems unentbehrlich sind. Wie Sie sich vorstellen können, zögern sie nicht, diese zeitweilige Position der Stärke zu nutzen, um Veränderungen an dem neuen System zu erzwingen – Veränderungen, die einen Teil ihrer schwindenden Macht konservieren. Gelingt das nicht, nutzen sie ihre aktuelle Position möglicherweise destruktiv: zum Beispiel, indem sie den Systementwicklungsprozeß untergraben und den Software-Entwicklern das Leben schwer machen.

Besonders unangenehm sind Projekte, bei denen es um Unternehmenskonsolidierung geht: Solche Projekte nehmen die Zügel der Macht den Außenstellen aus den Händen und führen sie in einer Zentrale zusammen. Die Geschädigten befinden sich in der Überzahl, die Konsolidierer in der Minderheit (sind aber hoch angesiedelt). Die Risiken sind hoch, die Emotionen noch höher. Niemand entkommt einem solchen Projekt unversehrt.

Wenn Sie es versäumen, Machtverlagerung als Faktor anzuerkennen, werden die politischen Kräfte, die auf Ihr Projekt wirken, unverständlich für Sie sein ... unverständlich und potentiell lebensgefährlich. Die Trance-Theorie sagt uns, daß Sie Machtverschiebungen möglicherweise nicht leicht erkennen, ungeachtet dessen, wie offensichtlich sie sein mögen. Sie müssen sich deshalb Schritt für Schritt dazu zwingen, der Realität ins Auge zu blicken. Fragen Sie sich: Wer befindet sich in einer Position, Macht zu gewinnen? Wer wird wahrscheinlich an Macht verlieren? Wieviel? Welche Verhaltensweisen werden diese Gewinne und Verluste möglicherweise auslösen?

Verborgene Regel 3: Ärger

Bei einer Cocktail-Party diskutierte ich zufällig mit einer völlig Fremden über unsere verschiedenen Berufe. Sie arbeitete in der Werbung. Als ich ihr erzählte, daß ich in der Computer-Branche beschäftigt sei, lächelte sie freundlich. »Ach, das muß schön sein,« sagte sie. »Kaum vorzustellen – ein Job, bei dem niemands Gefühle verletzt werden!« Da eine wohldefinierte, deterministische Maschine das Zentrum unseres Tuns darstellt, nahm sie an, daß häßliche Interaktionen damit entfielen.

Die Interaktion mit dem Computer selbst kann unsere Gefühle wohl nicht verletzen. Vielleicht sind wir wegen einer fehlenden Synchronisation oder eines schwer zu findenden Fehlers frustriert, aber wir fühlen uns nie ungeliebt. Daneben hat unsere Arbeit aber noch eine andere Seite. Wir kommunizieren viel häufiger mit Menschen als mit Maschinen und, das wissen Sie, diese Interaktionen können genauso häßlich verlaufen wie in jedem anderen Beruf.

Die schlimmsten Interaktionen bringen eine Menge Ärger mit sich. Wenn dieser Ärger von oben auf Sie herniederkommt, kann er Sie besonders aus der Fassung bringen. Erstaunlicherweise setzen manche Manager Ärger routinemäßig ein, um professionelle Ziele zu erreichen. Sie instrumentalisieren zum Beispiel Wut, um die termingerechte Fertigstellung des Projekts oder Kosteneinsparungen durchzusetzen. Die Ursache des Ärgers scheint außerhalb der normalen emotionalen Verhaltensmuster eines Managers zu liegen.* Wenn Sie mit seiner Partnerin geschlafen hätten, könnten Sie einen emotionalen Ausbruch verstehen, aber wegen einem versäumten Termin? Oder einem nicht eingehaltenen Meilenstein?

Hier ist eine komplexe verborgene Regel am Werk, die mit der Annehmbarkeit von Emotionen zu tun hat. Diese Regel gebietet, daß bestimmte Emotionen einfach nicht in Ordnung sind. Dazu gehören unter anderem Angst und Traurigkeit. Andere Emotionen, vor allem Ärger, gelten dagegen als o.k. Die Regel veranlaßt uns, eine unakzeptable Emotion durch eine akzeptable zu ersetzen. In den meisten Fällen heißt das, daß wir Ärger zeigen, wenn wir Angst empfinden.

Am Arbeitsplatz wird Angst fast immer durch Ärger ersetzt. Wenn der Chef Mitarbeiter wegen eines Versehens oder eines Fehlers anschreit, ist der Chef in Panik. Wenn er tobt, so heißt das, er steht am Rande des Nervenzusammenbruchs.

Die Regel, daß Ärger in Ordnung ist, Angst aber nicht, ist tief in der menschlichen Firmware verankert. Sie läßt sich wahrscheinlich nicht ändern. Das heißt aber nicht, daß Sie nichts gegen beleidigende Wutausbrüche von Managern tun können. Wenn jeder die fundamentale Wahrheit kennt, daß

Ärger am Arbeitsplatz = Angst

bedeutet, werden beleidigende Wutausbrüche bald der Vergangenheit angehören. Manager, die vor Wut brüllen, beweisen damit nur – für jedermann hörbar –, daß sie sich zu Tode ängstigen. Weil Angst nicht in Ordnung ist, müssen sie ihr Auswegver-

---

* Ich verwende in den nächsten Absätzen explizit männliche Pronomina, weil das Phänomen bei Männern verstärkt auftritt.

halten unterdrücken. Das löst zwar nicht das zugrundeliegende Problem, bringt aber zumindest eine Erleichterung für die betroffenen Mitarbeiter.

Verborgene Regel 4: Wiederholbarkeit

Vielleicht neigen wir aufgrund unserer Erfahrung im Software-Design dazu, bei der Suche nach Lösungen nach den allgemeinen Gesetzmäßigkeiten hinter dem unmittelbar anstehenden Problem zu suchen. So sinnvoll ein derartiger Ansatz für Entwurfsaufgaben ist, so falsch ist er bei Managementaufgaben. Je weitgefaßter eine Maßnahme, desto unwahrscheinlicher ist es, daß sie an der richtigen Stelle Wirkung zeigt. Die elegantere Lösung ist in aller Regel die, die für ein Problem und nur für dieses eine Problem funktioniert. Die Lösung ist elegant, weil sie maßgeschneidert für das anstehende Problem ist.

Leider laufen maßgeschneiderte Lösungen einer weiteren verborgenen Regel zuwider: Nur wiederholbare Lösungen gelten als respektabel. Für einen tollen Trick, der nur bei Ihrem aktuellen Projekt funktioniert, erhalten Sie keine Anerkennung. Ja gut, Sie haben zwei Monate eingespart, weil Sie Excel-Spreadsheets für die Anwendung genutzt und damit vermieden haben, Eingabeeditoren, Formatierer, Druckfunktionen usw. schreiben zu müssen, aber dieser Trick ist nicht allgemein anwendbar. Die Tatsache, daß Sie zwei Monate früher fertig geworden sind, wird als Glücksfall abgetan. Ihr Marktwert in der Organisation wäre höher gestiegen, hätten Sie einen normalen Eingabeprozessor geschrieben, Ihre Energien für jedermann sichtbar in Prozeßverbesserungen gesteckt und das Ganze termingerecht oder mit geringer Verspätung zu Ende gebracht.

Wirklich gute Manager erkennen den Wert nicht wiederholbarer Lösungen. Sie wissen, daß der Entwickler, dem regelmäßig das Glück zu lachen scheint, ein besserer Entwickler ist, als ein Entwickler, bei dem das nicht so ist. Mittelmäßige Manager dagegen fühlen sich durch jeden Ansatz bedroht, der zu stark an eine bestimmte Situation angepaßt ist. Auch die besten arbeitseinsparenden Tricks gelten ihnen als fauler Zauber zur Vermeidung harter Arbeit.

Verborgene Regel 5: Überschüssiges Fett

Nach einer verborgenen Regel zum Thema »Management« reicht das Managen von Mitarbeitern allein nicht aus, die Gehälter von Managern zu rechtfertigen. Um die nächste Runde der Kosteneinsparungen unbeschadet zu überstehen, müssen Manager etwas anderes tun, als nur Chefs zu sein. Manager, die all ihre Zeit damit verbringen, ihr Projekt zu lenken, die Mitarbeiter zu motivieren und Teambildung zu fördern, sind nichts als (igitt!) Overhead, überschüssiges Fett, das beim nächstmöglichen Anlaß abgebaut werden muß.

Diese Haltung wirkt sich auf zweierlei Weise verheerend aus: Erstens trägt sie zu der Management-Erosion in unseren Organisationen bei, einer Verflachung der Hierarchien, die dazu führt, daß selbst Nachwuchsmanagern bis zu zwanzig Mitarbeiter zugeordnet sind, die direkt an sie berichten. Niemand kann zwanzig Leute führen; der Aufbau einer Organisation mit so großen Gruppen kommt einer Abwertung des Manager-Standes gleich. Er stellt sicher, daß kein echtes Management mehr stattfindet.

Zweitens schadet die verborgene Regel, weil sie Manager verführt, andere Rollen für sich zu finden, um ihre Existenz zu rechtfertigen. Sie befassen sich mit der technischen Seite und agieren als Chefarchitekt oder höchste Qualitätsinstanz des Projekts. Sie machen Kundenbesuche oder bringen neue Ideen zur Erweiterung des Kundenstamms oder zur Vermarktung neuer Dienstleistungen ein. Wieder bleiben die Mitarbeiter ungemanagt zurück.

Barry Boehm schreibt dazu: »Schlechtes Management kann die Software-Kosten schneller in die Höhe treiben als jeder andere Faktor.« [1] Diese starke Wirkung von Management beruht auf seinen Kernfunktionen: Personalbeschaffung, Führung und Motivation. Wenn Management so wichtig ist, sollten wir Manager dann nicht auch managen lassen? Ja, aber wir tun es nicht, weil die verborgene Regel es uns verbietet.

Verborgene Regel 6: Verleugnung

Die letzte verborgene Regel betrifft unsere Art, mit schlechten Nachrichten umzugehen. Sie suggeriert uns, es sei Defätismus, auch nur die kleinste Niederlage einzugestehen. Manager, die sagen: »Schaut, wir können den April-Termin nicht einhalten; laßt uns jetzt planen, wie wir es bis Juli schaffen können«, gelten als Defätisten. Politisch gesehen wären sie besser daran, wenn sie sagen würden: »Juni, koste es, was es wolle. Wir schaffen das!« Und das, obwohl wegen der späten Erkenntnis der Sachlage auch der Juli-Termin bereits utopisch ist.

Die Haltung, die man von uns erwartet, heißt »Das-schaffen-wir-Management«. Sie zeichnet für mehr Debakel verantwortlich als alle anderen Ursachen zusammen. Die »Das-schaffen-wir-Mentalität« führt dazu, daß schlechte Nachrichten in der Hierarchie nicht nach oben gelangen. Das höhere Management wird niemals wissen, daß Juni ein Problem darstellt, weil das »Wir schaffen es!« der Wir-schaffen-es-Manager als einzige Botschaft in die höheren Etagen vordringt.

Die Das-schaffen-wir-Mentalität verhindert jedes Risikomanagement. Da das Eingeständnis echter Risiken gleichbedeutend mit Defätismus ist, beschränkt sich die Funktion des Risikomanagements in einer Das-schaffen-wir-Organisation darauf, mit jenen kleinen Risiken fertigzuwerden, die durch schnelles Handeln abgemildert werden können. Das heißt, Sie begegnen allen Risiken, ausgenommen jenen, auf die es wirklich ankommt.

Defätismus ist die trübsinnige Neigung, nur die Möglichkeit des Mißerfolgs zu sehen, obwohl ein Erfolg sehr wohl denkbar ist. Es ist nicht Defätismus, sich eine Schlappe einzugestehen. Die besten Organisationen müssen andauernd mit Schlappen, ja sogar mit verlorenen Schlachten, fertig werden.

Wir-schaffen-es-Management scheint nur zu funktionieren, solange nichts schiefgeht. Aber bei den meisten Bemühungen gibt es auch Phasen, in denen Dinge schiefgehen. Die Das-schaffen-wir-Organisation hält dann den Kurs, ignoriert die Wahrheit, die auf den unteren Ebenen allgemein bekannt ist, und läßt einen ursprünglich kleinen Rückschlag zu einer echten Katastrophe eskalieren.

Verborgene Regeln, die im Verborgenen ruhen, können unermeßlichen Schaden anrichten. Sie übertölpeln uns, immer wieder die gleichen Fehler zu machen. Möglicherweise können wir uns ihrem Einfluß nie völlig entziehen, aber wir können besser mit ihnen umgehen. Indem wir verborgene Regeln ausfindig machen, sie beim Namen nennen und offen diskutieren, können wir hoffen, ihnen etwas von der Macht zu nehmen, die sie über uns haben.

Literaturhinweis

[1] B.W. Boehm: *Software Engineering Economics.* Englewood Cliffs, N.J.: Prentice-Hall, 1981, 486.

22
Über mich selbst

1986 hatte ich die Ehre, den Jean-Dominique-Warnier-Preis für »langjährige Beiträge auf dem Gebiet der Informatik« zu erhalten. Bei der Preisverleihung wurde die folgende Skizze meines Lebenslaufs an das Publikum verteilt.

Es hat etwas sehr Ernüchterndes an sich, sich hinzusetzen und im Zusammenhang mit einer Ehrung wie dem Warnier-Preis den eigenen Lebenslauf zu Papier zu bringen. Der Leser erwartet, daß die biografischen Einzelheiten in irgendeiner Weise Aufschluß auf die Fragen liefern, die ihm durch den Kopf gehen: Was hat dieser Typ eigentlich erreicht? Wieso bekommt er die Chance, sich hier so aufzuspielen? Was hat er denn geleistet, um den ganzen Rummel zu verdienen?

Es hilft, vor langer Zeit geboren zu sein (1940, in meinem Fall). Jahrelang herumgehangen zu haben, ist eine unabdingbare Voraussetzung für fast jede Art von Anerkennung. Wenn Sie jung sind und Ihre Bestleistungen bringen, nimmt das kaum jemand zur Kenntnis. Und wenn doch, dann liegt es daran, daß Sie einen unüblichen Ansatz gewählt haben. In diesem Fall bringt man Sie geduldig auf den rechten Pfad zurück und beschwört sie, nicht noch einmal von der Weisheit bewährter Praktiken abzuweichen. Aber wenn Sie alt sind und grauhaarig und so aussehen, wie jemand, der sich auf seinen Lorbeeren ausruht, vermuten die Leute plötzlich, daß Sie irgendetwas im Leben erreicht haben könnten.

Ein zweiter wichtiger Punkt auf dem Weg zu jeder Art von Erfolg ist es, dafür zu sorgen, in jungen Jahren unter wunderbaren Managern zu arbeiten. Dieser Rat ist natürlich nicht ernst gemeint: dafür kann man nicht sorgen, dafür braucht man verdammt viel Glück. Es war mein großes Glück, für neun der besten Manager zu arbeiten, die man sich vorstellen kann – bemerkenswerte Männer und Frauen, denen es am Herzen lag, das Potential ihrer Mitarbeiter zu fördern.

Zu den besten Managern, die ich gekannt habe, gehören die, die mir in meinen Anfangsjahren bei AT&T Bell Laboratories zur Seite standen: Lee Toumenoksa, Johnny Johanesson, John Nowak und Al Stockart. Jeder von ihnen nahm mich zur einen oder anderen Zeit unter seine Fittiche und vermittelte mir das Beste und Wertvollste, was er mir zu vermitteln hatte. Ich bin ihnen für alle Zeit zu Dank verpflichtet.

Als ich die Karriereleiter erklomm, hatte ich das Glück, für Jerry Wiener (einen der Erfinder des Timesharing-Konzepts) zu arbeiten und später für Shelly Weinberg (heute bei S.R.I.), Sharon Weinberg (heute President der Codd and Date Consulting Group, Gerard Bauvin (heute President von La Sligos, einer Pariser Software-Denkfabrik) und Sven-Olov Reftmark (einen der Direktoren von Philips, Schweden).

Vor einiger Zeit sagte ein Freund zu mir, es gäbe zwei Wege, es im Leben zu etwas zu bringen: »Du kannst ein Star sein«, sagte er. »Das ist der steinige Weg. Oder du kannst deinen Waggon an einen Star anhängen – das ist der bequeme Weg.« Wenn ich an die Star-Manager zurückdenke, an die ich mich im Lauf meiner Karriere angekoppelt habe, wird mir klar, daß ich wann immer möglich den bequemen Weg gegangen bin.

Neben den großen Persönlichkeiten und günstigen Gelegenheiten, die Fortuna mir zukommen ließ, hat mich ein eigener leiser Schimmer der Inspiration weitergebracht. Ich habe fast von Anfang an erkannt, daß wir Software-Leute nicht eigentlich im Computer-Geschäft tätig sind. Wir behaupten das zwar und wir verhalten uns ganz sicher wie Mitglieder jeder anderen High-Tech-Gemeinde. Aber Software-Entwicklung ist kein High-Tech-Geschäft. Bei der Software-Entwicklung geht es vor allem darum, *miteinander zu reden* und *Dinge niederzuschreiben*. Diejenigen, die die Disziplin am stärksten voranbrachten, waren in aller Regel die besten Kommunikatoren, nicht die besten Techniker ihres Fachgebiets. Meine ganz persönlichen Stars, zu denen ich aufschaute, die Johanessons und Bauvins und Reftmarks, waren begabte und erfahrene Kommunikatoren. Sie waren beredt und schrieben klare, konzise Texte. Wenn sie eine Idee vorstellten, mochte man ihr zustimmen oder auch nicht, auf jeden Fall aber verstand man, was sie gemeint hatten. Ich ging daran, diese seltene Fähigkeit in mir zu kultivieren. Der Software-Entwickler, der sich hauptsächlich als Techniker versteht, nimmt sich meist nur ungern die Zeit, die Kommunikation erfordert. Einen Nachmittag zu opfern, nur um an einer Seite Text zu feilen oder eine Fünf-Minuten-Präsentation vorzubereiten? Wohl kaum. Kommunikation wird als lästiges Beiwerk der richtigen Arbeit angesehen. Ich dagegen betrachtete Kommunikation als meine eigentliche Arbeit. Mit dieser neuen Perspektive begann ich meine Schreibdisziplin und meine Vorbereitung auf Präsentationen zu ändern. In den sechziger Jahren ein schneller flüssiger Schreiber, zwang ich mich zur Langsamkeit und verwandte immer mehr Konzentration auf den Prozeß des Redigierens. Heute bin ich so langsam, daß es mir fast tausend Stunden kostet, die Seiten eines Buches oder Artikels zu schreiben, die der Leser später in einer Stunde überfliegen wird. Das hört sich vielleicht nicht nach einem großen Fortschritt an, hat mir aber gute Dienste geleistet.

Daneben begann ich, meinen Stil zu verändern – weg von der vortragenden hin zu einer mehr erzählenden Form. Das heißt, ich versuchte eine Idee zu präsentieren, indem ich ihre Geschichte erzählte; mein Ansatz ähnelte also weniger dem des Essayisten und mehr dem des Erzählers. Einer von ihnen, W. Somerset Maugham, beschrieb sich selbst so [1]:

> Meine Wurzeln reichen, über unzählige Generationen hinweg, zurück auf den Geschichtenerzähler am Feuer in der Höhle, die den Menschen der Jungsteinzeit Schutz gewährte. Ich hatte eine Geschichte zu erzählen und ich erzählte sie gern.

Das klingt vielleicht bescheiden, ist es aber nicht. Die, die Schreiben zur Kunst erhoben, Autoren wie Fielding, Chaucer, Shakespeare, James, Austin, Twain und Conrad, waren ausnahmslos Geschichtenerzähler. Die Stärke von Geschichtenerzählern zeigt sich nicht nur in der Literatur. Der größte Naturwissenschaftler der Neuzeit, Charles Darwin, war ein geborener Geschichtenerzähler. Wenn er »der Flut der Ignoranz einhändig Einhalt gebot«, so tat er das mit einem Stift in der Hand. Wenn man heute seine *Reise um die Welt* oder *Die Entstehung der Arten* durchblättert, ist man am meisten von den phantastischen Geschichten beeindruckt, die der Mann zu erzählen hatte, und davon, wie gut er sie erzählte.

Es gibt immer eine Geschichte zu erzählen, wenn man versucht, eine neue Idee durchzusetzen. Damit meine ich nicht Geschichten von den geschlagenen Schlachten, die oft nur störend sind. Ich meine die Geschichte der Idee selbst. Sie hat einen Anfang – einen Aufhänger, der den Leser oder Zuhörer in das Geschehen hineinzieht. Sie hat eine Mitte, die die grundlegenden Themen entwickelt und Spannung aufbaut. Schließlich hat sie einen Höhepunkt, der Moment, in dem (wenn Sie Erfolg haben) plötzlich ein Ruck der Erkenntnis durch das Publikum geht und ein fast hörbares »Aha!«

Mindestens einmal im Jahr, beim Ausfüllen meiner Steuererklärung, kämpfe ich mit der Notwendigkeit, mich selbst in einem Wort zu beschreiben – in dem Kästchen, neben dem BERUF steht. Bin ich Programmierer? Systemanalytiker? Software-Engineer? Autor? Redner? Da es sich um eine Auskunft an das Finanzamt handelt, denke ich weniger über die Exaktheit der Bezeichnung nach als über die Abzugsmöglichkeiten, die sie mir eröffnet. Aber zumindest hier und für Ihre Augen allein bezeichne ich mich als das, wonach ich immer gestrebt habe:

Tom DeMarco, Geschichtenerzähler

Literaturhinweis

[1] W.S. Maugham: *The Summing Up*. Garden City, N.Y.: Doubleday & Co., 1946.

Anmerkung des Übersetzers

Seit den sechziger Jahren habe ich einen beträchtlichen Teil meiner Zeit und Energie auf das Übersetzen wichtiger Computer- und Software-Literatur verwandt, die anderenfalls womöglich niemals ihren Weg in die englische Sprache gefunden hätte. Ich habe zukunftsweisende Artikel aus dem Italienischen, aus Farsi (einen aus jeder Sprache finden Sie auf den folgenden Seiten), aus dem Griechischen, aus Urdu, aus dem Ungarischen, aus dem Koptischen und aus dem Althebräischen übersetzt.*

Gebracht haben mir diese Anstrengungen einen nie versiegenden Strom gehässiger Kritiken. Jedesmal, wenn eine meiner Übersetzungen veröffentlicht wird, füllt sich meine Mailbox mit Jammern und Wehgeschrei. Sogenannte Experten der jeweiligen Sprache haben meine Übersetzungen neben die Originale gelegt und sich auf Fehlersuche begeben. Sie kritisieren meine schlechten Formulierungen, meine unzureichende Beherrschung des Konjunktivs des Plusquamperfekts, meine Unkenntnis diakritischer Zeichen, meine Wortwahl, meine Interpretation und alles andere auch. Einige der Klagen sind herabwürdigend im höchsten Grade: »Wieso glauben Sie, die Kompetenz zu besitzen, aus dem Griechischen übersetzen zu können?« heulen sie, »Schämen Sie sich nicht, Sir?« Dem friedfertigsten Menschen muß dabei der Kragen platzen.

Es reicht, sage ich. Ich habe diese Beleidigungen satt. Es ist wahr: Mein Französisch ist mittelmäßig, mein Italienisch unmöglich und mein Farsi noch schlimmer. Na und? Sollen doch die, die diese Sprachen besser beherrschen als ich, einen Teil der Last übernehmen, die ich viel zu lange allein geschultert habe. Sollen sie die verdammten Texte doch selbst übersetzen.

Tatsache ist, daß keiner der Beschwerdeführer auch nur einen Finger krumm gemacht hat, diese unverzichtbaren Artikel ins Englische zu übertragen. Heute noch wären die bewußtseinsverändernden Gedanken eines Bombero Jacopini oder eines Faro ben Al-Faroush englischsprachigen Lesern völlig unbekannt, hätte ich sie nicht übersetzt.

Ich appelliere an Sie, liebe Leserin, lieber Leser. Urteilen Sie selbst. Auf den folgenden Seiten finden Sie zwei Artikel, die einen Wandel unserer Wissenschaft bewirkt haben – einen Wandel, der nur aufgrund meiner Übersetzungen möglich war. Hier finden Sie Jacopinis mittlerweile historisches »Pasta e Fagioli« und Al-Faroushs fabelhafte Abhandlung »Existenzmodellierung«. Der erste Artikel sieht auf den ersten Blick wie ein simples Rezept aus, ist aber tatsächlich eine raffinierte Allegorie, die zur Definition der Kybernetik schlechthin geworden ist. Und der

---

(*Ich beziehe mich hier auf die Schriftrolle QM4M, die einzige der Qumran-Schriften, die sich explizit mit Automatentheorie und Komplexität beschäftigt.)

zweite Artikel ... nun, die unsterbliche Arbeit von Al-Faroush kann für sich selbst sprechen.

Lesen Sie und fällen Sie Ihr Urteil. Dann, meine Freunde, laßt es mich wissen: Kann es falsch von mir gewesen sein, mich an die Übersetzung dieser grundlegenden Arbeiten gewagt zu haben?

23
Pasta e Fagioli

von Bombero W. Jacopini

2 Knoblauchzehen
4 Teelöffel kaltgepreßtes Olivenöl
1 Pfund weiße Bohnen
1 Flasche Bier
2 Brühwürfel
2 Tassen gehackte grüne Oliven in Salzlake
1 Schuß Sherry
1 Karotte
1 große Zwiebel
1 Pfund Fusilli oder Rotini

Gehen Sie zurück zu vorgestern. Bohnen waschen, in eine große Porzellanschüssel geben und gut mit Wasser bedecken. Wenn Ihre Bohnen so alt sind, wie meine typischerweise sind, fügen Sie $\frac{1}{4}$ Teelöffel Backpulver hinzu. Über Nacht einweichen. Wasser abgießen und Bohnen nochmals waschen. Noch einmal mit Wasser bedecken und bis zur Kochzeit einweichen. Vor dem Kochen Wasser abgießen und Bohnen noch einmal waschen.

Wieder zurück ins Heute. Bohnen in einen großen Topf geben und mit Wasser bedecken. Bier dazugeben. Brühwürfel dazugeben. Bei mittlerer Hitze 90 Minuten köcheln. Falls notwendig, Flüssigkeit aufgießen.

In der Zwischenzeit Knoblauch in dünne Scheiben schneiden und in der Hälfte des Olivenöls in einer Kasserole andünsten. Eine große Zwiebel in Würfel schneiden und zusammen mit dem restlichen Olivenöl in den Topf geben. Gemüse dünsten, bis es glasig ist. Bohnen dazugeben. Gehackte grüne Oliven und Salzlake dazugeben. Bei mittlerer Hitze gut verrühren. Zugedeckt eine Stunde garen und gelegentlich umrühren.

Sherry hinzugeben und Alkohol verkochen lassen. Karotte in die Soße reiben und umrühren. Nudeln al dente kochen. Soße leicht köcheln lassen, während die Pasta kocht. Wenn die Nudeln fertig sind, abtropfen lassen und in eine große vorgewärmte Schüssel geben. (Nudeln nicht abschrecken.) Soße dazugeben und sofort essen.

Reicht für eine Person.

Erstmals erschienen in *Lanciafiamme del Informatica*, Vol. 18, Nr. 3, 1993.

24
Existenzmodellierung

von Faro ben Al-Faroush

Zuerst kam die *Systemmodellierung* (heute ein alter Hut). Danach bekamen wir die *Datenmodellierung*. Bald darauf wurden diese kümmerlichen Anstrengungen von der *Unternehmensmodellierung* übertroffen, die es erlaubte, eine ganze Organisation auf kleine Kästchen und Pfeile auf einem riesigen Bogen Papier zu reduzieren. Aber das war noch nicht das Höchste. Ich glaube, daß der ultimative Gipfel aller Modellierungserfahrung jetzt vor uns liegt: *Existenzmodellierung*. Da damit zu rechnen ist, daß diese wichtige neue Disziplin die Existenz in ihrer Gesamtheit beeinflussen wird, dachte ich, es könnte nützlich sein, hier einige ihrer fundamentalen Konzepte niederzulegen. Ich beschränke meine Darlegungen auf den folgenden eleganten und konzisen Apparat von Erkenntnissen, die fundamentalen Lemmata der Existenzmodellierung.

1 Das gesamte Universum besteht aus *B*asis-*E*xistenz-*E*inheiten (BEEs). Allen BEEs ist eine wichtige Eigenschaft gemeinsam: Sie existieren.

2 Es gibt zwei Kategorien von BEEs: diskrete und kontinuierliche. Einfacher ausgedrückt könnte man sie als *Dinge* und *Stoff* bezeichnen.

3 Dinge lassen sich klar in zwei Klassen unterteilen: gute und schlechte.

4 Stoff wird ebenfalls in gut und schlecht unterteilt. Schlechter Stoff hat die folgenden Eigenschaften: schleimig, übelriechend, kostspielig, verderblich, links usw.

5 Normalerweise gibt es mehr schlechten Stoff als guten Stoff, aber das muß nicht so sein (glauben Sie mir).

6 Existenzmodellierung klärt und erhellt die Existenz in ihrer Gesamtheit durch die Verwendung einer rigorosen Terminologie. Beispielsweise werden BEEs mit guten Eigenschaften als *gut* bezeichnet. Das Gegenteil von gut ist *lausig*.

7 Es gibt auch Daten.

8 Daten existieren nicht wirklich. Tatsächlich sind Daten eine *B*asis-*N*icht-Existenz-*E*inheit (BNE).

9 Trotz ihrer Nicht-Existenz sind Daten gut. Tatsächlich sind alle BNEs gut. Sehen Sie sich die folgenden Beispiele an:

- ☐ Gott
- ☐ leicht verdientes Geld
- ☐ Gratis-Mittagessen
- ☐ helle Mitarbeiter, die Ihnen nie widersprechen

Sie sehen, alle diese Beispiele sind inhärent gut. Die »Gutheit« aller BNEs impliziert, daß BNEs sich in eine einzige Klasse einteilen lassen. (Das wurde bisher nicht formal bewiesen.)

10 Einige BEEs sind gut, aber die meisten sind lausig.

11 Sie können nicht steuern, was Sie nicht messen können. Wir können zur Zeit die durchschnittliche Gutheit von BEEs nicht messen und deshalb auch nicht steuern. Die Gutheit von BNEs dagegen beträgt einheitlich 100 Prozent.

12 Unter der Annahme, daß das stimmt, ist die Transformation von BEE nach BNE selbst eine gute BEE. In der Notation der Prädikatenlogik läßt sich das wie folgt ausdrücken:

$$(\text{BEE} \rightarrow \text{BNE}) = \text{Guter Stoff!}$$

Wendet man diese Transformation dagegen auf Menschen an, ist sie lausig.

13 Die Transformation von BEE nach BNE ist äquivalent zu dem buddhistischen Konzept, das Nirwana zu erreichen. Wenn die Transformation schiefgeht, laufen Sie Gefahr, als Küchenschabe zu enden.

14 Die Transformation in die andere Richtung (BNE $\rightarrow$ BEE) ist eine BNE. Dennoch verbringen die meisten Leute einen Großteil ihrer Zeit mit dem Versuch, das Unmögliche möglich zu machen.

15 Jede BEE kann durch ihre Qualität charakterisiert werden. Wirtschaftsunternehmen und Regierungen auf der ganzen Welt haben ein enormes Interesse an Qualität. Sie wird praktisch überall in nüchternen Zirkeln diskutiert. Die mei-

sten Diskutanten sehen schließlich der folgenden fundamentalen Wahrheit ins Auge:

Qualität ist gut ... sofern sie nichts kostet.

Diese Wahrheit folgt axiomatisch aus der Tatsache, daß Kostspieligkeit eine Eigenschaft von schlechtem Stoff ist (siehe Lemma 4).

16 Qualität, die nichts kostet, ist eine BNE. Deshalb ist sie so gut.

17 Die durchschnittliche Qualität von allem kann und sollte unverzüglich verbessert werden. Das erfordert ein Gesamtbudget von 0,00 Dollar. (Wer nicht versteht, warum das so ist, hat nicht richtig aufgepaßt.)

Sie sehen, alle Gesetze der Existenzmodellierung sind zutiefst wahr – und praktisch anwendbar. Obwohl es seit Tausenden von Jahren Menschen und Organisationen gibt, fehlt ihnen der rechte Durchblick. Sie brauchen Hilfe. Wer in irgendeiner Weise mit Existenz zu tun hat, kann aus der Existenzmodellierung eine Menge lernen und steht tief in der Schuld des geschätzten Weisen, der diese fundamentalen Wahrheiten als erster offenbart hat – meiner bescheidenen Wenigkeit.

Erstmals veröffentlicht in *Proceedings of the First Iranian Conference on Computing and Science*, Teheran, 1986

Bibliographie

Austin, R.: »Theories of Measurement and Dysfunction in Organizations.« Dissertation, Carnegie Mellon University, 1994. Erscheint bei Dorset House Publishing, New York.

Boehm, B: *Software Engineering Economics*. Englewood Cliffs, N.J.: Prentice-Hall, 1981.

______ ; Papaccio P.: »Understanding and Controlling Software Costs.« *IEEE Transactions on Software Engineering*, Vol. 4, Nr. 10 (1988), 1462-77. Nachdruck in *Software State-of-the-Art: Selected Papers*, Eds. T. DeMarco; T. Lister. New York: Dorset House Publishing, 1990, 31-60.

Booch, G.: *Software Engineering with Ada*. Menlo Park, Calif.: Benjamin Cummings Publishing Co., 1983.

Collier, B.; P. Fearey; L. Johnson; M. Warner: *AppleSoft Post-mortem Process, Version 1.1*. Apple Computer. Cupertino, Calif.: April 1994.

Cox, B.: *Object-Oriented Programming: An Evolutionary Approach*. Reading, Mass.: Addison-Wesley, 1986.

Cusumano, M.: *Japan's Software Factories: A Challenge to U.S. Management*. New York: Oxford University Press, 1991.

DeMarco, T.: *Structured Analysis and System Specification*. Englewood Cliffs, N.J.: Prentice-Hall, 1978.

_____ : *Controlling Software Projects*. Englewood Cliffs, N.J.: Prentice-Hall, 1982.

_____ : »Computing in the Schools: Turning Down the Glitz.« *Human Capital*, Juli 1990.

_____ ; T. Lister: »Programmer Performance and the Effects of the Workplace.« *Proceedings of the 8th International Conference on Software Engineering*. London: 1985, 268-272.

_____ : *Peopleware: Productive Projects and Teams*. New York: Dorset House Publishing, 1987. Deutsche Ausgabe: *Wien wartet auf Dich! Der Faktor Mensch im DV-Management*. Carl Hanser Verlag, 1991.

_____ : »Software Development: State of the Art vs. State of the Practice.« *Proceedings of the 11th International Conference on Software Engineering*. Pittsburgh: 1989. (Nachdruck in diesem Buch als Essay 10.)

_____ : Eds. *Software State-of-the-Art: Selected Papers*. New York: Dorset House Publishing, 1990.

Drucker, P.: *The New Realities*. New York: Harper & Row, 1989.

Dyer, M.; Linger R.; Mills H.: »Cleanroom Software Engineering.« *IEEE Software*, September 1987, 19-25.

Gause, D.; Weinberg G.: *Exploring Requirements: Quality Before Design*. New York: Dorset House Publishing, 1989. Deutsche Ausgabe: *Software Requirements: Anforderungen erkennen, verstehen und erfüllen*. Carl Hanser Verlag, 1996.

Halstead, M.: *Elements of Software Science*. New York: American Elsevier, 1977.

Hopcroft, J.; Krafft D.: »Toward Better Computer Science.« *IEEE Spectrum*, Vol. 24, Nr. 12 (1987), 58-60.

Johnson, J.; G. Swogger: »Resistance Continuum.« Menninger Business Institute, private Korrespondenz, 1992.

Jones, C.: *Programming Productivity*. New York: McGraw-Hill, 1986.

_____ : *Assessment and Control of Software Risks*. Englewood Cliffs, N.J.: Prentice-Hall, 1994.

Kidder, T.: *The Soul of a New Machine*. Boston: Atlantic-Little, Brown Books, 1981.

_____ : *Among Schoolchildren*. Boston: Houghton Mifflin, 1989.

Kind, P.: »Software as a Force Multiplier.« *CrossTalk, the Journal of Defense Software Engineering*, Vol. 7, Nr. 7 (1994), 2-11.

Knuth, D.: »Structured Programming with Go To Statements.« *Current Trends in Programming Methodology*, Ed. R. Yeh. Englewood Cliffs, N.J.: Prentice-Hall, 1977.

Lederer, A.; Prasad J.: »Nine Management Guidelines for Better Cost Estimating.« *Communications of the ACM*, Vol. 35, Nr. 2 (1992), 51-59.

»Lou Mazzucchelli on Software Engineering.« *Computer Design*, August 1991, 25-27.

Maugham, W.: *The Summing Up*. Garden City, N.Y.: Doubleday & Co., 1946.

McCabe, T.: »A Complexity Measure.« *IEEE Transactions on Software Engineering*, Vol. SE-2, Nr. 12 (1976), 308-320.

McCue, G.: »IBM's Santa Teresa Laboratory – Architectural Design for Program Development.« *IBM Systems Journal*, Vol. 17, Nr. 1 (1978), 4-25. Nachdruck in *Software State-of-the-Art: Selected Papers*, Eds. T. DeMarco; T. Lister. New York: Dorset House Publishing, 1990, 389-406.

Mills, H.: »Top-Down Programming in Large Systems.« *Debugging Techniques in Large Systems*, Ed. R. Rustin. Englewood Cliffs, N.J.: Prentice--Hall, 1971.

Myers, G.: *Reliable Software Through Composite Design*. New York: Petrocelli/Charter, 1975.

Norman, D.: *The Design of Everyday Things*. New York: Basic Books, 1988.

Parnas, D.: »On the Criteria to Be Used in Decomposing Systems into Modules.« *Communications of the ACM*, Vol. 15, Nr. 12 (1972), 1053-1058.

Peterson, J.: »Petri Nets.« *ACM Computing Surveys*, Vol. 9, Nr. 3 (1977), 223-252.

Petri, C.: »Kommunikation mit Automaten.« Dissertation, Universität Bonn, 1962.

Ritti, R.; Funkhouser G.. *The Ropes to Skip and the Ropes to Know*. New York: John Wiley & Sons, 1987.

Robertson, J.; Robertson S.: *Complete Systems Analysis: The Workbook, the Textbook, the Answers*. New York: Dorset House Publishing, 1994. Deutsche Ausgabe: *Vollständige Systemanalyse*. Carl Hanser Verlag, 1996.

Ross, D.; J. Brackett: »An Approach to Structured Analysis: An Analysis Technique Similar to Structured Programming Enables Systems to Be Designed More Effectively.« *Computer Decisions*, Vol. 7, Nr. 9 (1976), 40-44.

Roze, U.: *The North American Porcupine*. Washington, D.C.: Smithsonian Institution Press, 1989.

Sciacca, P.: *Retrospective: A Time for Reflection on Process Effectiveness at the Conclusion of Product Production and Delivery*. AT&T. Columbus, Ohio: February 1994.

Selby, R.; Basili V.; Baker F.: »Cleanroom Software Development: An Empirical Evaluation.« *IEEE Transactions on Software Engineering*,Vol. SE-13, Nr. 9 (1987), 1027-1037. Nachdruck in *Software State-of-the-Art: Selected Papers*, Eds. T. DeMarco; T. Lister. New York: Dorset House Publishing, 1990, 256-276.

Smith, P.; D. Reinertsen: *Developing Products in Half the Time*. New York: Van Nostrand Reinhold, 1991.

Stevens, W.; Myers G.; Constantine L.: »Structured Design.« *IBM Systems Journal*, Vol. 13, Nr. 2 (1974).

Tajima, D.; Matsubara T.: »The Computer Software Industry in Japan.« *IEEE Computer*, Vol. 14, Nr. 5 (1981). Nachdruck in *Software State-of-the-Art: Selected Papers*, Eds. T. DeMarco; T. Lister. New York: Dorset House Publishing, 1990, 76-86.

The Business Roundtable: *Business Means Business About Education*. New York: Juni 1989.

U.S. General Accounting Office: *Contracting for Computer Software Development – Serious Problems Require Management Attention to Avoid Wasting Additional Millions.* FGMSD-80-4, 9. November 1979.

U.S. Government Printing Office: *A Nation at Risk*. Washington, D.C.: 1983.

Weinberg, G.: *Quality Software Management, Vol. 1: Systems Thinking*. New York: Dorset House Publishing, 1992. Deutsche Ausgabe: *Systemdenken und Softwarequalität*. Carl Hanser Verlag, 1994.

Yamaura, T.: »Standing Naked in the Snow.« *American Programmer*, Januar 1992.

Yourdon, E.; Constantine L.: *Structured Design: Fundamentals of a Discipline of Computer Program and Systems Design*, 2. Ausgabe. Englewood Cliffs, N.J.: Prentice-Hall, 1979. (1979er Ausgabe des Yourdon-Press-Textes von 1975)

Zahn, C.: »A Control Statement for Natural Top-Down Structured Programming.« *Symposium on Programming Languages*. Paris: 1974.

Dank

Wir bedanken uns bei den folgenden Organisationen für die Genehmigung des Nachdrucks ausgewählter Artikel in diesem Buch:

[1] »Why Does Software Cost So Much?« Copyright 1993 IEEE. Erstmals erschienen in *IEEE Software*, März 1993.

[3] »Management-Aided Software Engineering«, mit Sheila Brady. Copyright 1994 IEEE. Erstmals erschienen in *IEEE Software*, November 1994.

[5] »Standing Naked in the Snow (Variation on a Theme by Yamaura)« erschien erstmals in dem Monatsjournal *American Programmer*, Dezember 1994. Copyright 1994. Nachdruck mit Genehmigung der Cutter Information Corp., Arlington, MA.

[7] »Desktop Video: A Tutorial.« Copyright 1991. Erstmals erschienen in *The Active Window*, März 1991. Nachdruck mit Genehmigung der Boston Computer Society.

[8] »Nontechnological Issues in Software Engineering.« Copyright 1991 IEEE. Erstmals erschienen in *Proceedings of the 13th International Conference on Software Engineering*. Austin, Texas, 1991.

[9] »Challenge of the '90s: The Schools.« Copyright 1990 IEEE. Erstmals erschienen in *IEEE Software*, November 1990.

[10] »Software Development: State of the Art vs. State of the Practice,« mit Tim Lister. Copyright 1989 ACM. Erstmals erschienen in *Proceedings of the 11th International Conference on Software Engineering*. Pittsburgh, 1989.

[11] »Software Productivity: The Covert Agenda.« Erstmals erschienen in *Deadline*, Mai 1988.

[14] »Icons« erschien erstmals in dem Monatsjournal *American Programmer*, April 1992. Copyright 1992. Nachdruck mit Genehmigung der Cutter Information Corp., Arlington, MA.

[16] »Use of Video for Program Documentation«, mit Curt Geertgens. Copyright 1990 IEEE. Erstmals erschienen in *Proceedings of the 12th International Conference on Software Engineering*. Nizza, Frankreich, 1990.

[17] »Structured Analysis: The Beginnings of a New Discipline.« Erstmals erschienen in *Deadline*, Dezember 1989.

[18] »The First Pastist Pronouncement« erschien erstmals in dem Monatsjournal *American Programmer*, August 1988. Copyright 1988. Nachdruck mit Genehmigung der Cutter Information Corp., Arlington, MA.

[19] »The Second Pastist Pronouncement« erschien erstmals in dem Monatsjournal *American Programmer*, März 1989. Copyright 1989. Nachdruck mit Genehmigung der Cutter Information Corp., Arlington, MA.

[20] »Twenty Years of Software Engineering: Looking Forward, Looking Back.« Copyright 1989 ACM. Erstmals erschienen in *Proceedings of the 11th International Conference on Software Engineering*. Pittsburgh, 1989.

Index